Corinna von List

RÉSISTANTES

CORINNA VON LIST

RÉSISTANTES

Traduit de l'allemand par Solveig Kahnt
avec la participation de Myriam Ochoa-Suel

Ouvrage publié sous la direction
de Laurent Lemire avec Charles Duquesnoy

Alma, éditeur. Paris

Titre original :
Frauen in der Resistance 1940-1944

ISBN : 978-2-36279-018-8

Sommaire

Préface

Le lecteur français se demandera sans doute ce qui a pu pousser une historienne allemande à dédier sa thèse de doctorat au rôle des femmes dans la Résistance. La première pierre de cette entreprise fut posée à l'Université libre de Berlin pendant un cours de littérature sur le sujet suivant : la « France sous l'Occupation ». Le professeur qui donnait ce cours précisa presque négligemment qu'en Allemagne peut-être encore plus qu'ailleurs, il n'existait quasiment aucun ouvrage sur les activités des résistantes françaises et sur les risques auxquels elles s'exposèrent. Intriguée par cette lacune dans la recherche historique, je décidai – une fois diplômée de l'Université libre de Berlin – de « mordre à l'hameçon ». Bien moins douée pour la littérature française que pour l'histoire de France, je partis à la recherche d'un directeur de thèse dans une faculté d'histoire et finis par le trouver en la personne du professeur Bernhard Kroener à l'Université de Potsdam.

« Entrez, ma famille vous attend. » C'est sur cet accueil amical que débuta mon premier entretien avec une ancienne résistante, Mme Viltard, à Saint-Maurice-la-Fougereuse dans le département des Deux-Sèvres. Notre rencontre avait été organisée par une amie française, Hélène Aubertin, qui eut la gentillesse de m'accompagner et d'assister à notre entretien. Voilà sans doute ce qui nous permit de rompre la glace si rapidement et d'échanger des vues tout à fait franches et personnelles. Pour l'historienne allemande que j'étais et suis encore, il n'était pas forcément évident de mener une toute première interview avec une ancienne résistante-déportée – une femme qui avait dû subir, à la suite de sa déportation au camp de concentration pour femmes de Ravensbrück, toute la brutalité des nazis et tout leur mépris de la vie humaine. Mais ce furent précisément la sincérité et la cordialité de Mme Viltard qui me confortèrent dans l'idée de prendre contact avec d'autres résistantes.

« Vous prendrez bien un petit Porto ? » À la fin de mon interview avec Jacqueline Pardon dans son appartement de Bourg-la-Reine en banlieue parisienne, je reçus une invitation à déjeuner à laquelle je ne m'attendais absolument pas – et qui me fit l'effet d'un adoubement.

Entre ces rencontres et la parution du présent ouvrage, plusieurs années de recherches, de réflexion et de rédaction se sont écoulées. Aujourd'hui, alors que mes efforts ont abouti, je tiens à exprimer encore une fois toute l'estime que je porte aux anciennes résistantes qui ont accepté de donner un peu de leur temps à l'historienne allemande qui était venue les interviewer. Je pense particulièrement à celles qui, entre toutes les victimes des ravages du régime nazi, ont été torturées et déportées.

Dans ce contexte, que mon travail soit récompensé en 2006 par le prix Guillaume Fichet-Octave Simon m'a particulièrement touchée : placé sous l'égide du Haut Conseil culturel franco-allemand, ce prix est décerné par un jury de scientifiques et d'anciens résistants soucieux d'encourager les auteurs d'ouvrages scientifiques dédiés à la résistance en France et en Allemagne de 1933 à 1945.

Ma thèse est partie du constat suivant : pendant longtemps, les missions que les femmes ont accomplies dans la Résistance n'ont été reconnues que lorsqu'elles cadraient avec le schéma de la résistance militaire armée, *a priori* masculine dans les représentations classiques de la société, ou lorsqu'elles se terminaient par une mort en martyre – soit sous la torture, soit en camp de concentration. Si bien que jusqu'à ce jour, cérémonies commémoratives et travaux historiographiques ont presque toujours relégué au second plan les missions remplies par les résistantes : à cet égard, ni le rôle déterminant de leur apport logistique dans le bon fonctionnement de la Résistance, ni les risques encourus n'ont été reconnus à leur juste valeur. La raison en est qu'en France, le regard porté sur la complexité de la Résistance a été biaisé pendant plus de quatre décennies par une perspective purement militaire – avec, à l'origine, le discours tenu par le général de Gaulle devant l'hôtel de ville de Paris le 25 août 1944, le jour même de la libération de la capitale :

« Paris ! Paris outragé ! Paris brisé ! Paris martyrisé ! mais Paris libéré ! libéré par lui-même, libéré par son peuple avec le concours des armées de la France, avec l'appui de la France tout entière, de la France qui se bat, de la seule France, de la vraie France, de la France éternelle[1]. »

À travers ces mots, le général de Gaulle mêlait avec emphase les souffrances de la nation à l'action militaire armée, pour en faire jaillir la Résistance. Ce faisant, il posait la première pierre d'un mythe d'après lequel 40 millions de Français auraient résisté et auraient, par là même, libéré la France par leurs seuls moyens. À l'image que la société française se fait couramment de la Résistance, ce point de vue a dominé la recherche française jusque dans les années 1980. À cela, étroitement lié à l'exaltation de la résistance militaire armée, s'ajoute, comme nous l'avons déjà vu plus haut, l'idéal de la mort en héros ou en martyre. Dans les décennies qui ont suivi la Seconde Guerre mondiale, les attentats et les actes de sabotage n'ont cessé d'être glorifiés par nombre de films et de publications de vulgarisation : aujourd'hui, pourtant, ils ne sauraient continuer d'être considérés comme l'unique et suprême manifestation de la Résistance. En dépit de leur caractère spectaculaire et de leur issue souvent fatale, ils pouvaient avoir des retombées fort négatives, non seulement sur l'image de la Résistance au sein de la population, mais aussi sur le travail de cette même Résistance. En effet, l'appareil de répression ne manquait pas d'y répondre en exerçant des représailles qui pouvaient toucher des réseaux entiers de résistants non impliqués dans les faits incriminés. En témoignent des événements aussi tristement célèbres que le massacre d'Oradour-sur-Glane, le 10 juin 1944, et les combats de juillet-août 1944 menés contre les groupes de résistants armés du massif du Vercors, combats qui furent le théâtre d'atrocités contre la population et au cours desquels plusieurs villages furent réduits en cendres.

La focalisation unilatérale sur la dimension militaire et sur les victimes tragiques de la Résistance ne rend pas suffisamment compte du phénomène résistant. D'une part, parce qu'un tel point de vue oublie que sans l'appui logistique et la participation de la population, et donc des femmes, la Résistance n'aurait pas pu agir et, d'autre part, parce que les débuts de la Résistance française ne se situent pas dans le domaine militaire, mais bien dans le domaine civil.

Tout à fait banale au premier abord, l'une de ces activités civiles consistait à mettre son espace privé à la disposition de la Résistance : pour entreposer des journaux clandestins, servir de lieu de rendez-vous secret, ou encore loger et cacher des résistants. Qui aurait pu croire que dans ce domaine d'action « domestique », près d'une femme sur cinq paierait de sa propre vie son « modeste » engagement ? Le 28 novembre 1943, Madeleine Thirou est morte sous une pluie de balles, chez elle à Lille, lors d'une descente de la Geheime Feldpolizei – pour avoir logé pendant plusieurs mois un agent des services secrets britanniques, qui avait établi son poste de commandement dans sa maison.

Le rôle des métiers traditionnels de la femme, comme le secrétariat, ne saurait non plus être négligé. Restée anonyme jusqu'à ce jour, Hélène Verney compta parmi les secrétaires du bureau clandestin de Jean Moulin à Lyon. Ici, il convient de préciser que les activités résistantes exercées par les femmes ne servaient généralement pas de tremplin à leur émancipation ; néanmoins, certaines femmes occupèrent des postes de dirigeants. L'une d'entre elles était Marie-Madeleine Fourcade, chef du réseau Alliance et seule femme à être à la tête d'un réseau d'action œuvrant dans toute la France. Les Allemands ne réussirent jamais à mettre la main sur elle alors qu'elle figurait dans leurs listes, avec plusieurs photos. Hélène Viannay fut elle aussi membre d'un comité directeur : coordonnant l'impression et la distribution de l'un des plus grands journaux clandestins, elle avait d'abord commencé comme imprimeur en travaillant à la presse. Elle réussit, elle aussi, à échapper aux coups de filet de l'appareil de répression.

Les missions des opératrices radio ne sont pas très connues, elles non plus. Agentes des services secrets britanniques spécialement formées à cette fin, le plus souvent, ces femmes se mouvaient exclusivement, une fois sur le terrain, dans le milieu de la résistance civile – même si les informations secrètes qu'elles transmettaient remplissaient une fonction militaire. Alors âgée de 29 ans, l'une de ces agentes était Denise Bloch qui, comme près de la moitié des autres opératrices radio, ne survécut pas à son engagement.

Loin de l'image traditionnelle de la femme ou de la jeune fille rangée, les agentes de liaison devaient fréquemment s'acquitter de tâches éprouvantes : les voyages qui les amenaient à traverser la moitié de la France dans des trains bondés et sans chauffage n'avaient rien d'une promenade du dimanche ; sans parler des salles d'attente exposées aux courants d'air et du rationnement des denrées alimentaires. En matière de logement, également, les agentes de liaison ne devaient pas être de petites natures : en novembre 1942, directement après avoir été débarquée d'un bateau de pêche à proximité de Cannes, l'agente britannique Odette Sansom se retrouva dans un hôtel de passe de Marseille dont le propriétaire travaillait – moyennant finances – avec la Résistance. En dépit de tous les préjugés, le « sexe faible » avait bien la condition physique nécessaire pour remplir de telles missions. Virginia Hall n'en fournit-elle pas la meilleure preuve ? En dépit d'une prothèse de la jambe, cette femme réussit à s'enfuir par les Pyrénées après avoir été démasquée par l'Abwehr. Les services britanniques lui doivent la mise en place de la totalité des services de liaison (y compris des liaisons radio vers Londres), dans tout le Sud de la France.

Comptant parmi les agents de transport, Gabrielle Bloch transporta 150 000 francs de Lyon à Marseille pour son mari. Caché dans une valise, cet argent devait servir à soutenir le travail du réseau sur place. À cette époque, le PCF avait un réseau particulièrement dense et efficace d'agentes de transport dont le travail consistait notamment à fournir aux groupes francs les armes et munitions nécessaires à leurs attaques, puis à les faire disparaître après leur usage.

En témoigne le revolver pour ainsi dire encore chaud que la police découvrit lors d'une perquisition chez Madeleine Marzin.

Parmi les plus périlleuses missions remplies par des femmes, nous ne saurions négliger l'aide à l'évasion. Ce type d'entreprise était spécialement dangereux lorsqu'il s'agissait de prêter main forte pour évacuer des soldats alliés hors de France. Non seulement parce que dans ce cas, l'appareil de répression avait à sa disposition un arsenal de lois et règlements – relatifs à l'intelligence avec l'ennemi, à la fréquentation interdite de prisonniers de guerre, au passage illicite de la ligne de démarcation et au trafic d'êtres humains, pour ne citer que quelques exemples ; mais aussi parce que le simple fait d'accompagner des soldats alliés était suspect en soi, à une époque où il était inhabituel et inconvenant, pour une jeune femme, d'être seule (!) avec tout un groupe de jeunes hommes étrangers. En cas de contrôle, le destin de ces personnes était scellé.

Le présent ouvrage s'articule autour des différents domaines d'action des résistantes : il étudie le rôle déterminant de leur apport logistique dans le bon fonctionnement de la Résistance tout en éclairant les risques qui pouvaient peser sur la vie de ces femmes. Sur le plan géographique, notre étude englobe non seulement Paris, mais aussi la province, avec un accent particulier sur la Bretagne, le Nord-Pas-de-Calais et la région Rhône-Alpes – ce qui permet de rendre compte de la situation en zone occupée et en zone non occupée.

Mes recherches m'ont amenée à me rendre dans une trentaine d'archives allemandes, françaises et britanniques. En France, l'accès aux dossiers et aux fonds que je souhaitais consulter s'est avéré particulièrement difficile : semées d'embûches, les démarches à accomplir, à commencer par les demandes de dérogation, ont été une véritable affaire de patience. Selon les archives et le ministère compétent, il m'a fallu attendre entre 15 jours et six mois, à chaque fois, avant d'obtenir l'autorisation de consulter les dossiers désirés – sachant qu'une fois les documents en main, toute forme de reproduction était explicitement interdite. Dans le cas de la justice militaire française, toutes les portes sont restées définitivement fermées. Une situation d'autant plus regrettable que les dossiers de justice sont une véritable mine d'or sur les activités des résistantes, avec de nombreux détails sur les risques qu'elles coururent et sur leur parcours au sein de la Résistance.

Les domaines d'action et les missions des résistantes ont souvent été qualifiés – à tort – de « petite résistance », notamment par leurs propres protagonistes, par modestie. Il est temps de leur rendre justice ! Leurs activités ont été indispensables à la mise en place et au bon fonctionnement de la Résistance et c'est bien en toute connaissance de cause que l'appareil de répression fit preuve, tant du côté allemand que du côté français, d'autant de résolution que de dureté à leur encontre. Le lecteur pourra s'en convaincre dans les pages qui suivent.

Liste des abréviations

AD	Archives Départementales
AERI	Association pour des études sur la Résistance intérieure
AOK	Armeeoberkommando (Commandement suprême de l'armée)
APP	Archives de la Préfecture de police de Paris
ARAC	Association républicaine des anciens combattants
BA-BLN	Bundesarchiv Berlin (Archives fédérales de Berlin)
BA-LB	Bundesarchiv Ludwigsburg (Archives fédérales de Ludwigsburg)
BA-MA	Bundesarchiv-Militärarchiv Freiburg/Breisgau (Archives fédérales, département militaire, Fribourg-en-Brisgau)
BA-ZNS	Bundesarchiv-Zentralnachweisstelle, Aachen-Kornelimünster[1] (Archives fédérales, Office central de documentation)
BAVCC	Bureau des archives des victimes des conflits contemporains

BCRA	Bureau central de renseignement et d'action
BDIC	Bibliothèque de documentation internationale contemporaine
BdS	Befehlshaber der Sicherheitspolizei und des Sicherheitsdienstes (Commandant de la police de sécurité et du SD, c.-à-d. du service de sécurité de la SS)
BOA	Bureau des opérations aériennes
CH2GM	Comité d'Histoire de la Deuxième Guerre mondiale
CHAN	Centre historique des Archives nationales
Cimade	Comité inter-mouvements auprès des évacués
CNRS	Centre national de la recherche scientifique
COSOR	Comité social des œuvres de la Résistance
DHIP	Deutsches Historisches Institut Paris (Institut historique allemand de Paris)
FANY	First Aid Nursing Yeomanry
FFC	Forces françaises combattantes
FFI	Forces françaises de l'intérieur
FFL	Forces françaises libres
FK	Feldkommandantur
FNDIRP	Fédération nationale des déportés et internés résistants et patriotes
FTP	Francs-tireurs et partisans
g	Geheim (secret)
GFP	Geheime Feldpolizei (pouvoir exécutif de l'Abwehr)

Ic	Dritter Generalstabsoffizier zuständig für Feindaufklärung (troisième officier d'état-major responsable de la reconnaissance de l'ennemi)
INSEE	Institut national de la statistique et des études économiques
IWM	Imperial War Museum, Londres
JC	Jeunesses communistes
JO	Journal officiel (lois et décrets)
KdS	Kommandeur der Sicherheitspolizei und des Sicherheitsdienstes (commandant en chef de la police de sécurité et du SD, c.-à-d. du service de sécurité de la SS)
MLN	Mouvement de libération nationale
MOI	Main d'œuvre immigrée
MRDB	Musée de la Résistance et de la Déportation, Besançon
MUR	Mouvements unis de la Résistance
NN	Décret NN, c.-à-d. Nuit et Brouillard (Nacht und Nebel) du 7.12.1941
NRF	Nouvelle Revue française
OC	Organisations communistes
OCM	Organisation civile et militaire
OFK	Oberfeldkommandantur
OKW	Oberkommando der Wehrmacht (commandement suprême de la Wehrmacht)
OSE	Œuvre de secours aux enfants

PC	Poste de commandement
PCF	Parti communiste français
RG (ou R/G)	Renseignements généraux
RSHA	Reichssicherheitshauptamt (Office central de sécurité du Reich)
SD	Sicherheitsdienst (service de sécurité de la SS)
SFIO	Section française de l'Internationale ouvrière
Sipo	Sicherheitspolizei (police de sécurité)
SOE	Special Operations Executive (section spéciale des services secrets britanniques)
STO	Service du Travail obligatoire
VGH	Volksgerichtshof (tribunal du Peuple)
WAAF	Women's Auxiliary Air Force

1. Virginia Hall, agent de Sa Majesté

Virginia Hall est née à Baltimore. Après avoir grandi dans une famille bourgeoise, elle étudie les sciences politiques à Paris et à Vienne, de 1926 à 1929. De retour aux États-Unis, elle entre en 1931 au service des Affaires étrangères. On la retrouve en poste dans divers consulats américains établis en Europe, mais elle pose sa démission en mai 1939 à la suite d'une mutation à Tallin qui ne lui plaît pas. Lorsque la Seconde Guerre mondiale éclate, elle est à Paris. Elle décide alors de se rendre à Londres pour travailler au service de l'attaché militaire de l'ambassade américaine. Au début de l'année 1941, elle propose ses services au SOE (Special Operations Executive, ou section spéciale des services secrets britanniques) en dépit d'une prothèse de la jambe qu'elle doit porter depuis 1931 à la suite d'un accident de chasse[1]. C'est donc moins pour sa condition physique que pour ses remarquables connaissances linguistiques qu'elle est recrutée. De langue maternelle américaine, parlant couramment le français, l'allemand et l'italien, elle a pu se familiariser avec la conjoncture et les mentalités européennes, tant pendant ses études que pendant ses missions au service des Affaires étrangères ; en société, elle fait également preuve de beaucoup d'assurance. Pour les services secrets britanniques, il est capital que les femmes envoyées en mission à l'étranger maîtrisent pleinement, et si possible sans accent, la langue du pays, et qu'elles aient une excellente connaissance de ses spécificités culturelles. Quasiment toutes les femmes que les services secrets envoient en France sont bilingues et parfaitement familiarisées avec la situation du pays, du moins pour ce qui est de la période d'avant-guerre, du fait de leur socialisation au sein de familles binationales, de séjours prolongés en France dans le cadre de leur scolarité, de leurs études ou de leur mariage. C'est essentiellement pour ces raisons que les services secrets s'adressent à elles et les envoient en mission[2]. Chose inhabituelle, lors de sa mission d'agent secret, Miss Virginia Hall est envoyée en France sous sa véritable identité. En accord avec le SOE, elle a fait elle-même ses demandes de visa pour le Portugal, l'Espagne et la

France. Officiellement, auprès des autorités françaises, elle passe pour être une correspondante du *New York Post,* pour lequel elle écrit effectivement des articles à intervalles réguliers. Toutefois, ses chroniques contiennent des informations codées à l'attention des services secrets britanniques, ce pour quoi elle a été spécialement formée avant d'entamer sa mission. Son métier de journaliste est un camouflage parfait : il s'inscrit dans la logique de son parcours biographique et lui permet d'apporter des explications très plausibles à ses nombreux voyages, à ses absences prolongées et à ses horaires de travail irréguliers. Pour s'acquitter de ses missions d'agente, Virginia Hall dispose néanmoins d'une fausse identité sous le nom de Brigitte Lecontre. Les papiers d'identité nécessaires lui ont été fournis par les services secrets britanniques [3].

Sa mission débute à la fin du mois d'août 1941 : installée à Lyon, elle commence à établir les quartiers généraux du SOE en zone non occupée. Sur place, ses collaborateurs les plus proches sont le docteur Rousset ainsi que Germaine Guérin qui lui a procuré un appartement lyonnais. Pour le SOE « Germaine Guérin est une femme remarquablement efficace qui travaille accessoirement pour le marché noir et est copropriétaire d'une maison close. Cette femme a notamment un ami, un ingénieur français très connu qui occupe un poste élevé et peut voyager librement entre les deux zones [...]. Germaine Guérin est décrite comme une femme fiable à 100 %, qui travaille dur pour ce qu'elle appelle « la révolution » contre l'occupant allemand[4]. » De toute évidence, l'activité professionnelle douteuse de Germaine Guérin ne préoccupe pas les services secrets britanniques. Seuls comptent son engagement, sa fiabilité et ses contacts étroits avec une personne qui peut voyager sans restriction sur le territoire français.

Virginia Hall centralise les renseignements destinés à prendre le chemin de Londres pour être transmis aux services secrets britanniques – des renseignements sur le stationnement de troupes allemandes, par exemple, ou encore sur des objectifs stratégiques tels que des aéroports, des gares de triage ou des moulins à poudre allemands. Alors que ces informations ne sont pas écrites de sa main, elle rédige elle-même, en coopération avec François Basin, un rapport sur la situation interne des mouvements résistants français en zone non occupée. Ce rapport souligne notamment l'importance de la mise en place d'une liaison radio entre les services secrets britanniques de Londres et la Résistance de la zone sud.

Comptant parmi les contacts personnels de Virginia Hall à Lyon, l'abbé Robert Alesch travaille depuis la fin de l'été 1940 comme indicateur pour l'Abwehr et s'est déjà infiltré dans plusieurs réseaux de la zone non occupée, dont celui du Musée de l'Homme[5]. En août 1942, il rencontre Virginia Hall à Lyon, à trois reprises. Celle-ci finit par trouver son comportement suspect car il lui demande de nommer des personnes qu'il pourrait contacter si elle était arrêtée – ce qui signifie qu'il cherche à se renseigner sur des personnes qui n'ont rien à voir avec sa mission. Sur ce, Virginia Hall informe l'état-major des services secrets de Londres et coupe tout contact avec Robert Alesch.

Virginia Hall rend de tels services au SOE qu'elle est proposée pour l'attribution du CBE, abréviation de Commander of the Order of the British Empire (commandeur de l'Ordre de l'Empire britannique). Cette distinction lui est décernée sur la proposition du Premier ministre de la Couronne le 19 octobre 1942, alors qu'elle est encore en mission en France. Les motifs justifiant cette décision sont les suivants : « Inlassable, elle apporte une assistance et un soutien permanents à nos agents et allie de hautes qualités organisationnelles à une excellente compréhension de nos besoins. Elle est devenue un lien vital entre nous-mêmes et nombre de groupes opérant sur le terrain ; nous ne saurions faire suffisamment l'éloge des services qu'elles nous rend[6]. »

Virginia Hall fuira la France le 8 novembre 1942, dans des conditions dignes de cette distinction. Alors qu'il importait de faire vite, son service de liaison étant infiltré, elle parvient encore, le jour même de son départ de Lyon, à remettre à un certain « Nicola » – qui sera désormais chargé de gérer les contacts à sa place – les 200 000 francs en espèces qu'il lui reste ainsi que des tampons et des formulaires en blanc. Plutôt que de les détruire, ce qui aurait été le plus simple, elle opte en effet pour la solution la plus risquée : la remise en main propre.

De Perpignan, où un agent lui procure un passeur qui toutefois exige d'elle 55 000 francs que Virginia Hall se chargera de payer, pour elle-même et les trois autres hommes de son groupe, elle s'enfuit par les Pyrénées, entre Lavelanet et San Juan. Après avoir réussi une traversée qui se révèle être une grande épreuve physique du fait de son handicap, Virginia Hall et ses accompagnateurs sont arrêtés par la police espagnole. Elle ne pourra informer le SOE du succès de sa fuite que le 4 décembre 1942.

France au Combat et ses dirigeants Jean Aron et Philippe de Vomécourt comptent parmi les groupes de résistants pour lesquels le travail de Virginia Hall est déterminant. Virginia Hall est en contact direct avec Philippe de Vomécourt et c'est à elle, en grande partie, que l'organisation résistante doit d'obtenir dès juin 1942 l'assistance d'un opérateur radio du SOE en la personne de Brian Stonehouse. Dès lors, France au Combat fera partie des rares groupes de résistants à avoir disposé relativement tôt d'une liaison radio secrète avec Londres. Le 1er septembre 1942, le SOE envoie une personne supplémentaire auprès du réseau : chargée d'épauler Virginia Hall, l'agente de liaison Valentine Charlet est parachutée en France. Sa mission consistera principalement à assurer la liaison entre Virginia Hall, Philippe de Vomécourt et l'opérateur radio Stonehouse. Elle aidera également ce dernier à coder et décoder ses messages radio. Si les services secrets britanniques réussissent à apporter une aide humaine et matérielle considérable à France au Combat, c'est grâce à l'existence d'un secrétariat dirigé par Denise Bloch, qui est également agente de liaison de Jean Aron.

En dépit de toutes les mesures de précaution, les activités de France au Combat et ses contacts avec les services secrets britanniques ne restent pas inconnus de la police française. Le 3 novembre 1942, alors qu'il rentre avec Denise Bloch d'une mission de liaison à Marseille, Jean Aron est arrêté à la gare de Lyon-Perrache. Si Denise Bloch réussit à échapper à son arrestation, c'est parce que tout à fait par hasard, elle emprunte une autre sortie que Jean Aron. Toutefois, les autorités françaises connaissent son nom et son signalement ; la police judiciaire a même réussi à découvrir deux de ses noms de code, « Miss Johns » et « Danielle Willams » : il faut donc qu'elle disparaisse immédiatement et reste strictement dans l'ombre[7].

Cet exemple illustre à quel point la Résistance a besoin, pour pouvoir fonctionner et parer aux imprévus, de lieux d'hébergement sûrs qui soient immédiatement disponibles et que les résistants puissent rejoindre en un minimum de temps. Cependant, même avec l'aide des services secrets britanniques, il est long et difficile de s'évader de France. Ainsi, ce n'est qu'à la fin du mois d'avril 1943, après deux tentatives échouées, que Denise Bloch réussira à prendre la fuite avec l'assistance du réseau Wheelwright. Elle passera par l'Espagne et Gibraltar pour rejoindre l'Angleterre. Par la suite, après avoir pris le soin de la former à cet effet, le SOE lui fera reprendre le chemin de la France pour y remplir une seconde mission, en tant qu'agente de liaison.

Denise Bloch est le seul membre du comité directeur à échapper aux arrestations : tous les autres dirigeants de France au Combat, dont Jean Aron, Philippe de Vomécourt, l'opérateur radio Brian Stonehouse et son agente de liaison Valentine Charlet, sont cités devant le tribunal d'État de Lyon. Le 24 octobre 1942, ces deux derniers ont été pris en flagrant délit dans la maison de campagne des Jourdan, à Feyzin, près de Lyon : surpris en train d'envoyer des messages radio, ils ont été immédiatement arrêtés. À ce jour, les documents consultables ne permettent pas d'établir avec certitude si l'arrestation a été effectuée par la police française ou par la police allemande. Il est toutefois certain qu'à la suite de cette arrestation, il y a eu coopération étroite et partiellement officieuse entre les autorités françaises et les services allemands. Ainsi, les déclarations officielles prétendent que Brian Stonehouse et Valentine Charlet ont été transférés dans un camp d'internement de la Haute-Vienne alors que dans les faits, ils sont maintenus en détention provisoire à la prison Saint-Joseph de Lyon, sur ordre de l'intendant de police de Lyon, pour rester à la disposition de la Sipo/SD[8]. Pendant ce temps, le SOE pense que Valentine Charlet a été fusillée par les Allemands[9].

Dans le cadre de la procédure confiée au tribunal d'État de Lyon par la justice militaire française, neuf personnes seront accusées en avril 1943, dont Jean Aron, Philippe de Vomécourt, Denise Bloch – par contumace – et les époux Jourdan qui ont hébergé Brian Stonehouse et Valentine Charlet à leur domicile. Bien que le parquet de Lyon ait acquis la conviction que Philippe de Vomécourt est à la tête de France au Combat, la sentence prononcée contre lui pour « association de malfaiteurs » est plutôt légère : trois ans d'emprisonnement et 60 000 francs d'amende[10]. Dans ses mémoires, Philippe de Vomécourt évoque une peine de dix ans de travaux forcés, ce qui montre à quel point la mémoire peut diverger des dossiers conservés par les archives publiques. Si l'amende est élevée, c'est en raison des fortes sommes d'argent liquide qui ont été saisies chez Philippe de Vomécourt. Comparé aux verdicts habituels des tribunaux de guerre allemands et du tribunal du Peuple, l'acquittement des Jourdan est également étonnant car d'après leurs propres déclarations, les époux savaient que l'on émettait et recevait des messages radio dans leur maison. Dans le cas d'un délit similaire, le tribunal du Peuple prononce, le 15 octobre 1943, la peine de mort contre Gilberte Bonneau du Martray pour haute trahison. À l'encontre de Denise Bloch et de Jean Aron, en revanche, la loi s'applique dans toute sa rigueur : tous deux sont condamnés pour « menées antinationales » à dix ans de travaux forcés chacun.

À compter de juin 1943, le procès de Brian Stonehouse et de Valentine Charlet sera mené séparément de la procédure intentée contre les autres détenus de France au Combat. À la différence de Brian Stonehouse, dont l'identité véritable est connue du parquet, Valentine Charlet apparaît uniquement sous son faux nom – Sabine Lecomte – dans les dossiers. L'accusation officielle est formulée comme suit : « impliqués dans une affaire de poste de TSF clandestin [11] ». Contrairement aux renseignements fournis par l'intendant de police de Lyon, qui maintient que Valentine Charlet est internée dans un camp du département de la Haute-Vienne, celle-ci est désormais détenue à la prison de Castres, dans le département du Tarn. Les dossiers consultés ne permettent pas d'établir la date exacte du transfert de Lyon à Castres. Grâce à une aide venue de l'extérieur, elle réussira à s'en évader le 16 septembre 1943, avec 30 autres détenus. Après trois tentatives échouées, le réseau d'évasion Pat O'Leary lui permettra enfin de retourner en Grande-Bretagne où elle arrivera le 16 avril 1944. À la suite de son arrestation, les autorités n'avaient pas réussi à découvrir sa véritable identité d'agente des services secrets britanniques. Ainsi, Valentine Charlet échappera à la déportation en Allemagne et, par là même, à la mort. À titre de comparaison : sur les sept agentes britanniques qui seront transférées de la prison de Fresnes en Allemagne au mois de mai 1944, six paieront leur engagement de leur vie[12]. C'est toutefois de sa santé, devenue fragile, que cette femme aura payé sa mission. Valentine Charlet sera congédiée du SOE le 30 juin 1944 avec la mention suivante : « she will be free to find other employment[13] » (elle sera libre de trouver un autre emploi). Elle se retrouve dans une situation financière précaire. Son dossier personnel du SOE ne fournit aucun renseignement sur ce qu'elle est devenue par la suite. Jusqu'à ce jour, la date de son décès demeure inconnue.

2. Secrétaires clandestines

Parmi les femmes qui exercent l'une des professions typiquement féminines du début du XXe siècle, les secrétaires sont particulièrement à même de mettre leurs connaissances au service de la Résistance et cela, dans deux domaines principaux : les services de liaison et la presse clandestine. Pour accomplir un travail efficace, la secrétaire engagée dans la Résistance doit avoir les mêmes qualités qu'une secrétaire classique : elle doit notamment faire preuve de souplesse, de disponibilité constante et de discrétion. Cependant, ce type de travail ne correspond pas, du fait des risques et des incertitudes liés à un engagement dans la Résistance, à l'image que la société se fait de la femme – et encore moins à l'idéal de vie et d'éducation de la « jeune fille de bonne famille » défendu par les couches moyennes. Ainsi, parce qu'elles ont œuvré dans une profession alors dominée par les femmes, mais aussi parce qu'une bonne secrétaire se distingue précisément par sa discrétion, l'historiographie de la Résistance n'a pas gratifié, à ce jour, les secrétaires clandestines de la reconnaissance qu'elles mériteraient pour les performances et l'engagement qui furent les leurs et pour les risques qu'elles coururent.

Tout comme dans la vie normale, les secrétariats clandestins sont des centres d'information et de coordination qui exécutent des travaux de rédaction, organisent des rendez-vous et assurent le traitement du courrier. Les secrétaires savent taper à la machine, réaliser des doubles au carbone et tirer des stencils. Mais par-delà ces connaissances professionnelles, les secrétaires exercent également un métier qui leur permet de camoufler aisément un engagement dans la Résistance – comme le souligne le ministère de l'Intérieur français le 24 mars 1941 dans une circulaire à l'attention des préfets : « Les sténodactylos n'attirent pas l'attention sur elles lorsqu'elles polycopient des tracts sur la machine ou lorsqu'elles achètent du papier pour les fabriquer et les imprimer[1]. »

Sur le plan logistique, les secrétariats clandestins ont une mission plus vaste et plus complexe que les secrétariats classiques. Les locaux dont ils disposent sont peu conventionnels et exigent de fortes qualités d'improvisation : installés au domicile privé des secrétaires, la plupart du temps, ils couvrent un large éventail allant du bureau classique comme dans le cas du secrétariat de Jeanne Sivadon, directrice de l'École des surintendantes d'usine, à la penderie de Cécile Tanguy – en passant par la boutique de lingerie du mouvement Franc-Tireur à Lyon. Pour transmettre des informations telles que le lieu et l'heure de rendez-vous clandestins ou pour faire parvenir les rapports de leur organisation aux services secrets, les secrétaires devaient recourir à des agents de liaison. Mais dans de nombreux cas, c'est à elles qu'il revient d'exécuter les courses. Afin de décentraliser la transmission d'informations et de mieux protéger ces femmes, amis, cafés et boutiques servent de boîtes aux lettres clandestines. On leur confie des messages, des documents, mais aussi des billets de train et des faux papiers.

Cherchant à protéger leur organisation et à en renforcer la sécurité, les secrétariats clandestins louent également des chambres, pour y cacher des résistants, ou des locaux pour y déposer des documents, des machines à imprimer, des journaux clandestins et des denrées alimentaires. À cela s'ajoute le règlement des factures de gaz et d'électricité, qui se succèdent à intervalles réguliers. Imposant de fournir des coordonnées personnelles, ce type d'activités est à haut risque. Et l'entreprise est encore plus dangereuse lorsqu'en dépit du recours fréquent aux faux papiers, la situation exige de révéler son identité véritable. C'est précisément la location de bureaux et d'appartements qui sera fatale à Jacqueline d'Alincourt[2].

Membre du secrétariat général du Bureau des opérations aériennes (BOA) qui coordonne avec les services secrets de la France Libre établis à Londres le débarquement et l'embarquement par avion de dirigeants de la Résistance, Jacqueline d'Alincourt est en contact direct avec Daniel Cordier, le secrétaire de Jean Moulin. Elle compte donc parmi les hauts dirigeants de la Résistance et participe activement à la préparation de la réunion du Conseil national de la Résistance (CNR) à Paris en mai 1943. C'est dans le cadre de ce même CNR que Jean Moulin parviendra à unifier les mouvements de résistance aux tendances politiques très divergentes des zones occupée et non occupée. Or, pour assurer la réussite de cette réunion, il faut procurer des logements clandestins aux représentants des différents groupes qui s'apprêtent à venir à Paris. L'entreprise est couronnée de succès, puisque le CNR peut se constituer sans incident le 27 mai 1943, rue du Four à Paris, à proximité de l'église

Saint-Germain-des-Prés et du Quartier latin. Mais l'appareil de répression allemand ne tarde pas à avoir vent de ces activités, ce qui donnera lieu à une vague d'arrestations dont Jacqueline d'Alincourt sera elle aussi victime. Elle est arrêtée par la Sipo/SD le 24 septembre 1943, rue de Grenelle à Paris[3]. Lors de ses interrogatoires, elle subit de graves violences psychologiques – on menace de la fusiller et d'infliger des représailles à sa famille, tout en lui laissant les mains menottées derrière le dos pendant plusieurs jours[4]. Il est donc permis de supposer que la Sipo/SD est au courant, du moins partiellement, de son rôle central dans la Résistance. En effet, Jacqueline d'Alincourt ne s'est pas bornée à louer des locaux, mais s'est également chargée du codage et du décodage des messages du BOA à l'attention du Bureau central de renseignements et d'action (BCRA) de Londres. De plus, l'appartement de la rue de Grenelle a servi de cachette à des agents britanniques et à divers membres de la Résistance. Une semaine après son arrestation, elle est transférée à la prison de Fresnes, dans la banlieue sud de Paris, où elle restera jusqu'à sa déportation à Ravensbrück en mars 1944. Elle regagnera la France à l'été 1945.

À la demande de Jean-Pierre Lévy, fondateur du mouvement de résistance Franc-Tireur, Micheline

Eude-Altman assume la direction de son secrétariat clandestin au printemps 1942 ; elle n'a alors que 19 ans. Selon les tâches, ce secrétariat se répartit entre la boutique de lingerie et l'appartement de France Péjot, proches l'un de l'autre, sur la place des Jacobins au centre-ville de Lyon. Grâce aux activités commerciales de la boutique, les allées et venues constantes des agents de liaison et des membres du mouvement n'attirent pas spécialement l'attention. Même Jean-Pierre Lévy se rend régulièrement à son secrétariat.

Micheline Eude-Altman est chargée de dactylographier tracts et journaux clandestins et de s'occuper du courrier, ce qui équivaut donc à du secrétariat classique. Mais la partie la plus importante de son travail consiste à coordonner des rendez-vous et des lieux de rencontre secrets, ainsi qu'à faire parvenir elle-même ces informations aux différents membres du mouvement. Pour ce faire, elle dépose des messages dans les boîtes aux lettres clandestines installées à cet effet dans toute l'agglomération lyonnaise. Ce qui lui permet d'éviter les contacts directs et réduit le cercle de personnes qui la connaissent personnellement. Un dispositif de cloisonnement efficace qui, à l'automne 1942, va se révéler salvateur pour les dirigeants du mouvement.

Par un malheureux concours de circonstances, la police française découvre chez un des distributeurs du journal clandestin *Franc-Tireur* le récépissé d'un colis portant l'adresse de l'appartement de France Péjot. Le 24 octobre 1942, la police y fait une descente et procède à une perquisition[5]. Ses hommes sont encore sur place quand Jean-Pierre Lévy arrive sans se douter de rien. Pour sauver la situation qui les met tous en péril, France Péjot se fait aussitôt passer pour la maîtresse de Jean-Pierre Lévy, auquel elle aurait caché son engagement dans la Résistance. Entre-temps, Micheline Eude-Altman parvient à faire disparaître des documents compromettants avec lesquels Jean-Pierre Lévy vient d'arriver. Tous les trois sont arrêtés et emmenés au commissariat de police compétent. Tandis que les soupçons pesant sur Jean-Pierre Lévy sont dissipés grâce à la présence d'esprit et au courage de Micheline Eude-Altman et de France Péjot, les deux femmes sont retenues en détention et condamnées à respectivement deux et quatre semaines de prison pour « menées antinationales ». N'ayant pas hésité à avouer à la police qu'elles ont distribué des journaux clandestins, elles sont parvenues à détourner l'attention de leur rôle véritable au niveau de la base logistique du mouvement Franc-Tireur. Pour ce qui est de Micheline

Eude-Altman, à peine âgée de 19 ans au moment de son arrestation et issue d'une bonne famille, Berty Albrecht écrira au procureur de la République et exigera une mise en liberté anticipée en faisant valoir que la détention est moralement inadmissible pour une si jeune fille « de bonne famille ». À la mi-novembre, le procureur accédera à cette requête[6]. Pour des raisons de sécurité, Micheline Eude-Altman devra alors quitter Lyon ; elle n'y reprendra ses activités de résistante qu'en juillet 1943, dans une nouvelle fonction, lorsqu'elle travaillera pour le service social des Mouvements unis de la Résistance.

Après l'arrestation de Micheline Eude-Altman, le secrétariat est repris en décembre 1942 par Madeleine Rimbaud et Cécile Herrmann, qui en assureront le fonctionnement jusqu'en mai 1943[7].

De juillet 1941 jusqu'à la Libération de Paris, Cécile Tanguy s'occupe du secrétariat de son mari ; une période pendant laquelle elle est aussi son agent de liaison. Depuis le milieu des années 1930, Henri Tanguy (le futur colonel Rol-Tanguy de la Libération de Paris) est membre actif du Parti communiste français et secrétaire du syndicat de la métallurgie à Paris. Pendant la guerre civile espagnole, il a fait partie des brigades internationales. Une position politique qui lui fait courir de grands risques et l'oblige à entrer dans la clandestinité en octobre 1940. À partir de ce moment-là, son épouse Cécile sera son agent de liaison et maintiendra les contacts avec lui, avant d'assumer, en juillet 1941, son secrétariat. Au mois de mai de la même année, c'est-à-dire peu de temps auparavant, leur fille Hélène voit le jour : Cécile loge tout d'abord avec elle dans l'appartement de sa belle-mère. Le premier secrétariat est installé dans une chambre de bonne située au-dessus de cet appartement. Pour des raisons de sécurité, Cécile déménage en novembre rue de l'Abbé Groult dans le XVe arrondissement, où elle vit avec sa mère et sa fille de six mois. Si le fait d'emménager avec sa mère a l'avantage d'assurer la garde du bébé, il permet en outre d'éveiller moins de soupçons, à l'extérieur, qu'une jeune mère habitant seule avec son enfant. Étant donné que son mari vit dans la clandestinité, il leur est impossible de mener une vie conjugale normale et les deux époux doivent se contenter de diverses cachettes pour se retrouver.

Dans les faits, le « secrétariat » de Cécile Tanguy se limite à une machine à écrire installée dans la penderie, machine sur laquelle elle tape les rapports de son mari relatifs à l'Organisation secrète, précurseur des

FTP, les Francs-tireurs et partisans qui constitueront la branche militaire armée de la résistance communiste en France. Malgré cet équipement de fortune, ce secrétariat deviendra la plaque tournante de l'organisation des FTP à Paris. « Je faisais mes textes dans la penderie, toujours assise sur un petit banc, la machine sur une chaise, les vêtements atténuant le bruit de la frappe[8]. »

Elle s'occupe elle-même de transmettre les rapports. Le landau du bébé sert de moyen de transport, non seulement pour les journaux clandestins et les documents, mais aussi pour les armes et les munitions. Cécile Tanguy exerce cette double fonction jusqu'en 1944, même lorsque son mari doit quitter Paris pour des raisons de sécurité à l'automne 1942 et qu'elle le suit à Quinçay, en Anjou. De là, elle maintient les contacts avec la tête des FTP à Paris. En mai 1943, tous deux rentrent à Paris. Dès lors, Cécile Tanguy se chargera également de dactylographier les tracts du *Franc-Tireur Parisien*. Joseph Epstein étant responsable de l'impression et de la diffusion, elle assurera personnellement la liaison avec lui. Après un bref congé qu'elle s'accorde à l'occasion de la naissance de son deuxième enfant en novembre 1943, elle reprend son action clandestine[9]. Avec le nombre sans cesse croissant d'attentats et d'actes de sabotage des FTP, Cécile Tanguy est de plus en plus fréquemment chargée de transmettre des consignes aux différents groupes des FTP. Bien que Cécile Tanguy ait occupé pendant plus de quatre ans une position éminente et qu'elle ait centralisé les échanges d'informations des FTP en région parisienne, elle n'a jamais été repérée par la police. Et cela, bien que son mari, qui vivait dans la clandestinité, ait été recherché par cette même police. Si elle avait été arrêtée, ses enfants auraient pu être utilisés comme moyen de pression à son égard. Car ses connaissances sur l'organisation des FTP et sur ses responsables auraient vivement intéressé l'appareil de répression.

À partir de l'été 1942, Jean Moulin dispose à Lyon, c'est-à-dire dans la zone non occupée, d'un secrétariat clandestin dirigé par Laure Diebold. Un poste dans lequel elle exerce une double fonction : celle d'agente de liaison et celle de secrétaire. Son travail de secrétaire consiste essentiellement à coder et décoder les documents et messages radio échangés avec Londres. Elle partage la responsabilité de cette importante mission avec Daniel Cordier [10].

Secrétaire de formation, Laure Diebold a une grande expérience de l'action clandestine, qu'elle commence par acquérir en Alsace en aidant des personnes à s'évader. Ce qui lui vaut d'être repérée par l'appareil de répression allemand et l'oblige à s'enfuir à Lyon en décembre 1941. Là, elle travaille tout d'abord pour le Service des réfugiés d'Alsace-Lorraine. À partir de mai 1942, elle rejoint avec son mari le réseau de renseignements Mithridate. Tous deux sont arrêtés en juillet 1942, mais relâchés faute de preuves. À la suite de quoi Laure Diebold entre dans la clandestinité sous une fausse identité. Les contacts avec la Résistance ne sont pas pour autant rompus et, comme Laure Diebold a toutes les qualifications nécessaires pour servir des organisations clandestines, elle assume la direction du secrétariat de Jean Moulin à Lyon. La rencontre entre Daniel Cordier et Laure Diebold se fait par l'intermédiaire de Marguerite Moret, qui travaille comme elle pour le Service des réfugiés d'Alsace-Lorraine. Étant donné que Marguerite Moret est arrêtée par la Sipo/SD le 30 janvier 1943, on peut supposer que cette organisation ne poursuivait pas exclusivement des objectifs caritatifs, mais servait de couverture aux activités de la Résistance lyonnaise. Une hypothèse confortée par le fait que Marguerite Moret est « arrêtée pour suspicion d'intelligence avec l'ennemi et de haute trahison et placée sous mandat d'arrêt[11]. » Il semblerait donc que le cloisonnement au sein du Service des réfugiés d'Alsace-Lorraine ait bien fonctionné. Car même si le contact entre Laure Diebold et Daniel Cordier s'est fait grâce à Marguerite Moret, la Sipo/SD n'a jamais eu vent des activités de Laure Diebold, ni du secrétariat de Jean Moulin à Lyon.

Ce bureau ayant une organisation professionnelle, il compte également d'autres secrétaires. L'une d'entre elles est Hélène Verney. Elle est chargée de dactylographier les rapports de Jean Moulin, qui sont ensuite codés et expédiés par courrier au général de Gaulle à Londres. Par ailleurs, des documents importants sont cachés chez la famille Verney à Trévoux dans l'Ain, documents que le père d'Hélène prend la précaution de détruire après l'arrestation de Jean Moulin le 21 juin 1943 à Caluire. Comme bon nombre de femmes, Hélène Verney a tendance à minimiser son rôle quand elle déclare après la Libération : « [...] mon rôle se bornant à dactylographier des rapports qu'on expédiait à Londres[12] ». Une modestie sans mesure avec les risques encourus, car en cas d'arrestation, les femmes risquaient la torture, la déportation et la mort. Même si Hélène Verney ne voit que rarement Jean Moulin, et même si, d'après ses propres dires, elle ignore tout de sa véritable identité et de sa position, le simple fait de connaître l'existence de ce secrétariat clandestin représente un danger. Or, elle ne connaît pas seulement le secrétariat et ses autres collaborateurs, dont Laure Diebold, mais elle est aussi informée de la teneur des rapports expédiés à Londres. De plus, il est fort probable qu'elle connaisse une partie des agents et agentes de liaison qui assurent la transmission des documents.

En tant qu'agente de liaison, Laure Diebold est également chargée des communications entre le secrétariat de Lyon et son antenne parisienne. À la suite de l'arrestation de Jean Moulin à Caluire le 21 juin 1943[13], elle se réfugie à Paris, où elle poursuit ses activités au service de Claude Bouchinet-Serreulles. Son nouveau lieu de travail se situe rue de la Pompe dans le XVIe arrondissement, qui abrite le secrétariat de Jean Moulin en zone occupée depuis avril 1943. Le 23 septembre 1943, elle y est arrêtée par la Sipo/SD. Mais, tout comme Jacqueline d'Alincourt qui appartient également à l'entourage direct de Jean Moulin et du CNR à Paris, elle réussit à détourner les soupçons de son rôle véritable parmi les hauts dirigeants de la Résistance. Elle affirme avoir simplement servi de boîte aux lettres. Une ligne de défense qui lui épargne la torture, mais pas la déportation à Auschwitz et à Ravensbrück ; elle ne pourra regagner la France qu'à l'été 1945, dans un état de santé très altéré. Elle sera avec Berty Albrecht, Emilienne Moreau-Evrard, Marie Hackin, Marcelle Henry et Simone Michel-Lévy l'une des six femmes décorées de la croix de la Libération, le deuxième ordre national que la France décernait après la Légion d'honneur.

En utilisant systématiquement des boîtes aux lettres et des secrétariats clandestins, les mouvements et réseaux résistants recourent à un moyen de communication indispensable pour relier leurs filières d'information. De plus, ils travaillent avec des secrétaires et des agentes de liaison qui apportent une contribution décisive au cloisonnement et à la protection des hauts dirigeants de la Résistance. Voilà qui a considérablement entravé – de leur propre aveu – le travail de l'Abwehr et de la Sipo/SD, comme le montre l'exemple de Jeanne Sivadon et Denise Lauvergnat, qui œuvrent pour le mouvement de résistance Combat-Nord : « Pour illustrer les difficultés de l'instruction, il est intéressant de signaler, à titre d'exemple, qu'un rendez-vous entre Morel et Guédon se déroulait comme suit : il recevait d'une certaine [...] Madame Sivadon une invitation à se rendre chez elle. De l'appartement de Sivadon, Morel était emmené à l'appartement d'une [...] Madame Lauvergnat, où se tenait finalement l'entrevue avec Guédon [14]. »

L'Abwehr, la Sipo/SD et les autorités de police françaises sont donc particulièrement désireuses d'introduire des informateurs dans les organisations résistantes. Ainsi, l'Abwehr réussit à glisser un indicateur dans le milieu du secrétariat central de Combat-Nord – secrétariat que dirige Jeanne Sivadon. À l'aide de cet homme, la quasi-totalité du mouvement pourra être démantelée. Et comme le montrera l'acte d'accusation du procureur général du Reich près le tribunal du Peuple (Volksgerichtshof), ce secrétariat est le véritable levier de commande du mouvement, coordonnant absolument tous ses domaines d'action – de la fabrication et de la distribution des journaux clandestins à la mise en place d'une branche armée, en passant par l'établissement d'une liaison avec le général de Gaulle à Londres. Le 12 octobre 1943, Jeanne Sivadon sera condamnée à mort par le tribunal du Peuple pour intelligence avec l'ennemi. Par mesure de clémence, la sentence sera commuée en peine de réclusion à perpétuité, ce qui ne l'empêchera pas d'être assortie d'une déportation à Ravensbrück. Jeanne Sivadon en sortira en 1945 pour regagner la France.

À la tête d'un autre secrétariat parisien de Combat-Nord, Simone Dolié sera victime de la vague d'arrestations et sera, elle aussi, condamnée à mort par le tribunal du commandant de Gross-Paris. Comme dans le cas de la plupart des femmes, ce jugement ne sera pas mis à exécution et sera également commué en peine de réclusion à perpétuité. Simone Dolié survivra à son engagement dans la Résistance et échappera à la déportation en camp de concentration[15].

3. Les opératrices radio

L'établissement de liaisons radio entre la Résistance et les centrales des services secrets établies à Londres, qu'il s'agisse de la section française du SOE ou du Bureau central de renseignement et d'action (BCRA) du général de Gaulle, est l'une des tâches les plus cruciales, mais également les plus ardues des services de liaison. Indispensables à la transmission rapide d'informations, ces liaisons sont la condition sine qua non du succès de toutes les autres missions des services secrets. Grâce à elles, on pourra déposer clandestinement des agents de renseignement et des leaders de la Résistance à certains endroits précis ; elles permettront également d'évacuer par avion des personnes qui se trouvent en danger en France, comme Raymond et Lucie Aubrac. Le fait que le premier agent déposé en France par la Grande-Bretagne en mai 1941 ait été un opérateur radio montre clairement le rôle essentiel joué par les liaisons radio entre les réseaux de résistance situés en France et les centrales des services secrets établies en Grande-Bretagne[1]. En cas d'arrestation de hauts dirigeants de la Résistance ou d'agents du SOE, la rapidité avec laquelle les messages radio pourront être envoyés peut se révéler vitale pour mettre à l'abri les personnes qui ont dû rester sur le terrain. Du côté allemand comme du côté français, l'appareil de répression n'est pas sans savoir, lui non plus, que ces contacts radio sont la base irremplaçable d'une coopération efficace entre la Résistance intérieure et Londres. On s'appliquera donc à les combattre par tous les moyens.

La mise en place d'un réseau radio secret est un véritable défi. Elle demeurera l'apanage des services secrets, les seuls à disposer du savoir-faire technique et des ressources nécessaires – tant sur le plan matériel que sur le plan humain. Si la technique radio est indispensable à la transmission d'informations, il n'en est pas moins complexe et dangereux d'acheminer le matériel sur place, c'est-à-dire en France, et de l'utiliser. Pour des raisons de sécurité, on fixe des endroits différents pour parachuter les émetteurs et les opérateurs. Les pertes de matériel technique ne sont donc pas rares : lorsque les appareils sont endommagés, ils sont confisqués par la police française ou allemande et il est parfois tout simplement impossible de les retrouver. À lui seul, le transport des postes émetteurs constitue un risque particulier – en raison de la taille et du poids des appareils. À une époque où l'approvisionnement est extrêmement difficile et où le marché noir bat son plein, les paquets lourds et volumineux se font très vite remarquer par la douane et par la police. Lorsqu'on découvre un poste émetteur au cours d'un contrôle, son détenteur est immédiatement arrêté ; car les autorités allemandes d'occupation ont décrété qu'à compter du 26 juin 1940, tous les postes émetteurs devraient leur être remis. Tout contrevenant est menacé d'une peine de réclusion de plusieurs années, voire de la peine de mort. Dans ce cas, les femmes ne bénéficient plus de la présomption d'innocence qui en faisait des êtres dépendants et apolitiques, inconscients de la portée de leurs actes.

Techniquement, à cause des intempéries, des émetteurs de brouillage allemands ou de conditions géographiques difficiles, il est déjà suffisamment ardu d'établir des liaisons avec l'Angleterre ; mais à cela s'ajoute une autre difficulté : il faut chiffrer les messages. En raison de ces contraintes, les transmissions comportent souvent des erreurs ; il est alors nécessaire de demander des précisions, ce qui rallonge le temps d'émission et démultiplie le risque de se faire repérer par le contre-espionnage allemand. Les dangers auxquels s'exposent les opérateurs radio sont considérables, comme l'illustre d'ailleurs la durée de leurs missions : la plupart du temps, ces hommes et ces femmes ne réussissent à travailler que quelques semaines, ou tout au plus quelques mois. Pour renforcer leur sécurité de même que l'efficacité des messages qu'ils envoient et qu'ils reçoivent, les services secrets britanniques essaient, dans la mesure du possible, de leur fournir des agents de liaison ou des chiffreurs spécialement formés tels que Valentine Charlet. Au sein des grands mouvements de la Résistance, le codage et le décodage des messages sont également confiés aux secrétariats.

Pour réduire le volume des transmissions radio et par là même les risques encourus par les opérateurs, le SOE envoie également, depuis mai 1941 [2], des messages personnels par le biais des émissions en langue étrangère de la BBC. Il s'agit de messages brefs et codés – assez fantaisistes le plus souvent – tels que « L'hippopotame n'est pas carnivore » ou « Le diable garnit sa grotte ». Grâce à ces messages, les groupes de résistants travaillant en France se voient livrer divers renseignements : tel parachutage d'armes ou de matériel va-t-il avoir lieu ou non, tel et tel agents vont-ils bien arriver à l'endroit préalablement convenu ? Car il n'est pas rare que ce type d'opération échoue au dernier moment, ne serait-ce qu'à cause du mauvais temps. Lorsqu'il s'agira de préparer le débarquement allié en Normandie, ces messages personnels permettront de transmettre des ordres à divers groupes de la résistance intérieure armée, afin d'exécuter certains actes de sabotage tels que le dynamitage de pylônes et de voies ferrées[3].

L'organisation et la sécurité des locaux destinés aux activités résistantes exigent également de prendre en compte le poste émetteur lui-même. Toutefois, ni les témoignages de résistants, ni les dossiers du SOE ne s'attardent sur ce sujet – ce qui incite à penser que dans la pratique, l'entreposage des émetteurs ne pose pas de problème majeur. De même, l'interdiction d'écouter la BBC ne semble pas vraiment menacer le travail clandestin car dans ce domaine, la police n'est pas en mesure d'effectuer de contrôles un tant soit peu efficaces. Ainsi, dans les départements longeant les côtes de la Manche, l'occupant allemand ne réussit pas à saisir les postes émetteurs ; le directeur de la Geheime Feldpolizei auprès du commandant militaire allemand pour la Belgique et le Nord de la France doit lui-même le reconnaître : « Faisant fi de l'interdiction, un certain nombre de maisons recèlent encore des postes émetteurs ; cela est tout aussi avéré que le fait qu'ils sont sciemment détenus pour écouter des émissions anglaises de diffamation et de propagande et pour être systématiquement utilisés [4]. »

Par leurs parcours, plusieurs opératrices radio illustrent bien les missions de ces femmes sur le territoire français, tout en apportant un éclairage sur les exploits qu'elles réalisèrent, les difficultés qu'elles rencontrèrent et les risques qu'elles encoururent.

Comme presque toutes les agentes des services secrets britanniques, Noor Inayat Khan a des origines très cosmopolites. De père indien et de mère américaine, elle voit le jour le 1er janvier 1914 à Moscou. Elle grandit à Londres puis à Paris, et passe son baccalauréat au lycée de Saint-Cloud en 1931 [5]. Après avoir fait des études de psychologie de l'enfant à la Sorbonne, elle est journaliste free-lance et auteure de livres pour la jeunesse. Lorsque la guerre éclate, sa sœur et elle commencent une formation à la Croix-Rouge française. Mais à l'arrivée des troupes allemandes à Paris, elle s'enfuit en Angleterre avec sa famille. Jusqu'à ces événements, l'itinéraire de Noor

Inayat Khan est celui d'une jeune fille rangée ; rien ne laisse prévoir qu'un jour, elle sera amenée à travailler en France comme opératrice radio pour les services secrets britanniques. Cependant, ce sont précisément son bilinguisme et sa connaissance du monde qui la prédestinent, pour l'essentiel, à sa mission d'agent au service de la section française du SOE. Avant d'entamer sa mission pour les services secrets, Noor Inayat Khan se porte volontaire, le 19 novembre 1940, pour être opératrice à la WAAF (Women's Auxiliary Air Force)[6].

Alors qu'elle semble avoir toutes les qualifications requises pour s'acquitter d'une mission d'agent, à commencer par sa connaissance des deux langues et de la culture des deux pays, le SOE émettra quelques doutes lors de sa formation d'agent quant à sa capacité véritable à travailler pour les services secrets. Mais en raison du manque d'opérateurs radio disponibles pour la France, la mission de Noor Inayat Khan n'est pas vraiment remise en cause.

Le 16 juin 1943, un Lysander la dépose dans les environs du Mans : première opératrice radio de la section française du SOE, elle doit apporter son assistance aux réseaux Bricklayer et Physician dans la région parisienne. À peine une semaine après son arrivée, Noor Inayat Khan réussit à établir son premier contact radio avec Londres. Mais la fortune ne lui sourit pas longtemps car au même moment, quasiment, les 23 et 24 juin 1943, ces deux réseaux subissent une série d'arrestations à Paris et au sein de leur poste de commandement – l'École nationale d'agriculture de Grignon, près de Versailles. Les victimes en sont les chefs des deux réseaux, le capitaine Norman et le commandant Suttill, ainsi que son agente de liaison Andrée Borrel. Dans cette opération, les deux réseaux perdent leur poste de commandement. Noor Inayat Khan ne doit qu'à la chance de ne pas être arrêtée[7], mais ce revers l'oblige à abandonner sa chambre de l'École d'agriculture pour aller loger provisoirement près de la porte d'Auteuil, à Paris, chez une certaine Mme Aigrain résidant au square Malherbe. À Paris, tout comme à Nice et à Lyon, il est fréquent que les agents du SOE logent dans les quartiers de la grande bourgeoisie[8]. Après cette série d'arrestations, les services secrets britanniques n'ont plus que Noor Inayat Khan comme unique opératrice radio pour toute la région parisienne.

Les deux réseaux pour lesquels travaille Noor Inayat Khan ayant perdu une grande partie de leur base logistique, l'opératrice se voit contrainte de cacher son émetteur dans son appartement et de le transporter elle-même chaque fois qu'elle change d'endroit. Elle conserve également sur elle toutes les informations de cryptage et de décryptage des messages radio. Bien qu'elle soit consciente des risques particuliers qu'elle court et que le SOE la pousse à cesser ses activités, elle n'interrompt pas sa mission. En plus de ces dangers inévitables, Noor Inayat Khan prend des risques supplémentaires : à compter de la fin du mois d'août 1943, elle s'implique, en marge de sa mission première d'opératrice radio, dans un réseau d'évasion et ignore, consciemment ou non, d'importantes règles de sécurité du travail clandestin. Probablement par sur-motivation.

Bien qu'elle change aussi souvent que possible le lieu et l'heure de ses messages radio, elle ne peut échapper à son arrestation, le 13 octobre 1943, à l'issue de seulement trois mois de mission. Au moment de son arrestation, les Allemands trouvent chez elle la liste complète des messages radio qu'elle a envoyés en Angleterre ainsi que tous les codes secrets, clés de décodage comprises. Ces informations permettront aux Allemands de monter une radio adverse et de faire croire aux Anglais que Noor Inayat Khan continue d'utiliser son émetteur radio. C'est ainsi qu'en février 1944, l'Abwehr parviendra à arrêter trois agents du SOE à Chartres, directement à leur descente d'avion. Il s'agit de France Antelme, de son agente de liaison Madeleine Damerment et de l'opérateur radio Lionel Lee[9].

Après deux tentatives d'évasion manquées, Noor Inayat Khan est transférée de la prison parisienne de la Sipo/SD à la maison d'arrêt pour femmes de Pforzheim. Sur les ordres de la Gestapo de Karlsruhe, ses conditions de réclusion sont extrêmement dures : isolement cellulaire strict, menottée et entravée de jour comme de nuit. Étant donné que les opératrices radio et agentes de liaison des services secrets britanniques détenues dans les prisons d'Allemagne ne subiront pas, sur la durée, de mesures aussi sévères, on peut penser que le racisme propagé par l'idéologie national-socialiste joue un rôle dans le régime de détention appliqué à Noor Inayat Khan. Dans la nuit du 11 au 12 septembre 1944, alors qu'elle n'a que 30 ans, elle est abattue au camp de concentration de Dachau d'une balle dans la nuque avec trois autres agentes britanniques : Madeleine Damerment, Elaine Plewman et Yolande Beekman. La veille, la Gestapo les avait spécialement transférées à Dachau.

Après l'arrestation de Noor Inayat Khan, il faudra attendre mars 1944 avant que la section française du SOE ne réussisse, avec le réseau Stationer, à réimplanter une structure clandestine dans la région parisienne. Les liaisons radio seront à nouveau assumées par une femme, Eileen Nearne. Tout comme Noor Inayat Khan, Eileen Nearne ne pourra exercer cette mission dangereuse que peu de temps, quatre mois, très exactement, avant d'être prise en flagrant délit le 22 juillet 1944 à Sceaux, dans la banlieue parisienne. Prévenue à temps, elle réussira à détruire les codes et documents compromettants avant que les Allemands ne puissent les prendre. Elle sera déportée à Ravensbrück, dont elle réussira à s'évader au début du mois d'avril 1945 pour retourner en Grande-Bretagne au mois de mai 1945.

Denise Bloch n'a pas le parcours typique d'une agente du SOE car elle a déjà été secrétaire et agente de liaison dans la Résistance avant de travailler pour les services secrets britanniques. Peu de temps après avoir réussi à s'enfuir de France, en mai 1943, elle se porte volontaire pour une mission des services secrets britanniques et intègre l'armée britannique en tant que sous-lieutenant du corps de volontaires FANY (First Aid Nursing Yeomanry). Pendant dix mois, elle reçoit une formation des services secrets anglais pour devenir opératrice radio. Alors qu'elle vient tout juste de terminer, elle est parachutée dans les environs de Nantes le 2 mars 1944. Dès lors, elle renforcera les rangs du réseau Clergymen pour lequel elle sera opératrice radio en Ile-de-France. À l'instar de nombreux autres opérateurs radio du SOE, sa mission ne durera que trois mois. Le 19 juin 1944, elle est arrêtée à Sermaise, en Essonne, avec d'autres membres de son réseau. Pendant cette mission de courte durée, elle a émis 31 messages et en a reçu 52 [10].

Triste ironie de l'histoire : le 22 août 1944, Denise Bloch arrive à Ravensbrück en même temps que Violette Szabo et Lilian Rolfe, elles aussi agentes du SOE. Trois jours plus tard, Paris est libéré. En janvier 1945, la date exacte est inconnue, les trois jeunes femmes sont abattues d'une balle dans la nuque, sur l'ordre de l'Office central de la sécurité du Reich (RSHA), au camp de Ravensbrück ; leurs cadavres sont immédiatement incinérés [11].

Comme opératrice radio, Denise Bloch a accompli une mission qui s'inscrit dans le prolongement logique de son travail pour la Résistance. Dans la mesure où elle est recherchée et où le tribunal d'État de Lyon l'a condamnée par contumace, elle prend un risque incomparablement plus élevé que les autres agents du SOE. Plus leur engagement se prolongeait dans le temps, plus ces femmes assumaient des positions à responsabilité dans les rouages logistiques de la Résistance, s'exposant ainsi à des risques toujours plus importants.

Comparée aux autres opératrices radio en mission, Yvonne Cormeau est l'exception qui confirme la règle : en dépit de tous les risques encourus et de toutes les difficultés rencontrées, cette femme réussit à maintenir pendant 13 longs mois, d'août 1943 à septembre 1944, la liaison radio entre le réseau Wheelwright, en Aquitaine, et Londres. À plusieurs reprises, elle échappe de justesse aux arrestations, mais est tout de même atteinte d'une balle au cours d'un épisode où elle prend la fuite. À cause de la série d'arrestations lancée contre le réseau Wheelwright, Yvonne Cormeau n'a plus d'agent de liaison pendant assez longtemps, si bien qu'elle est contrainte d'apporter elle-même les messages reçus à leurs destinataires. De plus, elle doit conserver avec elle son poste émetteur de même que ses clés de décryptage à chaque fois qu'elle est en mission. Cela ne l'empêchera pas d'envoyer plus de 400 messages radio, ce à quoi le SOE rendra hommage dans ses rapports avec le commentaire suivant : « Under these circumstances an outstanding record[12]. » (Un record exceptionnel, vu les circonstances.) Yvonne Cormeau compte parmi les rares opératrices radio à n'avoir jamais été arrêtées. C'est à sa présence d'esprit, à ses nerfs d'acier et à d'heureux concours de circonstances qu'elle doit d'avoir échappé aux arrestations, à la déportation et à la mort.

Même si les formations que les services secrets britanniques et français offrent à leurs agents relèvent du meilleur professionnalisme, les missions d'opératrice radio sont extrêmement risquées et se soldent dans presque la moitié des cas par la mort de leurs protagonistes : dans l'ensemble, seules 52,4 % des femmes ont survécu. À titre de comparaison : parmi les agents et les agentes ayant travaillé pour la section française du SOE, le pourcentage de pertes s'élève à « seulement » 26 %[13]. À côté de l'aide à l'évasion, le travail des opératrices radio compte donc parmi les tâches féminines les plus risquées au sein de la Résistance.

4. Résistantes au foyer

Condition sine qua non de la réussite du travail clandestin, l'espace privé est d'autant plus incontournable qu'il n'éveille pas de prime abord les soupçons des autorités – à la différence des gares, des hôtels, des restaurants et des cafés qui font l'objet de contrôles réguliers. L'espace privé sert à loger les acteurs de la Résistance, à entreposer des armes et des explosifs, à dissimuler la presse clandestine, à accueillir des réunions secrètes et à fabriquer des faux papiers. C'est ainsi que des caves se transforment en imprimeries, des salles de séjour en salles de réunion, des cuisines en ateliers de reliure et des greniers en stations radio. Sans recours à l'espace privé, même les services secrets ne sauraient venir à bout de leurs missions, en dépit de leur professionnalisme et de leurs ressources, tant matérielles que financières. Or, si les agents britanniques se voient proposer des hébergements, c'est à des femmes qu'ils le doivent dans plus de la moitié des cas[1]. Lorsque cela est possible, ces logements doivent non seulement passer inaperçus, mais également remplir des critères de sécurité propres au travail clandestin : avoir deux sorties, par exemple, ou encore offrir la possibilité d'observer les alentours sans se faire remarquer.

L'espace privé joue un rôle essentiel dans les parachutages sur le territoire français – avec une prédilection pour les fermes isolées, comme l'exploitation de Thérèse Nolle à Luzillé, dans le département d'Indre-et-Loire[2]. En plus du parachutage, cette propriété sert aussi à l'évacuation d'agents britanniques et de hauts dirigeants de la Résistance à bord de petits avions mona ou bimoteurs en direction de la Grande-Bretagne. En matière de terrains, l'un des principaux critères de sélection réside dans les possibilités d'entreposage offertes pour dissimuler non seulement le matériel parachuté (munitions, mitraillettes, explosifs et détonateurs), mais également les containers et leurs parachutes. C'est d'ailleurs ce que confirme très explicitement une consigne du commandement suprême de la Wehrmacht en date du 26 juillet 1943, précisant que « des armes et des munitions sont fréquemment cachées dans l'entourage des agents appréhendés[3] ». L'importance de ces cachettes est également soulignée par les enquêtes systématiques que lancent la police française et la Sipo/SD à chaque fois qu'elles découvrent un container, même vide[4].

Sur le plan de la sécurité, les locaux prêtés par des femmes présentent un avantage considérable : moins présentes que les hommes sur la scène politique publique, les femmes attirent d'autant moins l'attention des autorités d'occupation qu'elles ne sauraient être soupçonnées, à l'instar des officiers, d'être des membres de l'armée française. Ce critère est particulièrement important pour le SOE lorsqu'il s'agit de procurer des logements sûrs aux agents qu'il envoie en France[5]. De plus, il est fréquent que les femmes n'offrent pas seulement le logis, mais également le vivre, relevant par là même un véritable défi face à la pénurie ambiante et aux nombreuses restrictions de la vie quotidienne. Avantage supplémentaire : en faisant des provisions pour plusieurs personnes, les femmes n'éveillent pas d'emblée de soupçons car même en temps de pénurie, il est tout à fait concevable qu'une maîtresse de maison reçoive et qu'elle fasse ses courses en conséquence. Toutefois, ce prétexte atteint ses limites dès qu'il est nécessaire de nourrir plusieurs personnes pendant un laps de temps prolongé. Dans ce cas, le ravitaillement est assuré soit par les services sociaux des mouvements résistants, soit par les structures que les différents réseaux d'évasion mettent en place pour subvenir aux besoins de leurs protégés, dont le nombre est immanquablement élevé[6].

Lorsqu'elles vivent seules, les femmes qui prêtent leur domicile à la Résistance s'exposent à des risques plus importants que les femmes qui vivent en famille, car il n'est pas rare que les voisins surveillent leurs fréquentations d'un œil vigilant. Les femmes seules ne sont pas nécessairement célibataires : entre 1940 et 1945, 790 000 d'entre elles sont les épouses de prisonniers de guerre français[7] et ne sont pour rien dans leur situation. Au vu d'allées et venues incessantes d'individus de sexe masculin ou d'un étranger resté passer la nuit, les voisins peuvent très vite conclure à des mœurs légères. Dans ce contexte, la « vigilance » desdits voisins est renforcée par l'image de la femme et de la famille que propage le gouvernement de Vichy, affirmant que l'adultère de la femme sape les structures sociales de l'État et menace la nation tout entière. Depuis 1942, une loi sanctionne les épouses de prisonniers de guerre français vivant en concubinage avec un autre homme[8]. C'est ainsi que, comme le prouvent les archives de cette époque, pour défendre les bonnes mœurs et la bienséance, un certain nombre de citoyens « respectables » recourent à la dénonciation anonyme de femmes vivant seules. Devant l'afflux de lettres anonymes, le préfet du Jura publia une circulaire par voie d'affiche et la fit également imprimer presque mot pour mot dans les journaux du département. « M. le Ministre Secrétaire d'État à l'Intérieur me signale qu'au cours de ces derniers mois, le nombre de lettres anonymes et de dénonciations calomnieuses qui parvient chaque jour, soit aux Administrations, soit aux Autorités d'Occupation, ne cesse de croître. Ces pratiques créent une atmosphère insupportable de suspicion. Elles ont déjà amené maints incidents regrettables du fait du profond malaise qu'elles font régner et elles risquent de jeter la discorde parmi les Français en un moment où le pays a besoin de garder intactes toutes les forces morales pour assurer son redressement. Il importe d'y mettre fin, au plus tôt, et par les moyens les plus énergiques. C'est dans cet esprit que j'ai l'honneur de vous prier d'informer par tous les moyens, et au besoin par affiches, la population de votre commune, que les auteurs de dénonciations calomnieuses et anonymes s'exposent à des sanctions extrêmement graves et que les lettres anonymes adressées aux Autorités administratives feront l'objet d'une enquête de police et éventuellement d'une expertise et d'un contrôle des empreintes digitales afin d'en rechercher l'origine[9]. »

À côté de son rôle traditionnel de gardienne de la maison et de la famille, la résistante qui prête son espace privé se voit confier, tout comme dans les missions de secrétariat exposées plus haut, une tâche essentielle : assurer la sécurité de ses protégés. Lorsqu'il arrive, malgré toutes les précautions prises, qu'un lieu abritant des activités résistantes (un appartement ou un café, par exemple) soit repéré et que la police y découvre des personnes recherchées, les femmes sont souvent les premières personnes à devoir fournir une réponse adéquate. Dans ce genre de situation, leur présence d'esprit et leur assurance, doublées de manœuvres dilatoires ou de mensonges bien étudiés pour détourner l'attention de la police, peuvent offrir le temps nécessaire aux personnes recherchées pour prendre la fuite. Citons, à titre d'exemple, le cas de Mme Fleuret. Son appartement de Châteauroux sert de lieu de rencontre clandestin à des membres du réseau Silvestre-Farmer. Lorsque la police française vient fouiller son appartement, elle peut, grâce à sa fille qui réussit à quitter l'appartement sous un prétexte quelconque, prévenir à temps d'autres membres du mouvement afin d'empêcher leur arrestation [10].

Lorsque les résistants se servent d'un espace privé pour y dissimuler des documents compromettants, ce sont souvent des femmes qui, en cas de menace d'arrestation ou de perquisition, parviennent à détruire lesdits documents – ou tentent, du moins, de le faire. En témoigne, à titre d'exemple, un compte rendu du 4 mars 1942 dans lequel les brigades spéciales relatent l'arrestation de Félix Cadras et la perquisition de police qui s'ensuivit dans son appartement parisien : « Lorsque le Commissaire se présenta pour perquisitionner, CADRAS, invité à donner les clefs de son logement s'y refusa et cria : "Georgette, je suis accompagné de ces Messieurs". À l'intérieur, on put percevoir un bruit de course rapide. Il ne fallait pas perdre de temps, des documents allaient disparaître. Un coup d'épaule dans la porte permit aux enquêteurs de pénétrer suffisamment à temps pour voir Mme CADRAS debout sur le radiateur de la salle de bain et qui venait de projeter au-dehors, par la lucarne, un cabas qui fut retrouvé sur le toit d'un immeuble voisin [...]. Ce cabas était de bonne prise puisqu'il contenait la preuve d'activité de CADRAS, consistant en un nombre imposant de rapports émanant de diverses régions de la France et rendant compte de l'activité du Parti Communiste[11] [...] »

Même si, dans ce cas précis, l'entreprise se solde par un échec, la manière dont agit Félix Cadras pendant son arrestation prouve qu'il s'était entendu avec Mme Cadras sur ce qu'il faudrait faire en cas d'intervention policière pour empêcher le pire.

La mise à disposition d'un espace privé constitue près du quart des activités féminines dans la Résistance[12]. Ce qui, à première vue, semble aller de soi représente – sous le régime de Vichy et sous l'occupation allemande de la France – un danger de mort et exige, de ce fait, une forte aptitude à prendre des risques. 85,7 % des femmes qui mettent leur espace privé à la disposition de la Résistance seront arrêtées et 20,4 % d'entre elles paieront cet engagement de leur vie.

Ainsi, après les missions d'opératrice radio et d'aide à l'évasion, la mise à disposition d'un espace privé se range parmi les champs d'activités féminins les plus susceptibles de confronter leurs auteurs avec l'appareil de répression. La rigueur que déploie la partie adverse pour contrer cette activité confirme qu'il s'agit de l'un des piliers de la logistique résistante.

5. Faux papiers

À côté des services de liaison et de la mise à disposition d'espaces privés, l'un des piliers essentiels de la Résistance réside dans la fabrication et l'acquisition de faux papiers : français ou allemands, ces faux documents permettent par exemple de franchir la ligne de démarcation ou de circuler dans les rues après le couvre-feu. Loin de ne s'adresser qu'aux membres de la Résistance, les fausses identités sont également destinées aux prisonniers de guerre français évadés, aux soldats alliés à évacuer de France et aux personnes persécutées pour des raisons politiques ou raciales. Ainsi, entre le 2 novembre 1940, date à laquelle il est révoqué de son poste de préfet, et le mois de septembre 1941, moment où il fuit la France pour prendre le chemin de Lisbonne, Jean Moulin utilise déjà, en sus de sa véritable identité, des faux papiers [1]. Il porte le nom de Joseph Mercier et prétend être professeur de l'enseignement secondaire. Cependant, les services secrets du régime de Vichy ont découvert ce double jeu.

Même les agents des services secrets britanniques doivent, dans certaines circonstances, recourir à des papiers qui ont été falsifiés sur le territoire français. Ainsi, les membres du réseau Digger reçoivent les documents dont ils ont besoin de Solange Roche, une employée de la préfecture de Périgueux[2]. Dans ce domaine, il existe deux types de faux papiers : d'une part, les « vrais » faux papiers, qui sont délivrés à titre tout à fait officiel par les autorités et sur lesquels seule l'identité du détenteur est fausse ; et d'autre part, tous les papiers entièrement contrefaits, formulaires et cachets administratifs, avec une identité inventée.

Pour se procurer de « vrais » faux papiers, la Résistance bénéficie d'une particularité de la structure administrative française : les communes. En 1940, la France compte plus de 37 000 communes et, par conséquent, un nombre identique de maires dont les attributions portent notamment sur la gestion des registres de l'état civil[3]. De par ses fonctions, tout maire français est habilité à établir en toute légalité des documents officiels tels que l'acte de naissance ou la carte d'identité. Les falsifications sont courantes, surtout dans les communes proches de la ligne de démarcation, comme le montre un compte rendu rédigé le 13 mars 1941 par le directeur de la Geheime Feldpolizei de Dijon : « Il est tout aussi certain que la grande majorité des maires et employés communaux se chargent de fournir de faux papiers et que toutes ces manigances sont tacitement tolérées par la gendarmerie française[4]. »

Dans les grandes villes, ce sont les employés des hôtels de ville et des préfectures qui peuvent fournir de tels papiers[5]. Très rapidement, toutefois, cette méthode se heurte à ses propres limites, à trois égards. Premièrement, lorsqu'une commune ou toute autre autorité délivre de « vrais » faux papiers en grandes quantités, elle ne tarde pas à attirer l'attention de la police française ou des autorités d'occupation allemandes, dans la mesure où les cachets officiels permettent aisément de retracer le chemin emprunté par ces papiers. Deuxièmement, cette voie ne permet pas de se procurer les documents allemands qui s'avèrent nécessaires, surtout pour franchir la ligne de démarcation et les zones interdites le long des côtes et des Pyrénées. Troisièmement, avec la multiplication des activités de la Résistance, et plus particulièrement avec l'introduction du Service du travail obligatoire (STO) en février 1943, les besoins en faux papiers se font de plus en plus nombreux. Cela amènera les mouvements résistants à créer des services qui se consacreront spécialement à la fabrication de faux papiers, de formulaires en blanc et de cachets administratifs. Pour ce qui est de la falsification des formulaires, la carte d'identité française fera figure d'exception puisque le formulaire en blanc et les timbres fiscaux obligatoires resteront en vente légale dans tous les bureaux de tabac français[6].

Parmi les papiers falsifiés, on trouve – outre la carte d'identité – une multitude d'autres documents comme les quittances de loyer ou encore, pour les hommes, les certificats de recensement et de démobilisation[7]. D'après les sources consultées, les cartes d'alimentation ne comptent pas parmi les papiers falsifiés par la Résistance, bien que les personnes qui en sont dépourvues éveillent rapidement les soupçons. Pour prévenir ce risque, on invente un domicile officiel à l'aide de faux papiers : cela permet de se procurer en toute légalité les cartes et tickets nécessaires auprès des autorités compétentes, la mairie, en règle générale. Toutefois, même avec des papiers particulièrement bien falsifiés, le retrait des tickets de rationnement, qui sont délivrés une fois par mois, reste une entreprise risquée pour les résistants. Membre du comité directeur de la résistance communiste dans l'agglomération de Lille, Jeanne Tétard vit dans la clandestinité. Afin de ne pas se faire arrêter, elle envoie son frère chercher ses tickets de rationnement. Mais dès la première tentative de retrait desdits tickets pour le compte de sa sœur, le frère est arrêté[8]. Comme le montrent les dossiers d'enquête de la police française, c'est souvent en trouvant des cartes de rationnement volées, mal remplies ou délivrées au nom d'une tierce personne que la police réussit à porter des coups contre la Résistance.

En février 1942, le mouvement Défense de la France crée à Paris un service spécial pour la fabrication de faux papiers, de formulaires et de cachets. D'une haute technicité, il fait preuve d'un professionnalisme qui ne se limite pas à l'impression et à la fourniture des documents. En recourant à des agent(e)s de liaison, il parvient à cloisonner ses activités avec une telle efficacité que ses principales divisions, la confection de cachets administratifs et l'impression de formulaires, ne seront jamais inquiétées et pourront poursuivre leur travail clandestin jusqu'à la Libération de la France à l'été 1944. Sur l'ensemble des membres de Défense de la France, près de la moitié ont été chargés au moins une fois d'émettre ou de distribuer des faux papiers[9]. Si le domaine de la fabrication est exclusivement masculin, la mise en place de ces divisions spéciales de même que leur cloisonnement sont pour moitié entre les mains de femmes. Albert et Anne-Marie Le Combe, Monique et Albert Bernstein et Genia Gemähling en ont posé la première pierre. Afin d'offrir le plus de sécurité possible à l'atelier de falsification, ce lieu est strictement séparé – tant sur le plan humain que géographique – de l'impression et de la distribution des journaux clandestins. Et pour plus encore de précautions, la fabrication des cachets, l'impression des formulaires et le lieu de délivrance sont également répartis à différents endroits.

La fabrication des cachets revient à Michel Bernstein, qui travaille dans son appartement et n'en sortira quasiment plus entre février 1942 et juin 1944. À compter d'avril 1943, il y confectionnera jusqu'à 125 cachets différents par semaine, tant français qu'allemands. C'est par l'intermédiaire de sa femme que les cachets lui sont livrés et que les commandes lui sont passées. Au début, cinq agents assurent la liaison avec Michel et Monique Bernstein, à savoir Philippe Viannay, le fondateur de Défense de la France, Charlotte Nadel, Genia Gemähling, Rosanne Taillefer et Madeleine Grou-Radenez, qui font tous partie de l'étroit cercle de personnes fabriquant le journal clandestin baptisé du même nom que le mouvement. Pour des raisons de sécurité, Genia Gemähling finira par être la seule personne à connaître l'adresse de Monique et Michel Bernstein et à assurer le contact entre le couple et les dirigeants de Défense de la France. Il est probable que Genia Gemähling ait fourni des vivres aux Bernstein, comme elle le faisait pour d'autres dirigeants du mouvement [10].

L'imprimerie spécialement destinée à la fabrication des formulaires et des timbres falsifiés se trouve rue de l'Université, à Paris, dans l'appartement de Mme Michaut (alias Françoise de Rivière) [11]. L'appartement est au cinquième étage et la machine, qui pèse près d'une tonne et demie, a dû être démontée pour y être transportée. Les documents sont imprimés de jour par Lebreton (alias Fredo), pendant que Mme Michaut travaille à la Bibliothèque Nationale, où elle a un emploi officiel. Après l'arrestation de Lebreton à la fin du mois de mai 1944, Mme Michaut devra quitter Paris pour des raisons de sécurité. Elle rejoindra le maquis de Philippe Viannay dans le département de Seine-et-Oise : dès lors, elle travaillera à ses côtés comme agent de liaison et transportera des armes, avec d'autres jeunes femmes, entre les différents groupes du maquis[12].

Le troisième service de l'atelier de falsification est placé sous la responsabilité de Pierre Bizos qui « délivre » les faux papiers dans une boutique de Saint-Germain-des-Prés. À cette fin, Pierre Bizos remplit les formulaires nécessaires et y ajoute les photos d'identité, les cachets et les signatures officielles requises. Une fois les papiers terminés, des agents de liaison viennent les chercher à la boutique ou dans un autre « service de délivrance » dirigé par Max Rolland, avenue Victor Hugo, pour les remettre aux personnes auxquelles ils sont destinés. À partir de Paris, Défense de la France réussira à implanter des filiales de fabrication de faux papiers dans toute la France et en fera bénéficier d'autres mouvements tels que les FTP, Libération-Nord, les MUR, l'OCM et le Comité d'action contre la déportation.

À la différence des mouvements, les réseaux – y compris les réseaux d'évasion – n'ont généralement pas de service de fabrication de faux papiers. Ils doivent s'adresser, au cas par cas, à différentes personnes prêtes à leur apporter leur soutien – comme dans le cas de la Cimade, qui recourt aux services d'un employé de la préfecture de Valence[13]. Mais même lorsqu'elles ne procurent de faux papiers qu'à titre exceptionnel ou se contentent de participer sporadiquement à leur délivrance, les personnes qui agissent seules se font repérer par la police, d'autant plus vite qu'à la différence des mouvements résistants et des services de renseignement, elles n'ont ni les connaissances techniques pour cloisonner leurs activités, ni les ressources personnelles pour recourir à des agents de liaison.

6. Assistantes sociales

Tout comme les œuvres de bienfaisance officielles, qu'elles soient privées, publiques ou confessionnelles, les services sociaux créés par la Résistance ont avant tout une fonction caritative. Ils apportent une aide financière et matérielle aux familles de résistants, surtout lorsque l'un d'entre eux vient à être arrêté. Sur le plan purement matériel, ces services ne sont toutefois pas seuls à soutenir les familles en détresse puisque ces dernières bénéficient également du soutien d'œuvres de bienfaisance telles que le Secours national [1]. Après l'arrestation d'Emilienne Barcos, qui travaille pour un réseau d'évasion avec son mari, les cinq enfants mineurs qui ont été recueillis par leur tante bénéficieront d'une aide de 900 francs par mois de la part du Secours national. Cela étant dit, aucune étude détaillée ne permet à ce jour d'établir dans quelle mesure les services sociaux de la Résistance ont pu apporter une aide suffisante aux résistants et à leurs familles, ni dans quelle mesure d'autres aides importantes, publiques ou privées, ont été accordées[2].

Par-delà l'aide caritative, les services sociaux de la Résistance assument également d'autres fonctions. Ils apportent un soutien moral aux résistants et à leurs familles, qui vivent fréquemment dans l'isolement et ne peuvent guère se confier à d'autres en raison du risque permanent de dénonciation et des menaces de répression. Auprès des détenus, ce soutien revêt une importance particulière : il laisse non seulement une forte impression de sécurité et de réconfort au sein de prisons qui se trouvent dans un état déplorable, mais vise également à fournir les armes psychologiques qui permettront de résister, autant que faire se peut, aux moyens utilisés par l'appareil de répression. Ceux qui ne tremblent pas pour la vie de leurs enfants, de leur conjoint ou de leurs parents et n'ont pas à se soucier du destin des autres membres de leur groupe de résistants ont plus de chances de pouvoir faire front aux méthodes employées. À cet égard, faire savoir aux mères que leurs enfants sont en sécurité ou que l'on prend soin d'eux leur apporte un grand soutien psychologique[3]. Pour franchir les murs des prisons, les informations se dissimulent dans des paquets de vivres ou de linge la plupart du temps apportés par des femmes. Servant souvent de support pour donner des nouvelles sur les arrestations manquées ou réussies des membres d'un groupe de résistants, ou pour informer les prisonniers sur la situation de leur famille ; ces paquets assurent également un retour d'information. Autorisé par les administrations carcérales, l'échange de linge propre contre du linge sale dépasse la simple composante hygiénique, dans la mesure où le linge sale est un moyen éprouvé pour savoir si les prisonniers sont maltraités ou torturés. L'état du linge rendu permet donc de tirer un certain nombre de conclusions[4].

Pour faire parvenir des informations dans les prisons ou s'informer sur la date, le lieu et les circonstances d'une arrestation, la Résistance dispose également d'autres moyens : entrer en contact avec le personnel surveillant, avec l'aumônier ou, comme l'illustre un cas du fort Montluc à Lyon, avec l'interprète allemand[5]. Ce type de prise de contact, qui s'accompagne toujours du risque d'être dénoncé, est décisif lorsque les prisonniers concernés tombent sous le décret Nuit et brouillard ou que pour d'autres raisons, tout contact avec le monde extérieur leur est interdit. Par ailleurs, le recueil d'informations des services sociaux sur le sort des prisonniers est d'autant plus crucial que les membres de la Résistance ne sauraient s'adresser aux autorités susceptibles de les informer sans se mettre eux-mêmes en danger : dans la pratique, les autorités françaises compétentes, et plus particulièrement les préfectures, s'emploient en effet à découvrir les circonstances et les raisons véritables des arrestations de citoyens français auxquelles ont procédé les autorités allemandes – et fournissent, sur demande, les informations que peuvent par exemple demander les proches. Dans toutes les archives départementales dont nous avons examiné les fonds préfectoraux se trouvent des demandes de proches s'interrogeant sur la raison d'une arrestation et sur le sort des personnes appréhendées.

Lorsqu'il s'agit de réunir des informations sur le lieu et la raison d'une arrestation ou sur l'état de santé d'une personne arrêtée, il arrive fréquemment que des organisations d'aide humanitaire reconnues par l'État soient à l'œuvre : travaillant pour la Résistance, elles se servent de leur statut légal comme camouflage. Parmi ces organisations, l'Œuvre des prisons, qui est une œuvre confessionnelle, s'occupe de prisonniers. Anne-Marie de Sainte-Marie, qui travaille à Lyon comme secrétaire de cette organisation, réussira à établir un contact personnel dans cette même ville avec l'interprète allemand du fort Montluc ; par ce biais, elle obtiendra des informations sur un certain nombre de prisonniers, notamment sur leurs transferts vers d'autres prisons ou sur leur déportation[6].

Il arrive que les services sociaux renseignent les groupes armés des mouvements résistants – les groupes francs – sur l'agencement intérieur et le personnel des prisons, des hôpitaux et des établissements psychiatriques, fournissant les prémisses logistiques nécessaires à toute libération de résistants. En raison de l'ampleur des préparatifs et des risques encourus par l'ensemble des personnes impliquées, ce type d'intervention est réservé aux hauts dirigeants de la Résistance. L'évasion de Berty Albrecht de l'hôpital psychiatrique de Bron, près de Lyon, en décembre 1942, témoigne remarquablement bien de ce type d'intervention.

Les services sociaux se chargent également d'approvisionner les résistants vivant entièrement dans la clandestinité en biens de première nécessité tels que des vivres, des chaussures, des vêtements ou des cigarettes. Comme ces marchandises ne peuvent être obtenues qu'en échange de tickets de rationnement et qu'il est financièrement impossible, à long terme, de se ravitailler exclusivement au marché noir, il faut se procurer les tickets nécessaires de manière illégale. À cette fin, l'une des possibilités est de faire intervenir des employés des préfectures et des mairies, qui volent les cartes d'alimentation nécessitées par la Résistance. Mais pour chaque employé impliqué, l'entreprise est risquée : la disparition de cartes d'alimentation et de tickets de rationnement est rapidement remarquée par les administrations, et la police peut facilement remonter la piste. Une autre solution consiste à assaillir les bureaux de délivrance – par exemple les mairies. Mais en règle générale, les femmes ne participent pas directement à ce type d'intervention[7]. Ici, il convient également de signaler que la Résistance n'était pas seule à attaquer les mairies pour y dérober des cartes d'alimentation et des tickets de rationnement. Le lien avec la Résistance ne peut donc être établi qu'à condition de disposer de dossiers d'enquête détaillés.

Même lorsqu'ils ne vivent pas dans la clandestinité, résistants et résistantes ont besoin d'aide pour trouver des vivres car leur engagement ne leur permet plus de trouver le temps nécessaire pour aller les acheter. En raison de la pénurie ambiante, les files d'attente se font de plus en plus longues devant les commerces et dans les marchés, si bien qu'il faut compter toujours plus de temps pour se procurer le nécessaire.

Avant de pouvoir remplir toutes ces missions, dont l'ampleur ne cessera de croître avec le développement des activités de la Résistance, il est nécessaire de s'organiser, de mettre en place les structures adéquates et de recruter des volontaires.

Comme nous l'avons déjà vu dans la partie consacrée aux secrétaires engagées dans la Résistance, les femmes qui exercent la profession d'assistante sociale peuvent aisément mettre le métier qu'elles ont appris au service de la Résistance. Dans la mesure où la loi leur accorde le droit au secret professionnel [8] et où les visites au domicile des familles s'inscrivent dans l'exercice de leur profession, leur travail pour la Résistance se trouve facilité : les assistantes sociales ont une explication toute faite à leurs horaires de travail irréguliers et aux absences répétées de leur lieu de travail. Dans le camp gaulliste, même si l'organisation et la mise en place des services sociaux reposent essentiellement sur des assistantes sociales professionnelles, le diplôme n'est pas une condition sine qua non. Les qualités personnelles et les contacts avec d'autres groupes de résistants importent bien plus, pour le recrutement, que la justification d'un diplôme en bonne et due forme.

Si les missions principales des services sociaux sont les mêmes, dans les camps gaulliste et communiste, il existe toutefois des différences, tant dans leur genèse qu'au niveau de leurs activités secondaires. La résistance gaulliste ne commencera à établir ses services sociaux qu'en 1942, deux ans après la résistance communiste. De plus, les services sociaux de la résistance gaulliste se consacreront presque exclusivement au suivi et au soutien des résistants et de leurs proches, alors que le camp communiste s'est également donné comme objectif, avec le Secours populaire, d'aider les personnes dans le besoin, même lorsqu'elles ne sont pas dans la Résistance.

Comme dans le domaine de la presse clandestine, les communistes français sont plus expérimentés en matière de services sociaux clandestins que ne l'est la résistance gaulliste. Le Secours populaire, qui a succédé au Secours rouge en 1934, est dissous le 16 octobre 1939 après avoir été interdit – à l'instar de toutes les organisations proches du Parti communiste – par le décret du 26 septembre 1939[9]. Toutefois, cela n'empêchera pas le PCF de se servir des structures encore existantes du Secours populaire et des comités féminins. Parmi les femmes auxquelles il fera appel, le Parti privilégiera celles qui étaient déjà actives dans ce secteur avant 1940.

Comme le montrent les dossiers des appareils de répression allemand et français, il existe, dans la clandestinité, une coopération étroite entre le Secours populaire et les comités féminins – eux-mêmes placés sous l'égide de l'Union des jeunes filles de France que dirige Danielle Casanova. La mise en place clandestine de ces comités revient également à Josette Cothias-Dumeix, qui travaillera en étroite collaboration avec Danielle Casanova jusqu'à l'arrestation de cette dernière en février 1942 [10]. Marie-Claude Vaillant-Couturier et Anne-Marie Bauer, qui se sont engagées dès l'entre-deux-guerres dans le domaine social pour le compte du PCF, sont elles aussi membres de ce cercle. Cependant, même si la mise en place des services sociaux constitue l'un des domaines d'action principaux de la résistance communiste, ni les archives ni les témoignages consultés dans le cadre du présent travail ne permettent de cerner avec précision la contribution individuelle de chacune de ces quatre femmes, qui font toutes partie de la direction du PCF à Paris.

Parmi leurs tâches spécifiques, les comités féminins proposent une aide spéciale aux femmes de prisonniers de guerre des couches sociales défavorisées. Les missions des femmes engagées dans les services sociaux du PCF comptent parmi les activités les plus visibles du Parti. Cela se reflète jusque dans les rapports que la Sipo/SD envoie de France à l'Office central de sécurité du Reich (RSHA), à Berlin. Dans son rapport du 4 février 1941, la Sipo/SD de Paris écrit : « Le rétablissement de l'ancienne organisation communiste "Secours rouge" prend désormais solidement forme sous la dénomination de "Secours populaire". La direction de cette organisation revient à une secrétaire, qui est une institutrice juive habitant à Paris près de la porte d'Orléans, où se trouve également un bureau central [...] bien camouflé. Ces derniers temps, toute une série de réunions s'y sont déroulées tant à des fins organisationnelles que pour réglementer la liaison avec d'autres cercles clandestins et avec le PCF. Cette secrétaire juive est en contact étroit avec la célèbre famille juive Jean-Richard Bloch, qui apporte un soutien important à la L.I.C.A. (Ligue internationale contre l'antisémitisme), une organisation entièrement judéo-communiste qui compte de nombreux adeptes dans tous les arrondissements parisiens, mais plus particulièrement dans le 19e et le 20e, parmi les juifs négociants, commerçants etc., et qui déploie une activité clandestine intense pour le communisme[11]. »

Le travail du Secours populaire est également très surveillé au niveau régional. Ainsi, il ressort d'un courrier du commissaire de police spéciale de Lille daté de juillet 1941 que le rétablissement des comités populaires et la mise en place des comités féminins compte parmi les activités de premier plan du PCF. Dans les usines de la région, ces comités réussissent à faire circuler des listes de souscription pour réunir des fonds destinés à aider des détenus et leurs familles.

Par ailleurs, des tracts appellent la population à être solidaire des prisonniers politiques en camp d'internement et à acheter des timbres de solidarité pour soutenir le Secours populaire et l'Union des jeunes filles de France[12]. Au fur et à mesure de l'évolution des événements, des appels sont lancés à l'attention des femmes, les invitant à apporter une aide financière aux réfractaires et à la branche armée de la résistance communiste, à savoir les Francs-tireurs et partisans (FTP).

Bien que ce type de collecte n'atteigne que de modestes montants (rarement plus de 1 000 francs, ce qui est presque insignifiant par rapport aux sommes qui circulent habituellement dans le cadre des activités résistantes), ces missions exposent les femmes qui les exercent à des risques élevés puisque 25 % d'entre elles le paieront de leur vie. Toute trace écrite trouvée auprès d'une femme impliquée lui porte un préjudice considérable car elle donne à la police la preuve incontestable d'un lien avec des activités communistes – ce qui est sanctionné en conséquence. Il en va différemment dans le camp de la résistance gaulliste : ses services sociaux n'ont pas besoin de réunir de fonds sous la forme de dons ou de cotisations car ils disposent des subventions que la France libre et les services secrets britanniques mettent à la disposition de leurs organisations résistantes.

À l'aide d'un arrêt du tribunal d'État de Paris, nous avons pu reconstituer, en guise d'exemple, le mode de fonctionnement et les missions féminines d'un service social local du PCF. À la fin du mois de février 1943, à Châtillon dans la banlieue sud de Paris, Lucie Gratadoux et Julia Romain sont prises en flagrant délit, en train de remettre des sacs à provisions remplis de victuailles. Au cours des perquisitions qui s'ensuivent, la police découvre non seulement des titres de rationnement d'origine inconnue chez Julia Romain, mais également une fausse carte d'identité. Au domicile de Lucie Gratadoux, elle trouve une directive de la direction du Parti qui explique de quelle manière les comités locaux du Secours populaire doivent être mis en place, tout en détaillant les tâches à accomplir. Ces instructions témoignent d'un degré d'organisation considérable, ne serait-ce que parce qu'elles appellent à établir des contacts avec d'autres groupes de la résistance communiste et à les impliquer dans le travail du comité :

« TÂCHES À REMPLIR PAR UN COMITÉ LOCAL. Le secours populaire de France travaille à l'Union par l'action du peuple de France qui doit aboutir à la libération des emprisonnés politiques ayant lutté pour la paix et l'indépendance de la France. il [*sic*] s'efforce d'unifier toute la solidarité afin de venir en aide à toutes les victimes de la répression capitaliste. Ses tâches peuvent se résumer de la façon suivante :

Aide morale par des visites fréquentes auprès des familles et des lettres aux emprisonnés.

Aide financière par des versements réguliers aux familles et aux emprisonnés.

Aide juridique en assurant, par nos avocats, la défense des camarades poursuivis.

Pour appliquer ces tâches, il convient de mettre en pratique les directives ci-dessous : Former un Comité local avec à sa tête, un responsable politique pour diriger le travail et faire la liaison. [...]

SES TÂCHES : Dresser la liste de tous les emprisonnés, avec les adresses de leur famille, préciser chaque situation, ressources, enfants, sexe, âge, situation militaire de l'emprisonné, date d'arrestation, lieu de détention et durée s'il y a eu condamnation. En donner un double pour le Centre. [...] S'adresser à toutes les organisations Amies [*sic*] : O.C. – J.C. – Femmes – Syndicats – Comités populaires – ARAC – Chômeurs – Locataires – Amis de l'URSS – Petits commerçants et artisans. S'adresser aux membres des professions libérales, aux intellectuels, aux étudiants, etc. S'adresser à ceux qui furent membres des sections SFIO radicales, Ligue des droits de l'Homme [...].

Pour chaque cas : éditer de courts tracts, des affichettes, des papillons, faire des inscriptions pour alerter la population. Agir dès le cas connu avec une grande rapidité[13]. »

Chez Lucie Gratadoux, la police trouve également des comptes rendus sur le travail des brigades spéciales auprès de la préfecture de police de Paris. Cela prouve que même dans la résistance communiste, qui cloisonne pourtant mieux ses activités que toute autre organisation, certaines tâches peuvent se superposer. Dans le cas présent, Lucie Gratadoux ne travaille pas seulement pour un service social ; elle conserve également des documents importants à son domicile. Le 22 mars 1944, Lucie Gratadoux et Julia Romain sont condamnées à respectivement huit et sept ans de travaux forcés par le tribunal d'État de Paris.

7. Berty Albrecht

Dans le camp gaulliste, c'est à Berty Albrecht que revient l'initiative de la mise en place de services sociaux en 1942. Occupant un poste officiel d'assistante sociale au Service du chômage féminin, elle réussit à camoufler ses activités clandestines et à créer une structure adéquate. Fondé exclusivement pour Combat, dans un premier temps, son service social servira d'exemple aux autres mouvements gaullistes. Berty Albrecht fait partie des rares femmes qui comptèrent parmi les hauts dirigeants de la Résistance.

Berthe Pauline Mariette Wild naît à Marseille en 1893. Aisés et très marqués par le protestantisme, ses parents accordent une grande importance non seulement aux bonnes manières, mais également à l'éducation scolaire – qui aboutira au baccalauréat – de leur fille unique. Après s'être mariée à un banquier hollandais du nom de Frédéric Albrecht, en 1918,

Berty Albrecht suit son époux à Londres en 1924. En dépit du milieu grand-bourgeois dans lequel elle évolue, elle ne perd jamais de vue la réalité sociale de son époque et prend résolument parti pour le contrôle des naissances et pour l'amélioration de la situation sociale dans les couches de population les plus défavorisées. En 1931, elle se sépare de son mari et s'installe à Paris avec ses deux enfants, Mireille et Frédéric. Là, elle poursuit son engagement sociopolitique et publie une revue titrée *Le Problème sexuel.* Son engagement personnel sera marqué par la formation d'assistante sociale qu'elle suivra à l'École des surintendantes d'usine, à Paris, et qu'elle terminera en 1938, à l'âge de 45 ans. Dès lors, elle exercera son métier par nécessité économique car depuis leur séparation, son mari a suspendu tous les paiements destinés à la famille [1].

En décembre 1940, Berty Albrecht retrouve Henri Frenay dont elle a fait la connaissance en 1935. C'est avec lui qu'elle fonde le mouvement Combat. Jusqu'en 1943, année de son décès, elle restera le bras droit de cet homme, dont elle a fortement influencé la pensée politique. La relation étroite qu'entretiennent Berty Albrecht et Henri Frenay ne repose pas seulement sur leur engagement commun dans la Résistance ; tous deux sont également très proches sur le plan personnel. Pendant la phase de mise en place du mouvement, diverses tâches incombent à sa cofondatrice. En avril 1941, Berty Albrecht exerce un rôle de premier plan dans la fabrication des journaux clandestins *Les petites ailes* et *Vérité*, qui donneront naissance à *Combat*. Au milieu de l'année 1941, elle réussit à créer des contacts avec le Mouvement de libération nationale (MLN), le précurseur de Combat-Nord, dans la zone occupée : jusqu'alors, Combat a exclusivement existé dans la zone non occupée. Ces contacts reposent sur les liens qu'elle a tissés pendant l'entre-deux-guerres avec Jeanne Sivadon, la directrice de l'École des surintendantes d'usine à Paris[2]. Ce n'est donc pas par la mise en place des services sociaux que commence son engagement dans la Résistance.

Face à la recrudescence des arrestations au sein de son propre mouvement, Berty Albrecht va concrétiser sa décision et ajouter un nouveau secteur, le service social, aux services déjà en place : le journal clandestin, les groupes armés, ou groupes francs, et le recrutement de nouveaux résistants. Après avoir convaincu Frenay de la nécessité de son projet, elle commence à en jeter les fondements logistiques en février 1942. La plaque tournante en est son bureau d'inspectrice au

Service du chômage féminin à Lyon. Elle est assistée par Yvette Baumann, qui a été spécialement sélectionnée par Jeanne Sivadon parmi les élèves de l'Ecole des surintendantes d'usine de Paris, puis envoyée à Lyon. Il est fort probable que Jeanne Sivadon et Berty Albrecht aient usé de leurs positions respectives pour procurer un emploi officiel à Yvette Baumann au sein de cette administration sociale. À la fin du mois d'avril 1942, lorsque Berty Albrecht est arrêtée, Yvette Baumann, qui n'est sortie de l'École que depuis juillet 1941, réussit à reprendre le poste et à poursuivre le travail entamé. Dans la lignée de Berty Albrecht, cette femme réussira à construire dans tout le sud de la France un réseau de services sociaux pour le mouvement Combat[3].

À l'instar de toutes les autres activités résistantes, le service social a besoin de fonds. Comme Combat bénéficie du soutien de la France libre du général de Gaulle, ce service dispose dans un premier temps d'une somme de 250 000 francs, puis de trois millions de francs en février 1944. Grâce à ce financement, Berty Albrecht puis ses assistantes n'auront pas besoin de recueillir de fonds de manière illégale, en recourant à des cotisations ou à la vente de coupons de solidarité comme doit le faire la résistance communiste. Pour remplir les paquets de vivres destinés aux prisonniers, elles doivent néanmoins s'approvisionner au marché noir, dont les prix sont élevés. Le coût d'un paquet s'élève entre 500 et 1 000 francs. Son contenu est le suivant :

250 g de sucre
250 g de beurre
250 g de fromage
500 g de viande cuite
1 kg de légumes cuits
1 kg d'un plat préparé (par exemple un cassoulet)
2 kg de pain, de biscuits ou de fruits secs[4].

Dans la mesure où il est impossible de se procurer la plupart des denrées nécessaires dans les grandes villes, les femmes participant à ce type d'intervention doivent se rendre à la campagne. En cas de contrôle policier au cours de leur voyage, elles risquent d'être surprises avec une valise remplie de victuailles et d'être arrêtées pour délit de marché noir.

Grâce aux fonds disponibles, il est également possible d'allouer 1 000 francs par mois aux familles de prisonniers résistants ; à cela s'ajoutent 500 francs par enfant. Cet argent devant être remis aux familles en main propre, les membres des services sociaux sont contraints, lorsqu'ils n'ont pas d'agent de liaison pour ce type de mission, de revêtir la fonction de transporteur de fonds.

Mais la position de Berty Albrecht dans les rouages du mouvement l'expose rapidement à la suspicion des autorités de police françaises. En octobre 1941, elle est arrêtée pour la première fois sur son lieu de travail, le Service du chômage féminin à Lyon. Après avoir subi un interrogatoire de plusieurs heures, elle est relâchée le soir même [5].

Alors que cette confrontation avec la police restera tout d'abord sans conséquence pour elle, Berty Albrecht sera de nouveau arrêtée fin avril 1942 à son domicile lyonnais – quai Pierre Scize, aux abords du Vieux-Lyon [6]. Pour pouvoir pénétrer dans son appartement, la police doit enfoncer la porte car Berty Albrecht a refusé d'obtempérer à l'ordre d'ouvrir. Cela lui permet de gagner du temps pendant lequel elle fait preuve d'à-propos et brûle, avec l'aide de sa fille, des documents compromettants dans la cuisinière [7]. La police trouvera toutefois une valise appartenant à Henri Frenay. À la suite de cette arrestation, Berty Albrecht sera internée à la station thermale de Vals-les-Bains, en Ardèche – un camp d'internement dans lequel des chefs de file politiques de la fin de la IIIe République, comme Léon Blum et Édouard Daladier, ont déjà été enfermés. Avec d'autres détenus, dont le fondateur de la revue littéraire *Esprit*, Emmanuel Mounier, qui est interné avec elle dans le cadre de la même affaire, elle entame une grève de la faim pour obtenir sa libération. En raison de la dégradation de son état de santé, elle est transférée à l'hôpital d'Aubenas avant de rejoindre la prison pour femmes de Saint-Joseph, à Lyon. Si cette grève de la faim n'a pas entraîné la libération escomptée, elle aura au moins contraint le régime de Vichy à faire un procès non seulement à Berty Albrecht, mais également à d'autres membres de son mouvement de résistance à Lyon.

Berty Albrecht est accusée avec 49 autres membres de Combat – dont Henri Frenay, qui est en fuite – d'avoir nui à l'intérêt national et d'avoir publié des informations de nature à favoriser les entreprises d'une puissance étrangère contre la France ou d'exercer une influence fâcheuse sur l'esprit ou le moral de l'armée et de la population. Dans le détail, il lui est reproché d'avoir publié les journaux clandestins *Les petites ailes* et *Vérité*, ce qu'elle a avoué ouvertement à la police. Le parquet lui reproche également d'avoir donné, conjointement avec Henri Frenay et Maurice Chevance, des instructions aux autres coaccusés et de leur avoir fourni les moyens nécessaires à la réalisation des « délits » incriminés. Ainsi peut-on lire, dans l'acte d'accusation : « [Ils se sont] rendus complices des délits [...] soit en donant [*sic*] des instructions pour les commettre, soit en procurant les moyens ayant servi à les commettre sachant qu'ils devaient y servir, soit en aidant ou assistant avec leur connaissance les personnes ci-dessus nommées [...] [8] ».

Bien que dans le jugement, Berty Albrecht soit citée en même temps que les hauts dirigeants de Combat, son verdict est particulièrement clément. Le 30 octobre 1942, elle est condamnée à six mois de prison ferme. Comparé aux autres procès contre les résistantes, et plus particulièrement contre les femmes appartenant à la résistance communiste, cette peine est très réduite.

Avec l'occupation de la zone sud par les Allemands en novembre 1942, Berty Albrecht craint d'être déportée en Allemagne une fois qu'elle aura purgé sa peine. Cette crainte est tout à fait fondée car les autorités allemandes connaissent la nature de ses liens avec Henri Frenay et savent qu'elle est à la fois son agente de liaison personnelle et sa suppléante. Elle décide donc de s'enfuir de prison. Pour préparer son évasion, elle est aidée par le service social du mouvement Combat et par sa fille Mireille Albrecht. Simulant une psychose, elle est transférée de la prison Saint-Joseph de Lyon au service de psychiatrie à Bron. Au bout d'un mois, dans la nuit du 24 au 25 décembre 1942, on réussira à la libérer de cet endroit. Bien que Berty Albrecht soit nommément connue de la police et que son état de santé soit très dégradé à la suite de son séjour en prison et en psychiatrie, elle ne suit pas les prières d'Henri Frenay, qui l'enjoint de quitter la France pour Londres.

Dès lors, afin de minimiser autant que possible les risques d'une nouvelle arrestation, Berty Albrecht doit vivre dans la clandestinité la plus stricte : elle se cache d'abord à Marseille, puis à Toulouse. Toutefois, même si elle a coupé tout contact avec les membres du mouvement Combat, elle reste en relation avec Henri Frenay – par l'intermédiaire d'agents de liaison, le plus souvent, mais aussi personnellement donc sans intermédiaire, dans certains cas. Au printemps 1943, elle le rejoint à Cluny, chez la famille Gouze[9], auprès de laquelle Henri Frenay a trouvé un refuge sûr, pour elle et pour lui-même. Jusqu'à la fin du mois de mai 1943, ce refuge leur sert de bureau central pour diriger les activités du mouvement. C'est ainsi que sous le nom d'emprunt de Mme Moulin, Berty Albrecht reprend ses activités pour la Résistance aux côtés d'Henri Frenay, dont elle est l'amie la plus intime ; mais cela ne sera que de courte durée. Le 28 mai 1943 (dans sa biographie sur Henri Frenay, Jean-Pierre Azéma cite le 28 mai, mais aussi le 25 mai 1943), elle est arrêtée par la Sipo/SD à l'hôtel de Bourgogne, à Mâcon. Elle s'y est rendue à la place d'Henri Frenay pour participer à une prétendue réunion de hauts dirigeants du mouvement. Dans les faits, cette réunion est à imputer à la Sipo/SD, qui s'est servie de l'entremise de l'indicateur Multon et d'Edmée Delestraz, une résistante que les Allemands ont fait passer de leur côté.

Aussitôt après son arrestation, Berty Albrecht est conduite à la prison de Fresnes, en banlieue parisienne ; elle y mourra le 31 mai 1943. Il est très probable qu'elle se soit suicidée[10]. À l'exception d'un télégramme de la délégation suisse des MUR prévenant Henri Frenay de l'arrestation de Berty Albrecht il n'existe, en l'état actuel des choses, aucun dossier contemporain relatif à son arrestation de mai 1943. De ce fait, il est impossible de déterminer les circonstances exactes de sa mort. Dans la mesure où Berty Albrecht a été transférée au bureau central de la Sipo/SD, à Paris, immédiatement après son arrestation à Mâcon, il est vraisemblable que les autorités allemandes connaissaient sa véritable identité et qu'elles étaient conscientes non seulement de son rôle central, mais également de ses connaissances précises de la structure du mouvement Combat. Ces hypothèses sont corroborées par le fait que Berty Albrecht est citée à plusieurs reprises dans la procédure engagée contre Jeanne Sivadon devant le tribunal d'État. Ce sont d'ailleurs les dossiers de ce tribunal qui font ressortir ses liens étroits avec Henri Frenay. Aussi Berty Albrecht est-elle incomparablement plus compromise et menacée de torture lors de cette seconde arrestation par les Allemands que lors de sa première arrestation en avril 1942 à Lyon.

En reprenant son travail pour le mouvement Combat et sa collaboration étroite avec Henri Frenay après son évasion, Berty Albrecht s'expose à des risques extrêmement élevés et finira par le payer de sa vie. Par les risques qu'elle a pris et l'altruisme dont elle a fait preuve, elle a largement couvert Henri Frenay et lui a évité d'être arrêté[11].

Avec la création sous la direction de Jean Moulin en janvier 1943 des Mouvements unis de la Résistance (dans lesquels fusionneront notamment trois mouvements d'origine politique divergente : Combat, Franc-Tireur et Libération), le service social que Berty Albrecht n'avait tout d'abord mis en place que pour Combat prendra une dimension nationale. En février 1944, les services sociaux de la résistance gaulliste seront centralisés sous le nom de Comité social des œuvres de la Résistance (COSOR)[12] : ce comité sera dirigé par sa secrétaire générale Marcelle Bidault[13] – la sœur de Georges Bidault, successeur de Jean Moulin à la tête du CNR et futur premier ministre des Affaires étrangères de la IVe République. Après la libération de la France, le COSOR se transformera en organisation de bienfaisance reconnue par l'État et se consacrera tout spécialement aux résistants déportés et aux familles de résistants exécutés. Bien que le COSOR et ses activités aient été avant tout portés par des femmes, le comité sera présidé par un homme, le père Chaillet, après la Libération de la France. Le père jésuite Pierre Chaillet est le fondateur du mouvement Témoignage chrétien qui publie le journal clandestin *Cahiers du Témoignage chrétien*, à Lyon, à compter du mois de novembre 1941. Il est en contact étroit avec Henri Frenay. Après la guerre, une seule femme fera partie de la présidence : Marie-Hélène Lefaucheux, qui avait mis en place dans la zone occupée un service social pour le mouvement OCM. Le COSOR existe encore aujourd'hui.

8. Au service de la presse

À côté de l'aide à l'évasion offerte aux prisonniers de guerre français et aux membres du corps expéditionnaire britannique, la rédaction et la distribution de tracts comptent, en France, parmi les premières manifestations de résistance. Ce sont ces débuts, qui s'appuient sur un nombre tout d'abord limité de tracts, qui donneront naissance aux premières structures résistantes à partir de la fin de l'année 1940. Ils précéderont également l'avènement des journaux clandestins de dimension nationale qui verront le jour jusqu'à la Libération et dont les tirages finiront par atteindre jusqu'à 450 000 exemplaires par numéro [1].

Aujourd'hui, alors que la presse clandestine a été une forme d'expression capitale de la Résistance, les femmes qui ont œuvré dans sa base logistique (c'est-à-dire dans l'impression, le stockage et la diffusion) ne bénéficient que d'une faible reconnaissance :

pourtant, sans leur engagement, quelque 1 100 tracts et journaux clandestins n'auraient jamais pu paraître[2]. À l'instar de toutes les autres activités de la résistance civile, la rédaction, la fabrication et la diffusion d'écrits clandestins n'ont rien de spectaculaire – à la différence du sabotage, des attentats contre l'occupant militaire allemand ou des batailles livrées dans le maquis du Vercors (juillet-août 1944) ou encore dans celui du plateau des Glières, en Haute-Savoie (mars 1944).

À ce manque de reconnaissance des femmes pour leur engagement dans l'impression, le stockage et la diffusion de la presse clandestine vient également s'ajouter la sous-estimation, aujourd'hui encore, de leur rôle d'auteures et d'éditrices. À cet égard, il faut noter que le pourcentage de femmes impliquées varie selon le camp politique et le genre de chaque publication clandestine. Alors que les femmes trouvent leur voie en tant qu'auteures dans les maisons d'édition et certaines revues littéraires clandestines comme les *Lettres Françaises*, les journaux clandestins et plus particulièrement leur direction rédactionnelle resteront un domaine spécifiquement masculin, dans lequel les femmes ne réussiront que très rarement à percer. Quelques exceptions confirmeront la règle : en juin et juillet 1943, Geneviève de Gaulle publiera sous le pseudonyme de Gallia dans le journal clandestin *Défense de la France* deux articles consacrés à son oncle, le général de Gaulle, et à son programme politique[3]. Une autre femme, Louise Weiss, assumera la responsabilité rédactionnelle du journal clandestin *La Nouvelle République-Patriam recuperare*, pour lequel elle rédigera également des articles[4]. Quant aux comités féminins (qui dépendent du Parti communiste), ils feront eux aussi figure d'exception dans le paysage de la presse clandestine puisque c'est à des femmes qu'ils confieront la rédaction, la fabrication et la diffusion de leurs tracts.

Ici comme dans presque tous les autres champs d'action féminins de la Résistance, les risques sont inversement proportionnels à l'insignifiance apparente de l'activité exercée – et peuvent se solder par une condamnation à mort du Volksgerichtshof (tribunal du Peuple) pour « crime d'intelligence avec l'ennemi[5] » comme ce fut le cas, le 5 novembre 1943, de Nelly Devienne, qui mourra à Ravensbrück.

Après avoir surmonté le double choc de la défaite militaire et de l'occupation d'une vaste partie de la France au cours de l'été 1940, la résistance française trouvera donc l'une de ses premières formes d'expression dans la rédaction de tracts clandestins. Pendant cette première phase, les initiatives seront souvent tout aussi spontanées qu'individuelles. À titre d'exemple : Hélène Viannay, qui cofondera le mouvement Défense de la France, rédigera et distribuera de ses propres mains un tract destiné à protester contre l'occupation allemande et le fatalisme des Français au lendemain de la défaite. Mais comme le montrent les rapports des Renseignements généraux de Paris, dès septembre 1940 la spontanéité individuelle cédera le pas – en région parisienne encore plus qu'ailleurs – à la publication organisée de tracts clandestins de tendance communiste ou pro-britannique[6]. Dans la période qui suivra, les journaux clandestins seront des outils cruciaux : non seulement pour contrer les opinions d'une presse contrôlée par l'État, mais également pour élargir le cercle des opposants au régime de Vichy et à l'occupation allemande – et pour gagner, *in fine*, de nouveaux adeptes à la cause de la Résistance[7].

Entre les premiers tracts, qui critiquent le régime de Vichy ou affichent des opinions anti-allemandes, et les journaux clandestins d'envergure nationale, qui seront rédigés par des journalistes expérimentés puis imprimés sur des machines professionnelles, la route sera semée d'embûches et de revers. Il faudra attendre le milieu voire la fin de l'année 1941 pour que paraissent les premiers numéros de journaux clandestins d'ampleur nationale tels que *Défense de la France* (août 1941) ou *Franc-Tireur* (décembre 1941). Pour s'informer, les mouvements résistants les plus importants disposent de plusieurs types de sources. Il leur est tout d'abord possible de recourir aux sources d'information officielles telles que les émissions de la BBC et les journaux suisses circulant librement dans la zone sud, comme la *Gazette de Lausanne*. À cela s'ajoutent diverses formes de contacts que les rédactions clandestines réussissent à entretenir : nombre de leurs membres, qui sont journalistes de formation, restent en relation avec l'étranger, même après 1940, tandis que les résistants postés dans les administrations ministérielles du gouvernement de Vichy permettent de recueillir des informations internes de première main. Travaillant au ministère des Affaires étrangères, Suzanne Bidault sera l'une des « informatrices » du mouvement Combat[8]. Viennent ensuite les sources d'information secrètes. Dans le camp gaulliste, les services secrets britanniques n'adressent pas seulement des subventions à la presse clandestine de France, mais également un bulletin spécial publié par l'une de leurs sections, le Commissariat britannique de l'intérieur. Enfin, cette même presse clandestine dispose de sa propre agence de presse, le futur Bureau d'information et de la presse (BIP), qui voit le jour à l'initiative d'Henri Frenay au début de l'année 1941 et qui compte des journalistes de renom tels que Georges Bidault, Yves Farges, Louis Terrenoire, André Altman ou Pierre et Annie Hervé.

Dans le camp communiste, la publication des journaux et tracts clandestins présente des caractéristiques différentes. Premièrement, du fait de son interdiction en septembre 1939, le Parti communiste français a une plus grande pratique du travail clandestin que tout autre mouvement résistant : à l'été 1940, il dispose déjà des structures nécessaires à la fabrication, au stockage et à la distribution de la presse clandestine. Deuxièmement, le PCF s'adresse aux femmes de manière ciblée : il est le seul mouvement à publier – à intervalles irréguliers, certes – un journal clandestin spécialement destiné à un public féminin : *L'Humanité – Édition spéciale féminine*. Il est également le seul, avec ses comités féminins, à rédiger à un stade précoce, à l'échelle locale et régionale, des tracts spécifiquement réservés aux femmes – en traitant des problèmes quotidiens de l'approvisionnement des familles. Troisièmement, le PCF a commencé à employer des femmes pour imprimer et distribuer ses tracts dès avant la défaite de la France. Ainsi, Denise Beucher sera accusée par le tribunal militaire de la 1re région militaire (dont la compétence s'étend sur toute la région du Nord-Pas-de-Calais) d'avoir conservé et reproduit des tracts communistes : dans son rapport, le préfet soulignera que la procédure n'a pu être menée à terme en raison des « événements de mai/juin 1940 » – un euphémisme qui renvoie clairement à la défaite de la France[9].

Une fois la décision prise de publier un journal ou des tracts clandestins, la composition, l'impression et la distribution constituent le fardeau logistique le plus lourd de l'entreprise. Pour pouvoir s'en acquitter, la Résistance a non seulement besoin d'appuis financiers considérables, mais également de contacts avec des imprimeries disposées à assumer les risques d'un travail clandestin. Comme dans le cas de la transmission secrète d'informations, la fabrication et la diffusion des journaux et tracts clandestins requièrent l'aide d'agents de liaison. Pour la diffusion, la Résistance dispose d'une option supplémentaire : l'envoi anonyme, par voie postale, à un public soigneusement sélectionné – par exemple des médecins, des avocats, des professeurs, des scientifiques et des intellectuels, dont on suppose qu'ils appuieront la cause résistante en lui servant de personnes-relais. Mais avec les tirages toujours plus élevés des journaux clandestins, ce moyen de diffusion se heurtera à ses propres limites. Le premier problème se posera au niveau des ressources humaines : face au nombre croissant d'enveloppes et de timbres à fournir, mais également d'enveloppes à timbrer et à libeller au nom et à l'adresse de leur destinataire, les personnes impliquées voient s'alourdir leurs charges et les risques d'être découvertes. Deuxième problème : les envois postaux permettent à la police de reconstituer les voies géographiques de la diffusion. De ce fait, la Résistance instaurera des services de liaison spécialement destinés à la diffusion de la presse clandestine. Au fur et à mesure que s'élargiront à la fois les tirages des journaux clandestins et leur champ de diffusion géographique, les agents de liaison gagneront en importance. Ils permettront de contourner les risques inhérents à tout envoi postal, même anonyme (comme nous l'avons expliqué plus haut), et réussiront à parcourir les grandes distances qu'impose l'impression centralisée des journaux clandestins diffusés à l'échelle nationale. Après avoir été imprimés dans un nombre restreint d'agglomérations, les journaux sont transportés par des agents de liaison ou par la SNCF à titre de bagages enregistrés. Une fois sur place, la diffusion locale emprunte deux voies : les résistants procèdent à des distributions directes, dans des lieux publics tels que les cinémas, les marchés ou les transports en commun, et à des distributions indirectes dans des entrées d'immeubles ou des boîtes aux lettres privées. Pour assurer le succès de ces entreprises, il a fallu commencer par créer des dépôts intermédiaires et par établir un réseau d'agents de liaison. Dans de nombreux cas, ces tâches sont assumées par des secrétariats clandestins comme celui que dirige Thérèse Baton. Œuvrant pour le mouvement Combat-Nord, cette femme se charge notamment de l'envoi classique, par voie postale, des journaux clandestins *Les petites ailes*, *Veritas* et *Libération* à Château-Thierry, Nantes, Angers et Le Havre – autant de destinations qui donnent une idée de l'extension géographique que peuvent connaître les journaux clandestins lorsqu'ils sont dotés de services d'expédition bien organisés. Thérèse Baton assure également la diffusion locale de ces journaux à Paris. C'est dans son bureau camouflé au n° 176 du quai Louis Blériot, dans le XVIe arrondissement, qu'elle prépare des paquets de journaux de 50 exemplaires que des agents de liaison viennent ensuite chercher afin de les distribuer[10]. Dans le cadre de cette activité, elle est en contact avec une trentaine d'agents – ce qui témoigne du nombre considérable de personnes requises pour ce type de diffusion. Thérèse Baton mourra de son engagement dans la Résistance. Condamnée à huit ans de réclusion par le tribunal du peuple, elle sera déportée à Ravensbrück et y mourra le 31 décembre 1944[11].

Les restrictions matérielles et les contrôles permanents des autorités constituent le fardeau le plus lourd à l'encontre de l'impression et de la diffusion. Ne serait-ce qu'au niveau de la fabrication de tracts à l'échelle locale, ces entraves sont considérables. Il faut commencer par se procurer du papier, des matrices et de l'encre d'imprimerie ; par la suite, il faudra même fabriquer ses propres plombs, avant de pouvoir imprimer à l'aide d'une ronéo ou de procédés professionnels. Mues par des motifs économiques, mais surtout par les impératifs de leur propre propagande, les autorités d'occupation allemandes mettent la main sur la distribution de papier : disposant ainsi d'un outil de contrôle fort efficace qui leur permet de pratiquer la censure par des voies détournées, elles entravent efficacement le travail de la Résistance, tous camps confondus – même si les réglementations de l'administration militaire allemande visent en premier lieu le travail de la résistance communiste. Dès 1941, dans un courrier daté du 19 septembre, Werner Best, le chef de l'état-major administratif du commandement militaire en France, somme le gouvernement français de prendre les mesures contre la fabrication, mais également la diffusion de la presse clandestine :

« 1. Dans les gares, les consignes doivent être soumises à des contrôles réguliers afin de s'assurer qu'aucun bagage destiné à des agents de liaison communistes ni aucun autre outil au service du communisme n'y ont été déposés. Les bagages lourds consignés pendant un laps de temps prolongé – plus d'une huitaine de jours – devront éveiller des soupçons [...]

2. Les boutiques s'adonnant à la vente de papier doivent être contraintes, avec la discrétion requise, de signaler à la police [...] toutes les ventes importantes de papier – c'est-à-dire de plus de 5 000 feuilles, en règle générale. La vente devra être effectuée, mais le nom et l'adresse de l'acheteur devront être notés. [...]

3. Des mesures semblables doivent être prises pour la vente de papier d'imprimerie.

4. Les boutiques vendant des ronéos ou des duplicateurs doivent être sommées de vérifier le nom et l'adresse de l'acheteur pour les transmettre à la police. [...]

5. Toutes les ronéos et tous les duplicateurs doivent être signalés à la police par leur détenteur [...] ; les appareils des services publics seront exclus de cette mesure[12]. »

Dès lors, la Résistance doit déployer d'immenses efforts logistiques pour trouver le matériel nécessaire à l'impression. Il n'est pas rare que l'on soit obligé de recourir au marché noir, ce qui est onéreux et expose encore plus au risque d'être découvert. Dans la zone sud, la situation est similaire, à ceci près que la distribution du papier est entre les mains des services compétents du gouvernement de Vichy. À côté du papier, il est encore plus difficile et plus risqué de se procurer une machine à imprimer – sans compter qu'une fois acquise, ladite machine doit être mise en lieu sûr afin de pouvoir imprimer avec le moins de dangers possible.

Dans la mesure où parmi les grands mouvements de résistance français, Défense de la France est le seul à s'être investi avec autant d'énergie dans un journal clandestin comme outil de l'action résistante, nous reconstituerons ici – à titre d'exemple – le lent cheminement, tout aussi complexe que périlleux, de la parution de son journal clandestin qui finira par être diffusé dans toute la France et atteindra des tirages de 450 000 exemplaires[13]. Abstraction faite des tracts communistes spécialement destinés aux femmes, l'impression et la diffusion de ce journal présentent, dès le premier numéro, le taux de féminisation le plus élevé de tous les mouvements résistants de France.

Le journal *Défense de la France* est créé à l'initiative de l'étudiant Philippe Viannay. Au début de l'année universitaire 1940-1941, cet homme réunit autour de lui des personnes qui partagent ses opinions et qui viennent de la prestigieuse École normale supérieure comme Robert Salmon, ou de la Sorbonne comme la future Madame Viannay, à savoir Hélène Mordkovitch. Pendant la phase de lancement du mouvement, il n'est nullement question d'activités telles que l'aide à l'évasion, la fourniture de renseignements secrets ou l'action armée.

Comme le montre la date du premier numéro, qui remonte à août 1941 : entre les premières concertations et l'impression effective du journal clandestin, le cheminement sera long – une année entière ! L'une des conditions *sine qua non* du succès de l'entreprise réside dans les fonds privés que Philippe Viannay a réussi à réunir grâce à ses contacts dans les cercles aisés de la bourgeoisie parisienne. La somme permettra d'acheter en toute légalité une presse offset de type Rotaprint au prix de 100 000 francs. À titre de comparaison : le salaire moyen d'un ouvrier qualifié français s'élève à environ 2 500 francs. Le maillon clé de cet achat sera Hélène Viannay : utilisant de faux papiers sous le nom d'Hélène Legentil, elle se chargera de toutes les formalités écrites et fera livrer la presse à l'atelier spécialement loué à cet effet dans la rue Lhomond, dans le Ve arrondissement. L'atelier étant à proximité directe de son domicile officiel, qui se situe dans la rue du Cardinal Lemoine, Hélène Viannay ne devra pas parcourir de grandes distances, ce qui assurera un avantage certain au projet, tout en garantissant un cloisonnement efficace. Directement après avoir été livrée, la presse sera transportée dans la remorque d'un tandem à la villa Saint-Jacques, une petite rue perpendiculaire au boulevard Saint-Jacques dans le XIVe arrondissement, chez une certaine Mme Pascono : destinée à brouiller les pistes, cette précaution salutaire remplira son objectif. À peine une semaine après la livraison, la police perquisitionnera l'atelier de la rue Lhomond et ne parviendra pas à déterminer l'endroit où se trouve la presse. C'est donc chez Mme Pascono que la machine commencera à imprimer – en juillet 1941. Mais pour des raisons de sécurité, il faudra rapidement lui trouver un nouveau domicile. C'est Hélène Viannay qui, une fois encore, le fournira : assistante scientifique au laboratoire de géographie physique de la Sorbonne et membre de la défense passive, elle dispose des clés permettant d'accéder aux caves de l'université [14]. C'est là que, mise à part une interruption de courte durée, le journal clandestin *Défense de la France* sera imprimé d'août 1941 à septembre 1942. Avant même que l'imprimerie n'emménage dans ces caves, Hélène Viannay recrutera deux « employées fixes », Charlotte Nadel et Genia Gemähling, qui joueront un rôle de premier plan dans la logistique d'impression et de diffusion du journal. Fin 1942, sans qu'aucune raison concrète le justifie, l'imprimerie sera transférée rue Gazan, à proximité de la Cité universitaire [15].

Afin de pouvoir augmenter les tirages, la Rotaprint sera remplacée par une presse professionnelle que l'on cachera à Aubervilliers dans une usine de construction de machines à vapeur. Or, ce type de machine à imprimer requiert de la place, notamment pour accueillir les ateliers de composition. Dès lors, le comité de direction de Défense de la France décidera, pour des raisons de sécurité, de dissocier les locaux correspondant aux différentes étapes de fabrication du journal clandestin. En février 1942, Anne-Marie Jeanprost louera une chambre de bonne dans la rue du Montparnasse (dans le XIVᵉ arrondissement) afin d'y installer la typographie. L'atelier émigrera ensuite dans une autre chambre de bonne, que Genia Gemähling louera sous son propre nom, rue du Bocage (dans le XVᵉ arrondissement). À compter de cette époque, Défense de la France aura ses propres ateliers de composition, disséminés à Paris, et ne sera plus contrainte de recourir aux imprimeries qui s'étaient jusque-là chargées de la composition typographique. Dans la mesure où ces imprimeries travaillent fréquemment pour plusieurs mouvements à la fois et où personne ne peut entièrement répondre de leur personnel, cette démarche renforcera non seulement le professionnalisme de la fabrication du journal clandestin, mais également sa sécurité. Cependant, il ne suffit pas de louer des locaux destinés à la composition : il faut également disposer d'un personnel qualifié ! C'est à l'imprimeur Jacques Grou-Radenez, dont l'imprimerie travaillera périodiquement pour la Résistance, qu'il revient d'avoir initié Hélène Viannay, Charlotte Nadel et Jacqueline Pardon aux secrets de la composition. En disposant de son propre atelier de composition et de sa propre imprimerie, dans lesquels travaillent des intimes du fondateur du mouvement et de son épouse, Philippe et Hélène Viannay, Défense de la France échappera aux vagues d'arrestations dramatiques que subiront les imprimeries des autres mouvements, comme Libération-Sud en septembre 1942. À la différence des autres imprimeries clandestines, qui sont essentiellement dirigées par des hommes, la sécurité de Défense de la France a sans doute sensiblement bénéficié de la mainmise des femmes sur sa composition et son impression : à cette époque, l'imprimerie est un domaine traditionnellement masculin, si bien que lorsqu'ils cherchent des locaux et des employés clandestins, les appareils de répression français et allemand ne s'en prennent *a priori* pas aux femmes. En revanche, dès qu'il s'agit de stockage et de diffusion, les femmes sont bien plus exposées et sont très vite soupçonnées. Dans ce domaine, Défense de la France ne sera pas épargnée par les vagues d'arrestations.

Hélène Viannay contribuera fortement à assurer l'efficacité et la sécurité de la diffusion du journal clandestin. C'est avec grand doigté qu'elle en sélectionnera les responsables, parmi lesquels compteront Jacqueline Pardon, Genia Gemähling, Marianne Réau et Suzanne Guyotat, laquelle sera en liaison avec des imprimeries de la zone non occupée et créera des contacts avec les mouvements Témoignage chrétien et Combat, à Lyon. Entrée en résistance par l'intermédiaire de Jacqueline Pardon, Geneviève de Gaulle viendra également rejoindre ce groupe. Indépendamment les unes des autres, ces femmes commenceront à recruter, pour distribuer le journal, de nouvelles personnes – qui recruteront à leur tour de nouveaux diffuseurs. Pour garantir un cloisonnement efficace, une structure similaire à celle du système communiste sera mise en place : constituée de plusieurs niveaux, elle ne permettra qu'à une seule personne par niveau d'être en contact avec le niveau supérieur. Mais au fur et à mesure que le nombre de membres augmentera, les risques d'arrestations s'amplifieront, eux aussi : à compter de 1943, Défense de la France ne sera plus épargnée. Le 20 juillet 1943, le mouvement sera victime d'une vague d'arrestations à Paris – une action concertée par les brigades spéciales et la Sipo/SD.

Grâce à l'indicateur Emile Marongin[16], les Allemands ont appris que la librairie *Au vœu de*

Louis XIII, sise au n° 68 de la rue Bonaparte (lieu que commémore désormais une plaque et qui appartient alors à une certaine Mme Wagner), sert de centrale pour stocker et diffuser *Défense de la France* à Paris. Cette librairie sert également de boîte aux lettres clandestine pour faire passer des informations. Ce jour-là, Jacqueline Pardon, Geneviève de Gaulle et deux hauts dirigeants sont arrêtés, mais les Allemands n'arriveront pas à connaître leur position véritable au sein de la hiérarchie du mouvement. Alors qu'elle détient 11 clés permettant d'accéder à divers logements et bureaux clandestins au moment de son arrestation, Jacqueline Pardon réussira à faire croire qu'elle n'est qu'une diffuseuse sans importance qui n'a agi que par pur idéalisme[17]. En avançant ces explications, elle est en conformité avec l'image traditionnelle du sexe faible, ce qui lui permet de détourner l'attention de sa fonction véritable et de ses connaissances relatives à la structure du réseau. Après y avoir passé cinq mois, elle sera relâchée de la prison de Fresnes, mais la surveillance policière dont elle sera l'objet l'empêchera de poursuivre son travail pour Défense de la France.

Le destin de Geneviève de Gaulle sera plus dramatique : fin janvier 1944, c'est-à-dire à peu près au moment où Jacqueline Pardon sortira de prison, cette résistante sera déportée à Ravensbrück. Les sources consultées ne permettent pas de déterminer les raisons de cette déportation : est-ce parce qu'au cours de l'enquête, la Sipo/SD a découvert que Geneviève de Gaulle comptait parmi les hauts dirigeants du mouvement ou bien est-ce parce qu'elle était la nièce du général de Gaulle ? Dans la mesure où elle passera les quatre derniers mois qui précéderont sa libération, le 28 février 1945, dans une cellule isolée du bunker de Ravensbrück, il est à supposer que face à l'avancée des Alliés, la SS la considère comme un moyen de chantage[18]. Il est en tout cas certain qu'elle a été arrêtée en raison de son engagement dans la Résistance et non à cause de ses liens de parenté avec le général de Gaulle – comme le montre le rapport d'enquête du 4 octobre 1944 rédigé par la police parisienne. Ce rapport repose sur les interrogatoires des brigades spéciales qui ont procédé aux arrestations et mené l'enquête[19].

À côté de Geneviève de Gaulle, Suzanne Guyotat compte également parmi les hauts dirigeants de Défense de la France qui paieront cher leur engagement dans la Résistance. Amie d'enfance de Philippe Viannay, Suzanne Guyotat organise la distribution du journal clandestin à Lyon. À compter de février 1943, elle se consacre entièrement à sa mission résistante :

elle démissionne de son poste à la bibliothèque universitaire de Lyon et rejoint Paris. Dès lors, elle sera le principal contact entre ces deux villes et mettra à profit ses missions de liaison pour transporter, entre autres choses, de Paris à Lyon les matrices destinées à la fabrication des planches d'imprimerie.

Prise dans la vague d'arrestations qui s'abat sur le mouvement Combat à Lyon en avril 1944, Suzanne Guyotat[20] est arrêtée pendant l'une de ses missions de liaison entre Paris et Lyon. Transférée à la centrale de la Sipo/SD à Paris, elle y est torturée. En août 1944, elle est déportée par l'un des derniers trains en partance pour Ravensbrück, dont elle reviendra en 1945 – très affaiblie – pour rejoindre la France.

9. Les journalistes parlent aux femmes

Lorsque l'on se penche sur l'évolution du contenu des tracts et journaux clandestins pour apprécier dans quelle mesure ils s'adressent à un lectorat féminin, trois grands thèmes de politique intérieure s'en dégagent : les problèmes d'approvisionnement, la Relève[1] (c'est-à-dire l'accord passé le 6 juin 1942 entre le gouvernement de Vichy et le Reich selon lequel 50 000 prisonniers de guerre français seront échangés contre 150 000 ouvriers qualifiés que la France devra envoyer travailler en Allemagne) et l'introduction du Service du travail obligatoire (STO) au début de l'année 1943. Ce dernier point trouvera un écho particulièrement large dans l'ensemble de la presse clandestine française, qui lui accordera une place privilégiée dans toutes les informations relatives à la politique intérieure. Dans ce contexte, les journaux clandestins de la résistance gaulliste finiront eux aussi par cibler de plus en plus certains messages sur un public féminin. Cela étant dit, la résistance communiste et les groupes de résistance qui lui sont proches comme France d'abord ou encore L'Assistance française sont les seuls à faire circuler régulièrement, depuis la fin de l'année 1940, des tracts et des journaux clandestins spécialement adressés aux femmes[2]. C'est donc cette presse clandestine pour femmes du camp communiste que nous allons décrire. Mais il faut savoir que dans le camp gaulliste, il arrive que des femmes écrivent des articles en s'adressant directement à un public féminin. C'est le cas de Louise Weiss qui écrit dans le journal clandestin *La Nouvelle République-Patriam recuperare.*

Dans le camp communiste, les tracts et journaux clandestins destinés à un public féminin sont rédigés par des femmes. Plus précisément : la rédaction et l'impression sont prises en charge par les comités féminins, qui sont chapeautés par l'Union des femmes françaises et dont les structures sont identiques dans toute la France. Souvent, les responsables de la publication et de la diffusion ne sont autres que les rédactrices[3].

Une partie des articles publiés dans les tracts est rédigée par la direction du PCF, puis transportée par des agents de liaison – hommes et femmes – de Paris en Province. Le contenu est alors complété, au besoin, par des informations locales[4]. Ne se distinguant que par des indications de lieux différents, les titres des tracts corroborent la thèse d'une publication centralisée.

Le réseau des comités féminins est particulièrement dense à Paris et dans sa banlieue ouvrière, où le premier tract que ces comités destineront à des femmes, *Femmes d'Ivry* [5], circulera dès novembre 1940. Peu de temps après, des tracts similaires paraîtront à Choisy, à Villejuif et à Arcueil. À cela s'ajoutent plusieurs journaux clandestins pour femmes de dimension nationale comme *L'Humanité pour la femme, Femmes de France* ou encore *Jeunes filles de France.*

La presse clandestine féminine porte moins sur des contenus purement politiques que sur des questions touchant aux sphères traditionnellement réservées à la femme. Ses sujets sont donc avant tout centrés sur la vie quotidienne des mères, les soucis causés par la famille et les enfants, la lutte quotidienne pour gérer le manque de denrées alimentaires, de charbon, de vêtements et de chaussures, et les revendications en faveur d'un retour des prisonniers de guerre français.

Face à la détérioration constante de l'approvisionnement, les tracts distribués à Paris et dans les zones industrielles, mais également dans certains départements ruraux comme la Savoie et l'Ain, invitent les femmes à manifester pour demander aux autorités de les ravitailler en biens de première nécessité.

Concernant l'envoi de femmes au Service du travail obligatoire (STO) en Allemagne, la presse clandestine française divulgue des demi-vérités. Les articles prétendent régulièrement que les femmes peuvent être contraintes au même titre que les hommes à aller travailler en Allemagne. Mais par la loi du 16 février 1943 portant institution du STO, seuls les hommes peuvent y être contraints ; le STO est effectué par année d'âge et correspond, du point de vue de la procédure administrative, à l'appel sous les drapeaux : « Art. 1er. Pour tout Français ou ressortissant français du sexe masculin, âgé de plus de vingt ans et résidant en France, les obligations résultant des dispositions des titres Ier et III de la loi du 4 septembre 1942 relative à l'utilisation et à l'orientation de la main-d'œuvre comportent notamment l'exécution d'un service du travail obligatoire. Art.2. Le service du travail obligatoire sera effectué par année d'âge ou fraction d'année d'âge[6]. »

Les femmes sont donc exceptées de cette loi – ce qui n'était pas le cas dans la précédente loi du 4 septembre 1942, qui voulait que les femmes célibataires âgées de 21 à 35 ans puissent être affectées, sur un lieu de travail situé en France, à des tâches jugées utiles dans l'intérêt de la nation. Le fait que cela n'ait jamais été mis en pratique montre à quel point il était irréaliste de vouloir contraindre des femmes même non mariées, par la force de l'État, à un service du travail obligatoire. Avec des dispositions sur le travail obligatoire des femmes qui resteront facultatives, la loi du 1er février 1944 n'y changera rien, même si les dispositions en question y sont plus précises : « Tous les Français ou ressortissants français résidant en France [...] peuvent être assujettis à effectuer tous travaux que le Gouvernement jugera utiles dans l'intérêt supérieur de la Nation. Cette obligation concerne : [...] b) Toute personne du sexe féminin atteignant dix-huit ans au moins et quarante-cinq ans au plus [...] qui n'a pas d'enfant légitime, naturel reconnu ou adoptif légalement à sa charge. Les affectations correspondantes devront désigner un lieu de travail situé en France et qui permette à l'intéressée de regagner chaque soir son foyer. Toutefois, les affectations relatives aux femmes célibataires âgées de plus de vingt-cinq ans ainsi qu'aux femmes séparées, divorcées ou veuves pourront viser tout lieu de travail situé en France[7]. »

Par ailleurs, lors des entretiens que j'ai eus avec elles, Hélène Viannay, Josette Cothias-Dumeix et Madeleine Vincent m'ont confirmé qu'aucune femme n'a été envoyée au Service du travail obligatoire. Cela étant dit, il serait intéressant d'examiner dans quelle mesure les administrations françaises compétentes ont essayé, au niveau local ou régional, d'astreindre des femmes au Service du travail obligatoire dans l'intérêt supérieur de la Nation.

Cependant, la presse clandestine affirmera régulièrement que les femmes peuvent elles aussi être forcées de partir au STO en Allemagne. En se servant explicitement d'une allégation erronée selon laquelle les femmes peuvent être soumises à un recrutement systématique et obligatoire pour aller travailler en Allemagne, la presse clandestine ne manquera pas son effet : l'opposition contre le gouvernement de Vichy ne cessera de croître tandis que l'attitude de refus vis-à-vis des Allemands se transformera en hostilité, voire en haine, généralisée. Les Allemands devront eux-mêmes le constater : avec le STO et, plus encore, avec l'allégation selon laquelle les femmes peuvent y être contraintes, la population française s'est définitivement dressée contre eux. En témoigne l'un des rapports de l'Abwehr : « Bien que les nouvelles des Français travaillant en Allemagne ne soient pas mauvaises, le Service du travail obligatoire en Allemagne produit un effet particulièrement accablant. On redoute qu'un certain nombre de Françaises ne soient astreintes à partir en Allemagne. Dans les cercles ennemis, cette rumeur fournit une bonne occasion d'envenimer les esprits contre l'Allemagne [8]. »

Avec l'introduction du Service du travail obligatoire en février 1943, les journaux clandestins de tendance gaulliste se découvriront également une cible féminine en appelant les femmes à apporter leur assistance aux réfractaires. *Avenir*, un journal clandestin ayant vu le jour dans la mouvance du mouvement OCM, en donne un exemple dans un article titré « Jeune Française » : « Jeunes filles de France, qui regrettez parfois ne pas prendre les armes, déchargez vos frères de toutes les besognes non militaires afin qu'ils ne se fassent pas remarquer et tiennent jusqu'au jour J. Assurez la diffusion de ce journal. Placez des bons d'aide aux réfractaires. Constituez des filières pour le planquage des garçons SÛRS. Vous avez un rôle immense à remplir, et nous savons que vous en êtes capables [9]. »

En sus des thèmes liés au ménage, à l'approvisionnement, à la famille et aux enfants, la presse clandestine féminine s'en prend aux manifestations de violence et d'arbitraire à l'encontre des femmes. Elle se penche notamment sur les violations des conventions morales dans les traitements que les prisons ou la police infligent aux femmes. Dans l'un de ses tracts, l'Assistance française proteste contre la déportation de détenues de la prison de femmes de Rennes en soulignant explicitement que plusieurs d'entre elles allaitent encore un enfant [10].

Le thème de la nourrice séparée de son enfant par l'intervention brutale de l'appareil de répression se retrouve, tel un leitmotiv, dans un certain nombre de tracts relatant la mort violente de résistantes – non seulement en France, mais également par-delà les frontières françaises, comme le montre un rapport des Renseignements généraux en date du 11 août 1941 sur la situation à Paris : « La propagande communiste n'a pas été moins active parmi les femmes. Les militantes se sont attachées à créer parmi elles un courant d'opinion hostile aux Allemands, en leur rappelant que ceux-ci sont les assassins de Liselotte Harmann [*sic*] [11], décapitée à la hache alors qu'elle allaitait son troisième enfant [12]. »

Liselotte Herrmann s'était engagée dans la résistance communiste en Allemagne et fut la première femme à l'encontre de laquelle la peine de mort fut mise à exécution, le 20 juin 1938. Elle n'avait qu'un seul enfant, un fils dont la naissance remontait à mai 1934. La propagation de tels renseignements sur le sort de Liselotte Herrmann témoigne également du bon fonctionnement, par-delà les frontières nationales, de l'échange d'informations clandestin entre les hauts dirigeants du Parti communiste : sans une telle efficacité, ce type d'information n'aurait jamais pu parvenir en France. C'est une chaîne de transmission de l'information similaire qui a dû être à l'œuvre pour annoncer la mort de Danielle Casanova, survenue à Auschwitz en mai 1943. Car dès le mois d'août 1943, la nouvelle est divulguée en France par la presse clandestine communiste qui titre, en majuscules, sur la première page de *L'Avant-Garde* « DANIELLE CASANOVA ASSASSINÉE par les bourreaux NAZIS[13]. »

La presse relate également le sort des femmes tombées entre les mains de l'appareil de répression à la suite de leur engagement dans la Résistance. Dans son édition du 9 juillet 1942, l'*École laïque* appelle dans un entrefilet de sa page de titre à sauver

Madeleine Marzin, qui a été condamnée à mort par le tribunal d'État pour avoir organisé la manifestation de femmes de la rue de Buci à Paris. « SAUVEZ MADELEINE MARZIN. Le Tribunal d'État a condamné Madeleine Marzin à mort. Le Président du Tribunal d'État tremblait en lisant le verdict. Mais l'ardente patriote, honneur de l'école laïque, souriait en l'écoutant ! Écrivons à de Brinon, Délégation du gouvernement français… en exigeant la grâce de Madeleine Marzin [14]. »

Les informations propagées par la presse clandestine féminine se distinguent également par leurs stéréotypes et par la nature des appels lancés aux femmes : recourant à une image traditionnelle de la féminité, on s'adresse aux instincts et aux instruments de combat typiquement féminins, et non à un individu doté d'une pensée et d'une capacité d'action politiques. Dans un numéro spécial de juin 1942, *L'Humanité* écrit : « Que les femmes s'arment de leur balai, de leur tisonnier et infligent une correction publique aux mouchards [15]. »

Dans la lutte contre l'appareil de répression, on se réfère également à la femme dans son rôle de gardienne des enfants, comme le montre la manchette suivante : « Ni flicaille, ni Gestapo ne peuvent empêcher les femmes de lutter pour sauver la vie de leurs enfants ! » Et pour aider les réfractaires, les appels lancés aux femmes se fondent, eux aussi, sur des instincts féminins on ne peut plus classiques.

Œuvrant à Lille et dans ses environs, Madeleine Porquet et Jeanne Tétard assument la rédaction, l'impression et la diffusion des *Ménagères du Nord.* Illustrant parfaitement les efforts et les risques que représente la publication d'un tract d'envergure régionale spécialement destiné aux femmes, *Les Ménagères du Nord* sont particulièrement intéressantes en raison de la qualité de la documentation livrée par les dossiers des polices française et allemande, cas rare et bienvenu en matière d'archives datant de cette époque.

Avant d'être licenciée de ses fonctions en octobre 1941, Madeleine Porquet travaille comme institutrice à Lille et à Roubaix. La raison de son licenciement réside dans ses activités communistes : membre actif, dès la période d'entre-deux-guerres, du Comité mondial des femmes contre la guerre et le fascisme, elle est en contact étroit depuis l'été 1941 avec les hauts dirigeants du PCF dans la région Nord-Pas-de-Calais. Elle prend également la direction du comité féminin du département Nord dans l'intention de publier régulièrement le tract des *Ménagères du Nord.* Le travail de Madeleine Porquet consiste entre autres à rédiger des articles selon les directives des hauts dirigeants du PCF, à fabriquer et à distribuer elle-même les tracts dans la région et à monter progressivement les structures clandestines qui l'aideront à assumer ces tâches. C'est ainsi que naît un réseau presque exclusivement féminin qui se chargera de la diffusion d'autres journaux clandestins du Parti comme *L'Enchaîné, Trait d'Union* ou *Vie ouvrière.*

La Sipo/SD découvre rapidement les activités de Madeleine Porquet qui est arrêtée dès octobre 1941. Bien que toutes les enquêtes préliminaires aient été effectuées par une unité spéciale de la Sipo/SD, à savoir l'unité de Douai, c'est la police française qui procède à l'arrestation – sur l'ordre de la Sipo/SD. Au cours de l'instruction qui va s'ensuivre, on finira par confier, le 22 avril 1942, la totalité de la procédure, y compris les dossiers de l'enquête allemande, à la police et aux autorités judiciaires françaises. À partir de ce moment, jusqu'à l'audience qui va se dérouler devant la section spéciale de Douai le 9 janvier 1943, c'est à la police criminelle française qu'il reviendra de poursuivre l'instruction. D'après les déclarations de l'inspecteur principal de la police judiciaire, il était possible de procéder à d'autres arrestations à tout moment. Jusqu'au jour de l'audience, 24 autres femmes seront arrêtées pour avoir participé à la diffusion et à la fabrication du tract *Les Ménagères du Nord* ou pour avoir réuni des fonds pour le Secours populaire ou les comités populaires.

La condamnation de Madeleine Porquet à cinq ans de réclusion repose sur son infraction au décret du 26 septembre 1939, qui interdit le Parti communiste et toutes les organisations proches. Si la peine de Madeleine Porquet est sévère par rapport à celle des autres accusées, c'est non seulement parce qu'en tant que chef du comité féminin, elle occupe une position de haut dirigeant, mais aussi parce qu'elle rédige elle-même des articles pour *Les Ménagères du Nord.* À titre de comparaison : les coaccusées sont « simplement » condamnées à des peines d'emprisonnement de 10 à 18 mois et dix femmes sont acquittées. Voilà qui montre que les tribunaux exceptionnels français établissaient le quantum de la peine en fonction du degré de participation aux activités de la Résistance. Bien que Madeleine Porquet ait été condamnée par un tribunal français, elle sera déportée à Ravensbrück le 30 mai 1944. De là, elle rentrera en France un an plus tard.

C'est essentiellement aux interrogatoires et aux aveux des personnes arrêtées dans le cadre de l'enquête policière qu'il faut imputer le « succès » de la police[16]. À ce jour, les dossiers que nous avons pu exploiter ne nous fournissent aucun indice nous permettant de confirmer les objections soulevées par un certain nombre de témoins de l'époque – selon lesquels Madeleine Porquet aurait trahi la cause de la Résistance en livrant aux autorités, sans aucune raison valable, tous les renseignements dont elle avait connaissance sur l'organisation et les structures de la résistance communiste dans la région Nord-Pas-de-Calais[17]. Il ne faut pas oublier qu'au cours de son enquête, la police ne s'appuie pas exclusivement sur les aveux de Madeleine Porquet ; elle se réfère également aux déclarations des autres détenus qui donnent des noms concrets pendant les interrogatoires. Il faut également savoir que depuis les années 1930, les services de la police française, à savoir les Renseignements généraux, observent de très près le travail du PCF et des organisations qui lui sont proches – ce qui leur permet d'établir des rapports détaillés ou du moins de ficher les militants et les sympathisants de ce parti. Il est donc tout à fait probable que la police ait réussi à reconstituer les liens existant entre certains membres du PCF clandestin grâce aux résultats que lui fournissent les enquêtes menées dans les années 1930. Ainsi, la réalité de ces faits ne doit pas être négligée lorsque des voix s'élèvent des rangs des ancien(ne)s résistant(e)s pour accuser certains détenus de la Résistance d'avoir livré des informations à la police – sans motif valable, par inattention, voire pour servir leurs propres intérêts – compromettant par là même d'autres résistants.

Dans ses appels aux femmes, la journaliste chevronnée et féministe engagée qu'est Louise Weiss ne se cantonne pas aux stéréotypes féminins. Dans *La Nouvelle République-Patriam recuperare*, le journal clandestin qu'elle publie et qui appartient au milieu franc-maçon, Louise Weiss rédige régulièrement sous le pseudonyme de Valentine des articles politiques. Intentionnellement placé au-dessus de la plupart de ses articles, le titre « Aux Françaises de la résistance [*sic*] » est le signe distinctif qui accompagne la quasi-totalité des textes signés Valentine ou Valentine Cramayel. Loin de se contenter d'appeler les femmes à rejoindre la Résistance, les articles de Louise Weiss véhiculent un message d'émancipation en exigeant l'égalité des femmes – comme le montre particulièrement bien un article daté de novembre 1943 dans lequel la journaliste répertorie les tâches que les femmes sont contraintes d'assumer lorsque les hommes sont absents et ce, en dépit du statut de mineures que leur octroie le Code civil :

« Aux Françaises de la résistance [*sic*] Françaises ! Depuis l'armistice votre rôle a été admirable. Vous avez nourri les absents, hélas ! prisonniers ou requis en Allemagne. Vous avez assuré la responsabilité des entreprises privées de chefs par la guerre, les persécutions ou la mort. Vous avez cultivé les champs, travaillé dans les usines, assuré la marche du commerce, tout en élevant vos enfants et soignant vos vieux, dans des conditions matérielles inouïes. Et surtout vous avez aidé les patriotes, [...], vous les avez encouragés, cachés, ravitaillés, non moins méritantes que vos sœurs libres en Angleterre et en Algérie, ont constitué des corps volontaires mobilisés au service de la libération [*sic*] nationale. La Nouvelle République fera droit. Elle combattra pour l'abolition des lois désuètes qui vous maintenaient dans un état d'infériorité ridicule par rapport aux droits et libertés dont jouissent les femmes de tous les autres pays au monde. [...] Valentine Cramayel.[18] »

Véritable leitmotiv, la revendication de l'égalité de la femme se retrouve fréquemment dans les articles de Louise Weiss. Ne se confinant pas aux tâches ménagères comme le font les tracts des comités féminins, elle s'adresse directement aux institutrices pour les inviter à œuvrer en faveur de la cause résistante dans le cadre de leur activité professionnelle :

« Aux Françaises Institutrices, Résistez. Dès son premier numéro, la "Nouvelle République", née avec tant de vigueur des souffrances de la mère patrie, assurait aux Françaises que la libération [*sic*] venue, un statut nouveau, digne de leur patriotisme, leur serait donné. Mais, en attendant, qu'elles se surpassent dans l'ordre de l'échec aux Allemands. Comment ? En quelques lignes, chaque semaine nous le leur dirons. [...]

Institutrices ! Tournez les sujets de compositions, les lectures qu'Abel Bonnard dans sa frénésie germanique veut imposer à nos enfants. Faites circuler les livres défendus. Servez-vous de vos vieux livres pédagogiques non expurgés par les clercs d'Adolf. Enseignez l'histoire vraie. Réfutez les calomnies contre les Anglais qui ne sont plus ceux de la guerre de Cent

Ans, mais ceux de la victoire commune de 1918. Que vos explications morales soient empreintes de ferveur patriotique. Ne soyez pas crédules vis-à-vis des Allemands comme vous avez pu l'être jadis, trompées par un pacifisme qui serait synonyme de lâcheté. Résistez ! Vous serez assez fortes et assez fines pour vous exprimer en termes irréprochables du point de vue de la hiérarchie[19]. »

Tout en prenant position contre la politique d'éducation collaborationniste d'Abel Bonnard sur laquelle doivent s'appuyer les programmes scolaires, Louise Weiss exige l'égalité de la femme devant la loi. Ce faisant, elle engage dans la voie de l'avenir d'une France qui, après la Libération, sera l'un des derniers pays européens à accorder le droit de vote aux femmes – en 1945 !

Exception faite des articles de Louise Weiss, les questions d'émancipation ne trouvent leur place ni dans les journaux, ni dans les tracts clandestins – même lorsque ces derniers s'adressent spécialement aux femmes. À gauche comme à droite, l'image de la femme est extrêmement conservatrice, comme le montre l'appel ci-après paru dans un numéro des *Femmes Patriotes* en date de février 1944 : « C'est à nous, femmes, jeunes filles, d'encourager, de soutenir et d'aider. Chacune a un mari, un frère ou un bon camarade à fortifier dans la lutte pour la Libération de la France[20]. »

10. Edith Thomas et les Éditions de Minuit

Avec la création des Éditions de Minuit à la fin de l'année 1941, la Résistance se dote d'une grande maison d'édition clandestine pour laquelle écriront nombre d'intellectuels et d'hommes de lettres français. Existant à côté d'une autre maison d'édition clandestine, la Bibliothèque française placée sous l'égide du PCF[1], Minuit comptera des écrivains aussi célèbres que Paul Eluard, Jean Guéhenno, Louis Aragon et Pierre Seghers, mais également deux écrivaines : Elsa Triolet et Edith Thomas. Créées par Pierre de Lescure et par Jean Bruller (plus connu sous le pseudonyme de Vercors et sur la contribution duquel les avis sont aujourd'hui partagés), les Éditions de Minuit sont la réponse aux censures de l'appareil de propagande allemand en France et plus particulièrement à la « liste Otto » dressée en étroite coopération avec l'ambassadeur Otto Abetz et le syndicat des éditeurs français. Cet index répertorie des centaines d'auteurs juifs, de même qu'une multitude de traités politiques portant un regard critique sur l'évolution de l'Allemagne depuis la Première Guerre mondiale et sur le national-socialisme. Pour réagir, l'enjeu est d'offrir aux intellectuels français une plate-forme qui leur permette de s'épanouir sans censure tout en prenant position contre le système politique en place. En recrutant au sein des cercles inscrits dans la mouvance de la *Nouvelle Revue française (NRF)*[2], les Éditions de Minuit mettent également un terme au processus d'appropriation des intellectuels au seul profit du Parti communiste français. En 1940, parce qu'il refusait de se plier à la propagande allemande, Jean Paulhan avait démissionné de ses fonctions de directeur de la NRF – une revue qu'il dirigeait depuis 1925. Son successeur sera Pierre Drieu La Rochelle, entièrement dévoué à la politique collaborationniste.

En matière de littérature, la Résistance ne dispose pas seulement d'une maison d'édition clandestine. En sus des Éditions de Minuit, elle propose d'autres plates-formes clandestines aux hommes de lettres et aux intellectuels sous la forme de journaux politiques et littéraires tels que *La Pensée libre, Lettres françaises, Cahiers de Libération* ou encore les *Cahiers du Témoignage chrétien.* Publié par Louis Aragon, qui rédige également la plupart des articles, le magazine *Les Étoiles* ne paraît que dans la zone non occupée [3].

Dirigé par Jean Paulhan, le programme des Éditions de Minuit est également géré par Louis Aragon et Edith Thomas, qui est en contact permanent avec Paulhan. À Paris, dans la rue Pierre Nicole du Quartier latin, l'appartement de cette dernière se transforme clandestinement en lieu de rendez-vous et en secrétariat privilégiés non seulement des Éditions de Minuit, mais également du Comité national des écrivains (CNE) [4]. Ce comité a succédé au Front national des écrivains créé par Daniel Decourdemanche, alias Jacques Decour, qui a été arrêté et fusillé en mai 1942 avant même que le premier numéro de sa revue, les *Lettres françaises,* ne soit imprimé. Ces *Lettres françaises* – dont le titre sera repris par le CNE – apportent une réponse directe à la mainmise du régime de Vichy et de la propagande allemande sur la NRF. En coopération avec Claude Morgan, Edith Thomas apportera – non seulement grâce à ses compétences organisationnelles, mais également par sa production littéraire – une contribution décisive à la mise en place du Comité national des écrivains et à l'élaboration de ses structures logistiques.

À la différence des journaux clandestins, les Éditions de Minuit et un certain nombre de revues politiques clandestines permettent aux femmes de s'engager activement en tant qu'auteures et de publier elles-mêmes. C'est ainsi qu'en 1943, Elsa Triolet rédige pour les *Lettres françaises* un article intitulé « Les voyageurs fantastiques » et un compte rendu sur les combats du maquis dans le Lot-et-Garonne. Elle écrit également des nouvelles pour la Bibliothèque française et des articles pour *Les Étoiles*. Mais comme pour la plupart des auteurs publiés par les Éditions de Minuit, ce n'est pas uniquement dans ces éditions clandestines qu'Elsa Triolet trouve une plate-forme d'expression. Elle prépare des articles pour la revue *Confluences* et compose des poèmes pour *Poésie*, une revue que Pierre Seghers fait paraître dans la zone sud, à Villeneuve-lès-Avignon, en toute légalité[5]. Edith Thomas exerce également des activités journalistiques clandestines. En octobre 1942, elle écrit l'éditorial intitulé « Crier la vérité » du deuxième numéro des *Lettres françaises*[6]. En mai 1944, après s'être rendue dans différents maquis armés entre Valence et les Cévennes, elle publie dans ces mêmes *Lettres fran-*

çaises un reportage en plusieurs parties sur le maquis des FTP[7]. À la différence d'Elsa Triolet qui empruntera également les voies de la publication officielle et publiera son roman *Le cheval blanc* chez Denoël à Paris, Edith Thomas renoncera à cette option. Bien que le manuscrit soit terminé dès 1943, son roman *Étude de femmes* ne paraîtra qu'en 1945. Edith Thomas refuse d'exposer son roman à la censure de l'État.

Dans un souci d'indépendance, surtout vis-à-vis du PCF, les Éditions de Minuit doivent se doter d'une structure autonome pour imprimer et diffuser leurs œuvres dans la clandestinité. Dans ce contexte, l'organisation logistique des Éditions de Minuit ressemblera à celle de nombreux journaux clandestins : nombre de tâches logistiques décisives reposeront entre les mains de femmes telles que Célia Bertin, Renée Charbonneau et Yvonne Paraf. Ces femmes se chargeront essentiellement de relier les livres et d'en organiser la diffusion. Dans la mesure où les petites imprimeries qui travaillent pour les Éditions de Minuit ne disposent pas de moyens techniques suffisants pour le brochage, Yvonne Paraf se chargera de ce travail. C'est dans son appartement parisien de la rue Vineuse à la station de métro Trocadéro qu'elle assemblera de ses propres mains le premier roman des Éditions de

Minuit : *Le silence de la mer* de Jean Bruller (alias Vercors). Sans l'engagement et le travail d'Yvonne Paraf, ce roman n'aurait pas atteint son public sous la forme d'un livre mais sous la forme d'un recueil de feuilles détachées. L'accueil d'un ouvrage dépendant partiellement de son apparence extérieure, Yvonne Paraf a apporté une contribution majeure au succès de la première œuvre des Éditions de Minuit. Le premier tirage s'élèvera à 350-400 exemplaires, qui ne seront distribués qu'à un public choisi ayant appartenu au cercle de la NRF avant 1940. Le succès sera retentissant chez les intellectuels français « parce que le livre correspond très exactement à leur “horizon d'attente” : l'attitude non-violente qu'il prône respecte leur imprégnation pacifiste, héritage des années trente [8] [...] ».

Dans un premier temps, les livres sont vendus en souscription puis envoyés par voie postale, sous l'égide d'Yvonne Paraf. Cette solution s'avérant trop risquée, les Éditions de Minuit finiront elles aussi par recourir à des agents de transport pour distribuer leurs ouvrages. Léon Motchane, un ami d'Yvonne Paraf, se chargera de la mise en place du réseau nécessaire. À côté d'Yvonne Paraf, les principales agentes de transport seront Simone Michot et Gilberte Chapuis. Le bureau central de ce réseau sera hébergé au Bureau universitaire de statistique, au 110, rue de Grenelle dans le VIIe arrondissement, dans lequel deux femmes, Mlle Cizeau et Mlle Lepage, coordonneront les expéditions et géreront les listes d'adresses. L'idée de gagner deux employées du Bureau universitaire de statistique à la cause de la Résistance est venue de Renée Charbonneau. Lorsque cette dernière devra se mettre en lieu sûr, Jean Bruller s'adressera à Jacques Lecompte-Boinet, le fondateur du mouvement Ceux de la Résistance (CDLR) afin de réorganiser la diffusion[9] – une démarche qui témoigne du rôle clé joué par cette femme : pour la remplacer, il sera nécessaire d'entrer en contact avec une autre organisation et, par là même, de prendre des risques d'autant plus considérables que le cloisonnement entre groupes de résistants non communistes est souvent très insuffisant.

Comme Yvonne Paraf n'assure pas seulement le brochage des livres, mais distribue également les ouvrages dans Paris et les achemine de Paris à Lyon, en zone non occupée, une autre femme, Marie-Louise Houssaye, va progressivement se charger d'aller chercher puis de stocker les feuilles imprimées. Pour le stockage, elle se servira non seulement de son propre appartement de la rue Tournefort dans le Ve arrondissement, mais également d'une chambre qu'elle louera à cet effet dans la rue Servandoni à proximité directe du jardin du Luxembourg, qui semble avoir été utilisé régulièrement comme lieu de rencontre secret [10]. Tout comme l'appartement d'Edith Thomas, ces deux logements se trouvent dans le Quartier latin. Voilà qui permet de réduire les distances à parcourir entre le bureau central de création littéraire des Éditions de Minuit, installé chez Edith Thomas, et les sections techniques. Cet aspect est capital dans la mesure où la liberté de mouvement des résistants est considérablement restreinte, le soir et la nuit, par le couvre-feu – sans oublier que la bicyclette est le seul moyen de transport personnel dont on dispose. La logistique d'impression, de brochage et de diffusion que les Éditions de Minuit réussissent à mettre en place sera efficace : ne serait-ce qu'entre l'automne 1943 et l'été 1944, elle permettra de publier pas moins de 18 romans et nouvelles dans la clandestinité.

Si nous songeons que l'éditeur de *Pantagruel*, Raymond Deiss, fut condamné à mort par le tribunal du Peuple le 27 avril 1943, puis exécuté au mois d'août suivant [11], et si nous nous rappelons que de nombreux groupes résistants comme le Musée de l'Homme qui publiaient des journaux ou des tracts clandestins dans la zone occupée n'ont pas échappé à des arrestations suivies de lourdes représailles, nous sommes très enclin à supposer que l'appareil de répression, certainement au courant des activités des Éditions de Minuit, n'a pas exercé de fortes pressions contre ses acteurs. Cette hypothèse est étayée par le fait que le coéditeur Pierre de Lescure est en contact étroit avec Georges Politzer et Jacques Solomon, qui seront tous deux arrêtés à la fin du mois de février 1942 puis fusillés à titre d'otages par les Allemands le 19 mai 1942 au mont Valérien [12], sans que leur arrestation ait de retombées sur les Éditions de Minuit – alors que les brigades spéciales sont particulièrement bien informées sur l'entourage de Georges Politzer. L'arrestation quasi simultanée de Danielle Casanova restera elle aussi sans conséquences bien que les autorités françaises disposent de renseignements très précis sur les activités clandestines de cette femme, et qu'elles ne soient certainement pas sans savoir qu'Elsa Triolet et Louis Aragon ont été en contact étroit avec elle lors de son séjour clandestin à Paris, à la fin du mois de juin 1941. Il semble également évident que les Éditions de Minuit n'ont pas été le point de mire de l'appareil de répression lorsque l'on sait que Jean Bruller a rencontré à plusieurs reprises – sans le savoir – un agent double allemand, sans que cela n'ait aucune conséquence[13].

Il est à supposer que si les autorités ont toléré ces activités littéraires clandestines, c'est parce que d'une part *Le silence de la mer* donne une image largement positive de l'Allemagne et parce que d'autre part les livres des Éditions de Minuit ne s'adressent qu'à un public restreint d'intellectuels. Il ne faut pas non plus perdre de vue que l'arrestation d'écrivains français de renommée internationale comme Louis Aragon, Paul Eluard ou François Mauriac, qui publiaient également dans des maisons d'édition officiellement admises, aurait contrecarré tous les efforts de propagande allemands pour gagner un maximum d'auteurs et d'intellectuels français de renom à la cause de l'Allemagne.

Cependant, cette protection ne vaudra que pour les auteurs qui ont un nom et qui s'en tiennent à la création littéraire, sans faire de propagande. Il en ira différemment pour ceux qui travaillent dans l'ombre et constituent les rouages logistiques des Éditions de Minuit, sans jouir d'aucune notoriété particulière : l'appareil de répression pourra porter des coups contre ces personnes sans craindre que la politique de collaboration pratiquée par les Allemands n'en pâtisse. Les membres des Éditions de Minuit en contact avec d'autres groupes résistants seront également menacés. Ainsi, parce qu'ils ont travaillé pour un réseau d'évasion découvert par les Allemands en mars et en avril 1942, Célia Bertin et Pierre de Lescure devront quitter Paris le 21 juin 1943 pour aller se cacher dans le département du Jura jusqu'à la Libération [14].

Face aux risques encourus, tous ne sont donc pas égaux. Et ces inégalités perdureront par-delà la Libération. Alors que l'engagement résistant d'auteurs aussi célèbres que Paul Eluard, François Mauriac, Louis Aragon ou Elsa Triolet sera particulièrement salué après la Libération, les logisticiens tomberont dans un long oubli. Pour terminer, nous retiendrons qu'à la différence des journaux clandestins dans lesquels les femmes ne prenaient que très rarement la plume (comme nous l'avons exposé plus haut), les Éditions de Minuit et la majorité des revues littéraires et politiques clandestines ont permis aux femmes non seulement d'apporter une contribution active, mais également de s'épanouir sur le plan littéraire.

Si nous comparons l'ensemble des activités exercées par des femmes dans le secteur de la presse clandestine, nous constatons que par rapport aux activités féminines d'autres domaines de la Résistance, ce secteur comporte moins de risques de mourir en mission. Si le pourcentage de femmes arrêtées est quasiment le même que dans les autres domaines (84 % des femmes ayant travaillé pour la presse clandestine ont été arrêtées), les sanctions sont moins nombreuses. Cela ne doit toutefois pas nous faire oublier que l'appareil de répression avait l'œil sur la rédaction et l'impression des tracts et journaux clandestins et que cette surveillance valait, entre autres, pour les tracts spécifiquement destinés à un public féminin – comme nous le montre l'exemple de Madeleine Porquet, impliquée dans la publication des *Ménagères du Nord*.

11. Les femmes dans la rue

C'est au Parti communiste français qu'il revient d'avoir organisé des manifestations de femmes, non seulement pour protester contre l'insuffisance de l'approvisionnement et les hausses constantes des prix des aliments de base, mais également pour réclamer la libération des prisonniers de guerre français. Comme dans le domaine de la publication des tracts et journaux clandestins ciblant un public féminin, aucun autre mouvement résistant ne s'implique dans l'organisation de ces manifestations féminines. À côté de cela, il arrive que des femmes se mettent spontanément à protester, devant une boutique ou sur un marché, dans des accès de colère qui peuvent être motivés par la non-livraison des denrées alimentaires attendues. Ainsi, il conviendra de distinguer deux niveaux : d'une part la simple participation et d'autre part l'organisation et la réalisation de ces manifestations.

Dans ses enquêtes, la police opère elle aussi une nette distinction entre la propagande politique soigneusement préparée et la participation spontanée à des protestations collectives. Voilà qui explique que les initiatrices de manifestations féminines sont les premières à être menacées par la répression gouvernementale. À cet égard, les risques encourus sont encore plus élevés lorsque les organisatrices appellent au pillage – comme dans le cas des manifestations de mai et d'août 1942 à Paris. Mais la plupart du temps, les mouvements de protestation féminins se déroulent sans incident.

Loin de se limiter à Paris et sa banlieue, le périmètre géographique des manifestations féminines déclenchées par des approvisionnements insuffisants s'étend à toute la France. Outre les régions industrielles comme les zones minières du nord de la France, ces manifestations gagnent de plus en plus les départements agricoles comme la Savoie, la Haute-Savoie et l'Ain. Rien ne prête à penser que la police cherche à les dissoudre par la force ou par des arrestations arbitraires, d'autant plus que du côté des femmes, ces manifestations se déroulent généralement sans incident majeur et sans recours à la violence. Qu'il s'agisse de grandes agglomérations comme Lille ou de plus petites villes comme Fourneux ou Chambéry, en Savoie, il est même fréquent que les autorités trouvent justifiées les revendications des femmes et qu'elles leur accordent, dans un certain nombre de cas, des denrées ou des rations de charbon supplémentaires[1].

Les premières manifestations de femmes contre la dégradation de l'approvisionnement en denrées alimentaires et en charbon ont lieu au début de l'année 1941 dans plusieurs banlieues parisiennes telles qu'Issy-les-Moulineaux, Ivry et Villejuif. Le phénomène prend un rythme hebdomadaire, sans qu'il y ait d'incident sérieux. Le nombre de participantes varie d'une trentaine à une centaine de femmes. Avec les difficultés croissantes de l'approvisionnement, les manifestations telles que celle de février 1941 devant le siège du ministère du Ravitaillement vont se multiplier à Paris intra muros. Les revendications des femmes porteront avant tout sur une répartition plus équitable des denrées alimentaires et sur la lutte contre le marché noir. Même si ces manifestations parisiennes suscitent encore plus d'intérêt que les manifestations de banlieue, elles n'engendrent pas plus d'incidents sérieux. La situation est toutefois différente lorsqu'il s'agit de manifestations à caractère politique, comme le 11 novembre, jour de l'Armistice, ou lorsque le commandant militaire en France estime qu'elles revêtent un caractère anti-allemand. Lors de telles manifestations, les incidents sont nombreux et les interventions des autorités sont violentes. Pour l'année 1941, nous n'avons trouvé qu'un seul compte rendu des Renseignements généraux mentionnant l'arrestation provisoire, au mois d'avril, de quatre femmes devant le ministère du Ravitaillement pour « refus de circuler[2] ». Plus importante, la manifestation du 29 mars 1941 a un écho bien plus retentissant : devant se dérouler devant l'ambassade d'Allemagne dans la rue de Lille, elle regroupe plusieurs centaines de femmes réclamant la libération des prisonniers de guerre français. Ses points de départ sont les stations de métro Invalides, Solferino et Sèvres-Babylone où se rencontrent des femmes venues des quatre coins de Paris et de sa banlieue. En dépit des interventions de la police, ces groupes de femmes ne cessent de se recomposer, tant devant les bouches de métro que sur les quais où elles ne s'en tiennent pas à de simples protestations verbales.

« Les différents groupes de femmes qui restaient sur les quais des stations se précipitaient vers les portes de chaque rame qui entrait en station pour empêcher les passagers de descendre, retarder le départ des trains et entraîner, par là même, une grande confusion en perturbant le trafic. [...] 16 femmes ont dû être provisoirement arrêtées en raison de leur comportement violent. [...] Après interrogatoire et une vérification de leur identité, ces 16 femmes ont été relâchées dans la soirée pour rejoindre leur domicile[3]. »

Dans la mesure où ces femmes se sont donné rendez-vous à plusieurs endroits différents et où les interventions ponctuelles de la police ne suffisent pas à les disperser, il est à supposer que l'invitation à participer à la manifestation a été lancée par voie de tracts et que des membres des comités féminins sont sur place pour diriger les opérations. Cependant, les femmes arrêtées ne comptent certainement pas parmi les organisatrices car elles seront relâchées le soir même. Très au fait des activités résistantes des communistes sur la place de Paris, la préfecture de police dispose de fichiers et de dossiers d'enquête détaillés pour vérifier l'appartenance éventuelle de tout suspect à la résistance communiste – comités féminins inclus. À cet égard, les nombreuses arrestations qui suivront les manifestations de la rue de Buci et de la rue Daguerre prouveront l'efficacité de l'appareil d'enquête de la police.

Les autorités d'occupation allemandes et la police française observent les manifestations de femmes avec un intérêt particulier car elles revêtent une fonction de baromètre du moral de la population. Nous comprenons à quel point la situation devait être tendue, surtout en hiver, en lisant le compte rendu du 28 janvier 1942 du commissaire de police d'Armentières, une petite ville à proximité de Lille : une centaine de femmes manifestent devant l'hôtel de ville pour réclamer une ration supplémentaire de charbon. Les femmes se dispersent rapidement, mais le commissaire semble appuyer leurs revendications en faisant remarquer que « Des événements sont à craindre si la situation ne change pas sous peu[4]. »

Ici plus que dans tout autre domaine, sans doute, le contraste avec l'idéologie du régime de Vichy exaltant les femmes, la famille et les enfants est frappant : l'approvisionnement de la population est complètement insuffisant, surtout dans les grandes villes, et la pénurie se fait sentir jour après jour. À cela s'ajoute la demande de retour des prisonniers de guerre français, qui met le doigt sur un autre point sensible de la politique de collaboration, révélant le gouffre séparant prétentions politiques et réalité. Voilà autant de prises données aux comités féminins qui sauront adroitement s'en servir pour leur propagande politique. À cette fin, ils ne s'en tiendront pas à distribuer des tracts pour appeler les femmes à manifester ; ils leur demanderont également de déposer des demandes écrites auprès des ministères compétents pour réclamer la libération de proches détenus en prison ou le retour de prisonniers de guerre français. Une action de ce type se déroulera sans incident le 11 janvier 1941 devant l'hôtel Matignon. Une autre tactique consiste à envoyer aux épouses de prisonniers de guerre français des circulaires « officielles » contrefaites pour leur annoncer la distribution, à l'hôtel de ville compétent, de rations supplémentaires de denrées alimentaires ou d'autres biens de consommation – sans cartes d'alimentation ni tickets de rationnement. « Nous avons par exemple identifié une tentative de ce type dans le IIIe arrondissement de la ville de Paris le 3 avril 1941. Ce jour-là, une centaine de femmes se sont présentées à la mairie avec de fausses convocations. Si l'agent de cette mairie a réussi à leur expliquer la situation et à empêcher tout incident, ces femmes n'en sont pas moins reparties avec un grand mécontentement [...] [5]. »

Lorsque les femmes protestent contre la pénurie de denrées alimentaires et de biens de consommation ou se présentent dans les mairies avec des lettres contrefaites, ces manifestations se déroulent sans incident majeur et la police ne cherche pas d'emblée à recourir à la force pour les disperser. Les autorités allemandes et françaises, et même les cercles collaborateurs, dans un certain nombre de cas, considèrent que ces appels en faveur d'une amélioration de l'approvisionnement sont justifiés. Dans la mesure des possibilités, l'État cherchera à satisfaire au moins une partie de ces exigences. Mais l'attitude de la police et des autorités changera du tout au tout lorsque ces manifestations prendront une tournure violente et s'accompagneront de la mort de policiers ou d'échanges de coups de feu en pleine rue.

En juin et en août 1942, deux manifestations de femmes vont revêtir une ampleur inhabituelle et avoir des conséquences graves pour leurs instigatrices, dont certaines passeront en jugement devant le tribunal d'État de Paris et la section spéciale de la Cour d'appel de Paris. Par la manière dont elles seront préparées et dont elles se dérouleront, ces manifestations de femmes seront foncièrement différentes des manifestations classiques et pacifiques devant les mairies ou les ministères. Non seulement elles recruteront toutes deux leurs participantes par voie de tracts, mais elles recourront également à des communistes clandestines actives pour appeler au pillage dans les files d'attente devant les magasins d'alimentation – un appel auquel une partie des femmes se ralliera. Par ailleurs, ces opérations seront protégées par des groupes francs dont les membres, tous armés, devront couvrir le retrait des meneuses. Dans la pratique, toutefois, cette stratégie adoptée par la direction du PCF pour empêcher l'arrestation des organisatrices échouera : quelques jours après les événements, les femmes les plus impliquées dans la préparation et la réalisation de la manifestation seront appréhendées.

La première de ces deux manifestations se déroule rue de Buci, dans le VIe arrondissement de Paris, pendant l'après-midi du 31 mai 1942. Cette date n'a pas été choisie au hasard : il s'agit de la fête des mères dont le régime de Vichy a fait un jour férié à l'échelle nationale.

La principale responsable de la préparation et de la réalisation de cette manifestation est Madeleine

Marzin, qui compte parmi les hauts dirigeants de la résistance communiste féminine à Paris. Œuvrant clandestinement pour le Parti communiste français depuis le mois de février 1941, elle a mis en place un comité féminin dans le XIVe arrondissement. Pour préparer la logistique de la manifestation, des agentes de liaison ont établi des contacts réguliers avec les comités féminins des autres arrondissements parisiens et des banlieues ouvrières.

L'initiative ne vient pas de Madeleine Marzin, mais d'un agent de liaison qui lui a apporté une directive de la direction du PCF. Cette directive explique qu'il ne s'agira pas seulement d'attiser la colère de la foule, mais aussi d'assaillir le magasin d'alimentation afin de distribuer les marchandises aux manifestantes. En revanche, pour ce qui est de la préparation et de la réalisation mêmes de la manifestation, Madeleine Marzin est entièrement libre de s'organiser comme elle l'entend ; seule la mise en place du groupe franc ne relève pas de ses tâches. Devant couvrir les opérations d'une manifestation dont la stratégie prévoit notamment le pillage d'un magasin, ce groupe franc assurera également la sécurité de Madeleine Marzin. C'est la première fois qu'une manifestation de femmes organisée par le PCF recourt à un groupe armé.

Les femmes en provenance des différents arrondissements parisiens et de la banlieue environnante doivent se retrouver à la station de métro Odéon, à proximité directe de la rue de Buci. Afin de ne pas se faire remarquer, elles arriveront ensuite de plusieurs endroits différents, par groupes de deux ou trois, dans la rue de Buci où de nombreuses personnes attendent déjà l'ouverture du magasin d'alimentation Eco. La manifestation doit commencer à 10 h 15. Le signal de départ doit être donné par la Marseillaise que doit entonner l'une des organisatrices. Personne n'ayant commencé à chanter l'hymne national, Madeleine Marzin décide de passer à l'action. Elle se précipite la première dans le magasin. Les femmes au courant du déroulement des opérations la suivent immédiatement. Il s'ensuit une bataille entre les manifestantes, les employés du magasin et la police, que l'on a appelée au secours. Comme le montre l'acte d'accusation du procureur, certaines femmes n'y vont pas par quatre chemins :

« Madeleine MARZIN s'emparait sur-le-champ de boîtes de conserves de sardines et les jetait à la foule, imitée dans son geste par ses suivantes, les femmes BRONNER, VANDENBRAUDEN, SEZILLE de MAZANCOURT,

CHAUVIRE, BLERON et autres non identifiées. La femme BRONNER perdait son sac à main dans cette action. Elle devait un peu plus tard témoigner de son acharnement à l'action frappant de son parapluie un agent qui procédait à l'arrestation d'un suspect. Au cours de la bagarre, Monsieur DELGROS, employé de la maison ECO, s'interposait, se précipitait sur Madeleine MARZIN et tentait de l'arrêter dans ses agissements, mais celle-ci déchaînée se débattait furieusement et poursuivait sa besogne[6]. »

Pendant que la foule prend la fuite devant le tumulte croissant, les membres du groupe franc tirent à l'angle de la rue de Buci et de la rue de Bourbon-le-Château sur les policiers appelés au secours. Deux gardiens de la paix sont tués et trois autres grièvement blessés.

Si dans le feu de l'action, l'intervention du groupe franc empêche effectivement l'arrestation de Madeleine Marzin et des autres instigatrices de la manifestation, il ne s'agit toutefois que d'une victoire à la Pyrrhus. Le tumulte déclenché par le pillage partiel du magasin d'alimentation Eco et, plus encore, par la mort des deux gardiens de la paix, va lancer tout l'appareil d'enquête de la police française sur cette affaire. Dans ce contexte, les brigades spéciales disposent d'un indice qui leur rendra service. Marguerite Bronner ayant perdu son sac à main dans la rue de Buci, elle sera arrêtée le jour même. À ce premier « succès » succédera dès le lendemain (le 1er juin) l'arrestation de Madeleine Marzin puis, dans les jours suivants, celle de plusieurs autres organisatrices, dont Norma Bleron, Louise Sezille de Mazancourt, Yvonne Chauviré et Eugénie Dietrich chez laquelle Madeleine Marzin est sous-locataire. Selon l'enquête de la police et du parquet, le PCF est parvenu à réunir 150 personnes – hommes et femmes confondus – à cette « manifestation terroriste » à Paris. Si l'on songe que les activités communistes font l'objet d'une surveillance particulière de la part de la police française et des autorités d'occupation allemandes, on comprend que le PCF a réalisé un exploit en organisant cette manifestation sans se faire remarquer des autorités. « L'organisation avait tout prévu et chacun des éléments y prenant part avait été prévenu de son rôle à jouer[7]. »

C'est à Madeleine Marzin qu'il était incombé d'informer les femmes qui lui prêteraient main-forte. Pour ce faire, elle avait recouru à l'agent de liaison « Louis » ou avait glissé un petit message sous la porte de l'appartement des intéressées. Au cours de la préparation de cette opération, les femmes s'étaient manifestement entendues sur les dépositions qu'elles devraient faire car les témoignages qu'elles livreront à la police seront étrangement similaires.

Pendant les interrogatoires, toutefois, Madeleine Marzin s'empêtre de plus en plus dans des contradictions ; face aux charges écrasantes qui pèsent contre elle, elle finit par avouer avoir organisé la manifestation de la rue de Buci. Elle reconnaît également avoir su que la direction du Parti mettrait un groupe armé à la disposition de ladite manifestation. Par ailleurs, lors d'une perquisition chez elle et chez d'autres inculpées, les brigades spéciales trouvent des documents compromettants tels que des cartes d'identité falsifiées, des tickets de rationnement volés et des tracts du PCF. De plus, en dépit de l'examen balistique qui prouvera à la police qu'il ne s'agit pas de l'arme du crime, le revolver trouvé chez Madeleine Marzin sera une pièce à conviction particulièrement accablante[8]. Les dossiers d'enquête extrêmement détaillés que la police consacre à ce cas montrent qu'elle était bien renseignée sur l'entourage personnel de Madeleine Marzin avant même que la manifestation ait lieu.

Madeleine Marzin et les coaccusés sont traduits devant le tribunal d'État de Paris pour assassinat, tentative d'assassinat et complicité, association de malfaiteurs et complicité. L'acte d'accusation ne soulève aucun grief relatif à des menées communistes. L'accusation ne s'appuie donc pas sur la législation politico-idéologique de la fin de la IIIe République ou du gouvernement de Vichy, mais sur le Code pénal de 1810.

Le jugement du tribunal d'État de Paris sera rendu le 25 juin 1942, c'est-à-dire seulement quatre semaines après les événements. Madeleine Marzin et trois coaccusés, les trois hommes du groupe franc qui ont tiré sur les gardiens de la paix, seront condamnés à mort. Alors que les peines de mort prononcées contre Edgar Lefébure, Henri Meunier et André Delmas seront effectivement appliquées et que les trois hommes seront décapités le 23 juillet 1942 à la Santé, Madeleine Marzin sera graciée par Pétain et sa peine commuée en travaux forcés à perpétuité. Lors de son transfert de Paris à la prison pour femmes de Rennes, elle réussira, à l'aide de cheminots de la SNCF, à prendre la fuite à la gare Montparnasse. Par la suite, elle restera cachée jusqu'à la Libération [9]. Abstraction faite d'Eugénie Dietrich qui sera « seulement » internée en France à la suite de son acquittement, le sort des femmes accusées en même temps que Madeleine Marzin sera plus tragique. Alors que leurs peines sont moins sévères, elles seront déportées à Ravensbrück à l'été 1944. De là, elles rentreront en France en 1945.

Bien que cette opération se soit soldée par la peine de mort pour un certain nombre de participants et que le groupe franc n'ait pas réussi à remplir efficacement sa mission, le PCF n'attendra pas plus de deux mois pour organiser et mener une nouvelle manifestation de femmes à Paris, suivant le même schéma.

Le 1er août 1942, le même scénario se répète : la foule qui attend devant un magasin d'alimentation parisien doit être incitée à protester et à piller. Cette fois encore, un groupe franc du PCF se tient prêt pour protéger les meneuses qui œuvrent sur place. La manifestation a été planifiée par Henri Tanguy, qui s'est également chargé de préparer le groupe franc[10]. Comme dans le cas de Madeleine Marzin, le rôle des femmes est moins celui de décideuses actives que celui d'exécutantes des directives du Parti. Ces femmes sont Elisabeth Ricol, qui publiera ses mémoires sous le nom de Lise London après la guerre, et Simone Mage.

Le 1er août 1942, les deux femmes se mêlent à la foule qui attend une distribution supplémentaire de denrées alimentaires devant le magasin d'alimentation Félix Potin, à l'angle de la rue Daguerre et de l'avenue d'Orléans (actuelle avenue du Général Leclerc). Vers 16 h 30, Elisabeth Ricol monte sur une table d'étalage du magasin et harangue la foule : « Révoltez-vous. Les Américains l'ont dit ! Il faut piller les magasins[11] ! » Ce sont, du moins, les paroles citées par le procureur de la République dans son rapport de 1943. À cet égard, il est assez étonnant qu'Elisabeth Ricol, qui est un défenseur convaincu des idéaux communistes et qui agit – dans le cadre de cette manifestation – sur ordre de la direction du PCF, se réfère aux Américains. Peut-être veut-elle éviter que la foule n'assimile immédiatement cette manifestation à une opération instrumentalisée par les communistes. Il est également possible que ces paroles lui aient été prêtées par des témoins ou par la police. Dans ses mémoires, Elisabeth Ricol affirme avoir appelé à l'assaut du magasin en invoquant la lutte contre les « boches », puis avoir terminé par ces mots : « Vive la Résistance, vive la France[12] ». Aujourd'hui, il est impossible de certifier quelles paroles ont véritablement été prononcées. Mais il est certain que c'est Elisabeth Ricol qui, de par son comportement, a attiré l'attention de la foule et l'a incitée à se précipiter dans le magasin. Elisabeth Ricol était accompagnée de trois autres organisatrices chargées de distribuer des tracts à la foule.

C'est alors qu'interviennent deux gardiens de la paix qui patrouillaient dans les parages ; l'un des deux tente d'arrêter Elisabeth Ricol. Henri Pol-Tanguy ayant assuré la couverture de la manifestation par un groupe franc, il n'y parvient pas. Elisabeth Ricol réussit à s'enfuir par l'avenue d'Orléans pendant que les membres du groupe franc ouvrent le feu sur les deux agents. S'ensuit un échange de coups de feu au cours duquel un sous-officier allemand qui se trouvait là par hasard, avait une arme de service et voulait prêter main-forte à la police française est blessé. Vers 17 heures, c'est-à-dire à une heure où les rues sont encore très animées, un gardien de la paix, un sous-officier allemand et sept passants étrangers aux événements seront blessés sur l'avenue d'Orléans. L'un d'entre eux, Monsieur D., succombera à ses blessures [13]. Le bilan s'établit à quatre morts et dix blessés.

Pour semer la police, Elisabeth Ricol se rend directement de la rue Daguerre au n° 16 de la rue d'Odessa, dans le XIVe arrondissement, et y trouve la concierge, Mme Meurice, qu'elle connaît bien depuis 1936. Grâce aux liens d'amitié qu'entretiennent depuis plusieurs années Mme Meurice et Joséphine Nicot, une femme qui habite dans le même bâtiment, Elisabeth Ricol se voit remettre de nouveaux vêtements qui vont lui permettre de passer à travers les mailles du filet policier. Mais en dépit de toutes les précautions prises, dont un changement de cachette, Elisabeth Ricol n'échappera pas à son arrestation. Le 12 août, elle sera arrêtée dans la rue Copernic avec son futur mari, Artur London, qui deviendra ministre des Affaires étrangères de Tchécoslovaquie et sera l'auteur du célèbre ouvrage *L'Aveu*.

Après de premières dénégations, Elisabeth Ricol finira par avouer sans réserve qu'elle a activement participé à la manifestation de la rue Daguerre et qu'elle a harangué la foule : « Interrogée à notre service [brigades spéciales], Mme Ricol, après avoir tout d'abord nié sa participation à l'émeute de la rue Daguerre, a reconnu ensuite qu'elle avait effectivement pris une part active à cette manifestation, qu'elle avait même harangué la foule, et qu'elle s'était enfuie dès que les premiers coups de feu furent tirés [14]. »

Face à la police, toutefois, elle contestera résolument avoir eu connaissance de la présence d'un groupe franc – une allégation sans doute destinée à se protéger car il est peu probable qu'Elisabeth Ricol, qui est non seulement en contact avec les hauts dirigeants du PCF, mais a aussi activement participé à la préparation de la manifestation, n'ait pas été au courant de l'intervention d'un groupe armé.

La manifestation de la rue Daguerre s'étant elle aussi terminée par des échanges de coups de feu en pleine rue avec mort d'homme et plusieurs blessés, la procédure sera déférée sur ordre du ministre français de la Justice Joseph Barthélemy au tribunal d'État de Paris. Les accusés seront inculpés d'association de malfaiteurs, de recel de malfaiteurs, d'assassinat, de tentative d'assassinat et complicité, d'activité communiste et d'usage de fausse carte d'identité. Dans un paragraphe à part de l'acte d'accusation, les faits reprochés à Elisabeth Ricol et Simone Mage sont précisés de la manière suivante : « Et attendu qu'il résulte de l'information [des] charges suffisantes [...] au regard des inculpés [...] pour avoir : Le 1er août 1942 et antérieurement à Paris [...] fait partie d'une association formée dans le but de commettre et de provoquer des crimes contre les personnes et les propriétés en l'espèce, incitation à la révolte, au pillage et au trouble de l'ordre public, attentats à la vie d'agents de l'autorité ou de toutes tierces personnes s'interposant, faits constituant un crime contre la paix publique [15]. »

À l'exception du grief relatif à l'activité communiste, l'accusation ne repose pas – tout comme dans le cas de Madeleine Marzin – sur la législation politico-idéologique de la fin de la IIIe République ou du gouvernement de Vichy, mais sur divers articles du Code pénal de 1810. Vingt personnes, dont cinq femmes, seront inculpées dans le cadre de cette affaire. Comme dans le cas de la manifestation de la rue de Buci, les organisatrices déportées à Ravensbrück paieront très cher leur engagement. Le sort de Marie Meurice, qui ne survivra pas à sa déportation, est particulièrement tragique. Cette femme n'a pas directement participé à la manifestation de la rue Daguerre, mais a « seulement » caché Elisabeth Ricol, une heure durant, dans sa loge de concierge et lui a fourni une nouvelle robe [16]. Cette femme aura donc payé de sa vie cet acte apparemment insignifiant. Et cela, en dépit des peines de prison relativement clémentes du tribunal d'État de Paris pour les autres inculpés.

Alors que les jugements d'Odette Reglait, Marie Meurice et Joséphine Nicot seront rendus dès le 17 mai 1943, les condamnations d'Elisabeth Ricol et de Simone Mage ne suivront que le 16 juillet suivant en raison d'un cas de typhus dans la prison de Fresnes. Autant que les archives auxquelles nous avons eu accès permettent d'en juger, il n'y a aucune raison de douter de cette explication officielle. S'il s'était agi d'un faux prétexte soit pour tenir secrètement les accusées à la disposition de la Sipo/SD ou de l'Abwehr, soit pour les interner sans procédure, les dossiers auraient comporté des mentions spéciales.

Les deux manifestations de la rue de Buci et de la rue Daguerre ayant été soigneusement préparées par la direction du PCF, il est clair que le Parti avait pleinement conscience des risques encourus par les meneuses dans le cadre de telles opérations. Mais à la lumière des dossiers dont nous disposons aujourd'hui, la protection que les groupes francs auraient dû apporter à ces deux manifestations doit être remise en question. Si ces groupes ont réussi à empêcher toute arrestation au moment même des événements, le prix de leur action a été très élevé : quatre personnes ont été abattues et dix autres, dont des passants complètement étrangers à ces manifestations, ont été blessées par balle. Pour le PCF, les conséquences ont également été lourdes du fait de la vague d'arrestations et de condamnations à mort qui a suivi – condamnations mises à exécution quand les accusés étaient de sexe masculin. Pour la plupart des femmes, les condamnations se sont soldées par une déportation à Ravensbrück.

Ces manifestations ayant suscité de nombreux remous en raison de leur déroulement violent, il n'en sera pas seulement fait état, conformément à l'habitude, dans des journaux ou tracts clandestins spécifiquement adressés aux femmes : *L'Humanité*, qui paraît clandestinement à l'échelle nationale, et les quotidiens parisiens officiels tels que *Le Figaro* ou *Paris-Soir* en parleront également. Aujourd'hui encore, l'image de la résistance des femmes communistes de France est marquée par ces deux manifestations ; mais il faut savoir que les moyens d'action employés et, plus encore, leurs retombées, ont fait de ces deux manifestations une exception et qu'elles ne sont nullement représentatives des manifestations féminines qui se déroulent alors dans toute la France – sans incident notable dans la majorité des cas – pour protester contre la situation de l'approvisionnement.

Le pourcentage d'organisatrices de manifestations féminines qui n'ont pas survécu à leur engagement s'élève à 12,5 % – et dépasse le pourcentage de décès parmi les femmes engagées dans le domaine de la presse clandestine. Le tribut que doivent payer les femmes envoyées dans de telles manifestations étant très élevé, surtout lorsque des appels au pillage sont lancés, ce type d'intervention féminine sera abandonné.

En revanche, le Parti communiste maintiendra les distributions de tracts introduites à la fin de l'année 1940 afin d'appeler les femmes à manifester contre la situation de l'approvisionnement et contre la hausse des prix des denrées alimentaires – une stratégie dont la mise en œuvre incombe, dans toute la France, aux comités féminins.

12. Celles qui cachent et font passer la frontière

Dans la mise en place d'une structure d'aide à l'évasion hors de France, deux domaines d'action que ni la recherche ni la mémoire collective n'ont encore jamais évalués à leur juste valeur jouent un rôle primordial : l'hébergement et l'approvisionnement. Jusqu'à aujourd'hui, et bien souvent de l'opinion même des femmes concernées, il est d'usage de penser que ces activités allaient de soi et qu'elles ne méritent pas de faire l'objet de discussions. Pourtant, si méconnu qu'il soit, l'hébergement dans les dispositifs d'évasion compte, tout comme l'accompagnement des personnes à évacuer, parmi les missions féminines les plus risquées de la Résistance. Même si les femmes étaient *a priori* moins susceptibles d'être découvertes, comme en témoignent unanimement les interviews de témoins et les consignes des services secrets britanniques expliquant aux agents avant leur départ en mission : « Best cover is a woman. » (Il n'est de meilleure couverture qu'une femme [1].)

Le cercle des candidats à l'évasion est alors on ne peut plus hétéroclite : les personnes qu'il s'agit d'aider à fuir la France sont tout aussi bien des prisonniers de guerre français en cavale que des membres des armées alliées ou des personnes persécutées. Cependant, par-delà l'hétérogénéité des individus concernés, les piliers logistiques des réseaux d'évasion sont partout les mêmes. Qu'il s'agisse d'initiatives privées, de réseaux d'évasion des services secrets ou d'organisations caritatives soucieuses de sauver des personnes persécutées, chaque structure doit pouvoir répondre aux exigences suivantes : cacher ses protégés dans des endroits sûrs tout le long de l'itinéraire d'évasion, assurer un approvisionnement fiable en denrées alimentaires, et en vêtements civils pour les soldats, fournir des faux papiers et être en contact avec des passeurs connaissant parfaitement les lieux – surtout lorsqu'il s'agit de franchir la ligne de démarcation, d'autres lignes d'interdiction ou des frontières.

À cet endroit se pose également la question de la prise en charge des déserteurs de la Wehrmacht et d'autres troupes allemandes : la Résistance disposait-elle de réseaux d'évasion spécialement destinés à ces personnes ? Les recherches entreprises dans le cadre du présent travail ne permettent pas de répondre à cette question. Les ouvrages de référence en la matière[2], dans lesquels nous trouvons quelques études de cas consacrées aux déserteurs allemands en France, ne nous permettent pas non plus de conclure à une aide ciblée de la part de la Résistance – même s'il est certain que les déserteurs pouvaient *a priori* compter sur l'aide de la population française, et féminine plus particulièrement. D'une manière générale, tant les itinéraires d'évasion et les stratégies de survie des objecteurs de conscience que le nombre de transfuges passés dans le camp des Alliés occidentaux, et par là même dans le camp de la Résistance française, restent un domaine à explorer. L'historiographie n'ayant jusqu'à ce jour guère accordé d'attention à ce complexe thématique, il serait intéressant que la recherche se penche sur l'attitude de la Résistance (et plus particulièrement de la résistance gaulliste) face à ce groupe de personnes. Ces transfuges étaient-ils les bienvenus, considérait-on que ce qu'ils savaient pourrait être utile à la Résistance ? Renforcèrent-ils sensiblement les rangs des maquis armés ? Ou bien ces déserteurs étaient-ils plutôt ressentis comme un poids, voire comme des agents allemands dont il s'agissait, dans le doute, de se débarrasser ? Dans les faits, les transfuges allemands récupérés par la Résistance pouvaient en effet attirer de sérieuses représailles de la part des Allemands désireux, dans de tels cas, d'éliminer non seulement l'ennemi, mais également les « traîtres » présumés ou avérés de leur propre pays.

Pour soustraire des personnes en danger aux autorités allemandes d'occupation ou au gouvernement de Vichy, il existe *a priori* deux possibilités. La première est offerte par la zone sud : jusqu'à son occupation en novembre 1942, cette zone garantit une relative sécurité aux personnes persécutées par les autorités allemandes pour des raisons politiques, raciales ou, dans certains cas isolés, militaro-juridiques. La pression du gouvernement de Vichy y est bien moins prononcée, en matière de persécutions, qu'elle ne l'est en zone occupée ; de plus, les autorités de police et de justice françaises y conservent généralement leurs compétences, même en cas d'arrestation. Dans ce contexte, les services secrets britanniques ne manqueront évidemment pas de profiter de la plus grande marge de manœuvre qu'offre la zone non occupée : non seulement ils y établiront des structures supplémentaires d'aide à l'évasion, mais ils chercheront également à y étendre leurs activités en installant une base d'opérations à Lyon. Face à cette situation et au soutien que les services secrets britanniques apportent à la Résistance, les autorités du régime de Vichy ne resteront pas passives. Quant à l'Abwehr, il ne lui échappera pas que lesdits services secrets disposent de « bonnes conditions pour étendre leur réseau d'agents » en zone non occupée, comme cela ressort du compte rendu en date de décembre 1942 d'un officier de l'Abwehr du 86e corps d'armée[3].

La seconde possibilité, bien plus difficile et plus dangereuse, est d'aider les personnes en danger à fuir vers l'Espagne ou la Suisse. L'itinéraire à travers les Pyrénées est le plus emprunté – ce que les autorités allemandes ne sont pas sans ignorer : en effet, l'Abwehr et la Sipo/SD sont armées de cartes et de descriptions des différentes voies d'évasion traversant les Pyrénées, ainsi que de listes des personnes impliquées dans l'aide à l'évasion. À la lumière d'un télex que Theodor Eicke adresse à Heinrich Himmler le 1er décembre 1942, nous pouvons nous faire une idée de l'envergure que prend, aux yeux des Allemands, le « trafic de personnes » à la frontière franco-espagnole. Dans ce télex, Theodor Eicke, alors commandant de la division d'infanterie blindée de la SS portant le nom de « Totenkopf » (tête de mort), exige la suppression de la ligne de démarcation au profit d'un « bouclage de la frontière pyrénéenne ». Peu de temps après, le 15 mars 1943, les autorités allemandes réagiront au nombre croissant de fugitifs et à l'amélioration des structures d'aide à l'évasion en créant la « zone interdite des Pyrénées [4] ». Pour la Résistance, ce renforcement des contrôles est un coup dur : dès lors, il faudra soit les contourner, soit les déjouer à l'aide de faux papiers (par exemple en se munissant de fausses autorisations d'entrée dans cette zone). Officiellement, ce type d'autorisation devait être demandé après du maire de la commune où l'on souhaitait se rendre. Par de nouvelles dispositions, les autorités allemandes stipuleront que toute personne passant une nuit dans une auberge, une chambre meublée ou un hôtel de la zone en question devra remettre ses papiers d'identité au propriétaire ou au tenancier – lequel devra les présenter aux « organes de contrôle ». Ainsi, à chaque contrôle, les autorités auront la possibilité d'examiner soigneusement les papiers déposés, sans que la personne concernée le sache ni soupçonne le danger d'une arrestation éventuelle ou d'une filature. Avec l'introduction de la zone interdite des Pyrénées, la France voit apparaître une nouvelle frontière : à partir de ce moment, seules les personnes y résidant depuis au moins le 1er novembre 1942 ont l'autorisation d'y séjourner, d'y entrer ou d'en sortir sans autorisation spéciale. Toute autre personne a besoin d'un laissez-passer – à l'exception des étrangers auxquels l'entrée et le séjour sont interdits, ce qui affecte spécialement la clientèle des réseaux d'évasion.

Les réseaux d'évasion sont également fragilisés par les infiltrations, auxquelles ils sont particulièrement sujets : leur activité voulant qu'ils soient en contact permanent avec des personnes inconnues, et non pas uniquement avec des membres de groupes résistants, ils risquent inéluctablement d'être trompés par des indicateurs. Dans la région Nord-Pas-de-Calais, par exemple, l'Abwehr dispose d'un informateur du nom de Topt. Cet indicateur réussira à infiltrer deux réseaux d'évasion clés du nord de la France : le réseau Comète et le réseau Shelburn. Seul le réseau Comète parviendra à se reconstituer. Autre indicateur précieux que l'Abwehr a réussi à retourner du côté allemand, l'ancien agent britannique Harold Cole infiltrera le réseau d'évasion Pat O'Leary, qui devra alors cesser son activité[5].

Dès la fin des combats en 1940, des initiatives spontanées voient le jour au sein de la population :

vêtements civils, logements et denrées alimentaires sont procurés aux soldats français ou aux membres du corps expéditionnaire britannique afin de leur éviter d'être faits prisonniers de guerre par les Allemands. Ces activités ont été particulièrement encouragées par la signature de l'armistice du 22 juin 1940, qui réduit à néant l'espoir de voir les prisonniers de guerre français libérés. Pourtant, avant la signature de l'armistice, le général Blaskowitz (alors commandant militaire en France) avait pris le soin de faire annoncer dans un avis à la population que toute forme de soutien à des militaires étrangers, tout contact avec des prisonniers de guerre et toute aide à l'évasion de civils vers la zone non occupée seraient jugés en cour martiale allemande. Dans ce contexte, le principal souci des Allemands est de retrouver des membres dispersés du corps expéditionnaire britannique – ce pour quoi l'administration militaire allemande mène des enquêtes ciblées auprès des préfectures. Cependant, en dépit de ces interdictions et des recherches systématiques des Allemands, la volonté d'aider sera particulièrement forte au sein de la population de la région Nord-Pas-de-Calais et le restera jusqu'à la Libération.

D'abord spontanées et isolées, les premières initiatives destinées à aider les prisonniers de guerre français donneront jour à divers réseaux d'évasion portés par des femmes, dont l'un des plus opérationnels sera le réseau Comète fondé par Andrée de Jongh. C'est dans ce domaine que les femmes seront le plus souvent les instigatrices de groupes de résistants.

L'initiative de Johanna Wira et de Simone Junod nous fournit un premier exemple d'une telle entreprise féminine. Originaires de Mulhouse, en Alsace, les deux femmes commencent par aider un prisonnier de guerre français à s'enfuir en septembre 1940, en lui procurant des vêtements civils et de faux laissez-passer. Avec l'aide du tenancier du café mulhousien *Zur Börse*, toutes deux mettent en place un lieu de rendez-vous pour les prisonniers de guerre français et les Alsaciens voulant se réfugier en France. Dans certains cas, il arrivera que Simone Junod accompagne personnellement ses protégés de Mulhouse à Belfort, en passant par le poste de contrôle frontalier d'Altmünsterol, actuel Montreux-Vieux. Au retour, elle introduira clandestinement en Alsace des tracts portant le titre « Ici l'Alsace 1941 ». Le tribunal du Peuple les condamnera toutes deux pour haute trahison. La peine s'élèvera à sept années de détention en maison de redressement pour Simone Junod et à quatre années de réclusion pour Johanna Wira[6].

Simone Junod et Johanna Wira apparaissent dans les rapports d'activité du directeur principal de la Feldpolizei de Dijon, qui est aussi responsable des contrôles de la ligne de démarcation entre Moulins et la frontière suisse. Elles y sont repérées comme les maillons d'une structure d'aide à l'évasion opérationnelle permettant de passer de l'Alsace, annexée par les Allemands, en Suisse et en zone non occupée. Ces rapports indiquent également que les contrôles allemands sont dépassés par le développement des filières d'évasion à la frontière franco-helvético-alsacienne, et que de nombreux passeurs trop bien informés parviennent à échapper aux arrestations. Ces observations sont corroborées par certaines consignes des services secrets du gouvernement de Vichy, qui se sert manifestement de la Suisse comme pays de transit pour les prisonniers de guerre français évadés. Confronté à la création imminente de postes d'observation non officiels par le Corps allemand de protection des frontières douanières, le 2e bureau de la 14e division militaire propose, dans un courrier de mai 1941, de prendre contact avec les autorités suisses « pour que ces évadés soient dirigés sur des postes non occupés par des allemands [*sic*] »[7]. À l'évidence, les autorités françaises partent du principe que la mise en place de commandos douaniers allemands menace la tolérance de la Suisse face à l'évasion de Français en provenance d'Allemagne ou d'Alsace. À cette époque, le poste de frontière principal de ce « transit » est Mollesulaz, situé à seulement quelques kilomètres à l'est de Genève[8].

Le réseau d'évasion Marie-Claire est fondé par Mary Lindell, une Anglaise qui a travaillé, durant la Première Guerre mondiale, comme infirmière pour la Croix-Rouge dans divers hôpitaux de campagne français et qui a notamment été récompensée par la croix de guerre pour son engagement auprès des blessés en 1917. À la fin de la guerre, elle épouse le comte de Milleville. La famille vit avec ses trois enfants à Paris et participe intensément à la vie sociale de l'entre-deux-guerres. Lorsqu'en juin 1940, les blessés doivent être évacués de Paris en raison de l'avancée rapide des troupes allemandes vers la capitale, Mary Lindell reprend son traval auprès du service de santé de l'armée française. En tant que conductrice d'ambulance, elle participe à l'évacuation et assiste à la débâcle militaire de la France en Bretagne[9].

Début juillet, elle retourne dans son appartement parisien d'Auteuil et s'attelle immédiatement à la mise en place d'une structure d'aide à l'évasion destinée aux « patriotes » c'est-à-dire, en l'occurrence, aux volontaires souhaitant se rallier au général de Gaulle à Londres. Elle est soutenue dans cette entreprise par Michèle, une lycéenne parisienne restée seule dans la capitale à la suite de la capitulation de la France et qui loge chez Mary Lindell et sa famille. Le hasard veut que Michèle ait une ancienne gouvernante résidant dans une ferme située directement sur la ligne de démarcation à Sauveterre-de-Béarn, dans le département des Pyrénées-Atlantiques. C'est ainsi qu'un premier relais permettant de franchir clandestinement la ligne de démarcation verra le jour. À cet égard, il est intéressant de noter qu'en optant pour cet itinéraire d'évasion vers la zone non occupée, Mary Lindell choisit une route bien plus longue que celle de Paris à Lyon *via* la Bourgogne. Les raisons en sont simples : non seulement les contacts personnels de Mary Lindell semblent y offrir une plus grande sécurité, mais les contrôles y sont également moins fréquents qu'entre Paris et Lyon.

Très introduite dans la société parisienne en sa qualité de comtesse de Milleville, Mary Lindell se fait remettre par l'ambassade américaine de Paris les fonds nécessaires aux voyages en train vers la zone non occupée. Aidée de son fils Oky et de Michèle qui servent d'accompagnateurs, elle réussit à procéder aux premières évacuations de Français voulant fuir la zone occupée en juillet 1940. Oky et Michèle effectuent en moyenne trois voyages par semaine – une fréquence élevée qui témoigne d'un haut degré d'organisation.

Ces débuts sont rapidement suivis de missions d'évasion plus risquées, comme le rapatriement d'un certain nombre de soldats britanniques dispersés à la suite de l'évacuation du corps expéditionnaire britannique hors de France. En tant que membre actif de la Croix-Rouge française, Mary Lindell dispose d'un véhicule, ce qui amène une de ses connaissances également membre de l'organisation, Mademoiselle Pau, à lui demander de faire passer clandestinement deux officiers anglais en zone non occupée. La couverture prévue pour la fuite de ces deux officiers anglais est le regroupement familial officiellement opéré par la Croix-Rouge française entre la zone occupée et la zone non occupée. Ce regroupement concerne les enfants restés à Paris ou dans le Nord de la France et dont les parents ne peuvent plus rejoindre la zone occupée en vertu des dispositions de l'armistice. Faisant à nouveau jouer ses relations avec le Tout-Paris, Mary Lindell réussit à présenter sa requête de regroupement familial de la part de la Croix-Rouge française lors d'une brève entrevue avec Otto von Stülpnagel, commandant militaire allemand en France. Il soutient son projet, et l'adresse au capitaine von Bismarck pour obtenir les papiers nécessaires[10]. (D'après les annuaires conservés du commandant militaire en France, il n'existe aucune personne répondant au nom de von Bismarck pour la période concernée. Il s'agit vraisemblablement du capitaine von Blankart qui est officier d'ordonnance auprès de von Stülpnagel depuis l'automne 1940.) Outre les papiers destinés aux enfants, Mary Lindell obtiendra l'autorisation d'emmener un autre accompagnateur et un mécanicien – les deux officiers britanniques à évacuer. L'assurance d'une dame du monde doublée de sa qualité d'infirmière de la Croix-Rouge hautement décorée lors de la Première Guerre mondiale, ainsi que sa connaissance des usages, furent la clé de ce succès.

Une fois tous les papiers nécessaires réunis, les vrais comme les faux, la ligne de démarcation peut être aisément franchie à Champagne-Mouton. Le voyage se poursuit par Confolens et Châteauroux jusqu'après Limoges. De là, l'officier britannique prendra un train direct pour Marseille. Cette première mission d'évasion réussie sous couvert d'action humanitaire sera le début d'une série. Dans certains cas, l'appartement parisien de Mary Lindell, à Auteuil, servira à loger des soldats britanniques – ce qui constituera alors un grand risque pour la famille. Cependant la couverture du regroupement familial de la Croix-Rouge soutenu par l'état-major du commandant militaire en France tient encore, et les papiers nécessaires continuent à être délivrés.

Mais le nombre d'officiers britanniques à évacuer du nord de la France augmentant rapidement, un unique relais près de la ligne de démarcation ne suffit plus. Et Mary Lindell ne pouvant faire passer légalement la ligne de démarcation qu'à un ou deux officiers à la fois en plus des enfants, elle développe un autre itinéraire d'évasion *via* Sauveterre-de-Béarn. Elle organise un nouveau point de passage à Ruffec. Dans cette même ville, l'hôtel de France deviendra le quartier général de Mary Lindell ; il le sera encore quand elle prendra la direction du réseau d'évasion Marie-Claire, lui-même placé sous la responsabilité des services secrets britanniques. Germaine et Roger Rouillon, les hôteliers, sont initiés à ces activités [11]. Dans ce contexte, il faut savoir que le silence des hôteliers est d'or – comme en témoigne le journal clandestin *Bir Hakeim* trouvé dans les fonds d'archives du commandant militaire allemand en France, et dont la liste noire nomme explicitement la tenancière d'un hôtel lyonnais comme source de dénonciation des partisans du général de Gaulle aux Allemands.

Toutefois, en dépit de la protection qu'offre la Croix-Rouge française, les Allemands n'ignorent pas la fonction réelle du regroupement familial. Début janvier 1941, Mary Lindell est arrêtée et, à la fin du mois, condamnée à neuf mois de prison par un tribunal militaire allemand, probablement le tribunal du commandant du « Gross-Paris ». (Dans *No Drums*, Barry Wynne prétend que Mary Lindell a été arrêtée par la « police d'État » mais sans préciser ni la juridiction concernée, ni le motif du jugement. Vraisemblablement, Mary Lindell a été arrêtée par l'Abwehr et par la police secrète militaire (Geheime Feldpolizei) alors placée sous les ordres de l'Abwehr car en janvier 1941, le SD ne dispose que d'un modeste bureau à Paris et n'est équipé d'aucun appareil pour les enquêtes et les recherches de personnes.) Après avoir purgé sa peine de prison à Fresnes, au sud de Paris, Mary Lindell sera relâchée le 3 novembre 1941. Désormais grillée, il ne lui reste plus qu'à fuir les menaces qui pèsent sur elle, et s'enfuit avec l'aide de son propre réseau d'évasion par Ruffec vers la zone non occupée, puis *via* Port-Bou vers l'Espagne, et enfin, de là, vers la Grande-Bretagne [12].

Cette fuite ne constitue toutefois que le prélude à la constitution d'un nouveau réseau d'évasion, qui débutera son action en France sous le nom de Marie-Claire en octobre 1942. Cette fois, il ne s'agira plus d'une initiative privée, mais bien d'une structure professionnelle sous la tutelle des services secrets britanniques qui formeront Mary Lindell à la fonction d'agente. Au cours des préparatifs de cette nouvelle mission, Mary Lindell est en profond désaccord avec le responsable des services secrets britanniques au sujet de l'opérateur radio Tom Groome qui doit être envoyé en France avec elle, et qui sera affecté au réseau d'évasion de Pat O'Leary. Considérant Groome inapte aux activités clandestines en raison de son caractère, elle refuse de travailler avec lui, de sorte que le réseau ne dispose d'aucune liaison radio avec Londres. Afin d'établir les échanges d'informations les plus pressants avec les services secrets britanniques et de s'approvisionner en argent liquide, il faudra recourir à un membre du consulat américain à Lyon et à l'ambassade britannique en Suisse, ce qui signifie des charges et des risques supplémentaires pour Mary Lindell [13].

Tout comme Denise Bloch ou Virginia Hall, Mary Lindell court un très grand risque avec cette deuxième mission, car elle est connue des autorités allemandes depuis sa condamnation en janvier 1941. C'est pourquoi cette mission lui est confiée sous la nouvelle identité de comtesse de Moncy par les services secrets britanniques – subterfuge auquel elle n'aurait pu recourir lors de sa mission à Paris, étant donné la notoriété dont elle y jouissait ; d'autant que sa véritable identité lui avait permis d'accéder à un certain nombre de cercles diplomatiques et de services haut placés de l'administration militaire allemande.

Sa mission en tant qu'agente du MI9 en France commence le 21 octobre 1942. Comme elle n'a pas de formation de parachutiste, elle est déposée dans la zone non occupée par un petit monomoteur, un Lysander, près d'Ussel en Corrèze. De là, elle se rend à Ruffec, en Charente, où elle a recours aux structures encore en place de son premier réseau d'évasion. Son fils Maurice en est un pilier essentiel : il vit à Lyon où siège la deuxième centrale du réseau (la première centrale étant le quartier général de Ruffec). Dans une liste intitulée « Lignes frontalières identifiées comme hostiles », liste que l'Abwehr date du mois de mai

1944, Ruffec est mentionné comme relais destiné au passage de la ligne de démarcation[14]. De là, Mary Lindell entreprend ses trajets vers la Suisse pour maintenir le contact avec les services secrets britanniques. Le consulat américain ayant dû fermer après l'occupation de la partie sud de la France par les Allemands en novembre 1942, seule l'ambassade britannique à Berne offre la possibilité de garder le contact avec les services secrets britanniques. En tant qu'agente de liaison, Mary Lindell doit cependant parcourir ce chemin avec ses propres moyens et traverser la frontière franco-suisse clandestinement, aidée par des passeurs. Ceci ne constitue toutefois pas la partie la plus risquée de sa mission.

À plusieurs reprises, Mary Lindell se chargera elle-même d'accompagner des soldats alliés à évacuer – activité hautement risquée, notamment pour la responsable et fondatrice d'un réseau d'évasion. C'est ce type de mission qui finit par lui être fatal : le 25 novembre 1943, elle est arrêtée à la gare de Pau. Cette arrestation a lieu sous son nom d'emprunt de comtesse de Moncy, nom sous lequel elle signe les dossiers de l'Abwehr. Elle sera tour à tour emprisonnée et interrogée à Biarritz, à Paris (au quartier général de la Sipo/SD) puis, à partir de mi-janvier 1944, à

Dijon, où d'autres agentes des services secrets britanniques sont également détenues. Mary Lindell ayant fait une tentative de fuite lors de son transfert de Biarritz à Paris, tentative qui lui vaudra une blessure par balle, elle endurera des conditions de détention très rudes à Dijon. À l'instar de l'opératrice radio Noor Inayat Khan, qui a également tenté de s'enfuir, Mary Lindell aura les pieds et les mains ligotés et sera détenue en isolement cellulaire. Avec d'autres agentes britanniques se trouvant encore aux mains des Allemands à l'été 1944, Mary Lindell sera déportée à Ravensbrück où elle arrivera le 25 août 1944 avec Suzanne Mertzizen-Boite et Pierrette Louin, deux opératrices radio des services secrets de la France libre. Contrairement aux deux opératrices radio françaises qui seront assassinées le 18 janvier 1945 à Ravensbrück, Mary Lindell survivra et reviendra en France en avril 1945[15].

13. De la « ligne Dédée » au réseau Comète

Le réseau d'évasion Comète présente deux particularités : premièrement, il a été créé par une femme et deuxièmement, il a toujours réussi à se reconstituer en dépit de tous les revers – ce qui lui a permis de poursuivre son action jusqu'à la Libération. Fondatrice du réseau, Andrée de Jongh en restera la force d'impulsion jusqu'à son arrestation en janvier 1943. À ses côtés, une autre femme occupe une position clé : Elvire de Greef, qui est le contact principal assurant le relais et la coordination pour la traversée clandestine de la frontière franco-espagnole. Originaire de Belgique, la famille de Greef a fui en 1940 à Anglet (près de Bayonne) dans le sud-ouest de la France, devant l'avancée des troupes allemandes. Fernand de Greef, qui est l'époux d'Elvire de Greef, travaille comme interprète à la Kreiskommandantur de Saint-Jean-de-Luz. Il profite de cette activité non seulement pour obtenir des informations utiles à la Résistance, mais également pour se procurer des formulaires vierges des autorités allemandes[1]. Avec la création de la zone interdite des Pyrénées en mars 1943, le poste de Fernand de Greef prend une importance stratégique toute particulière dans la mesure où c'est alors à la Kreiskommandantur de Saint-Jean-de-Luz qu'il revient, en sa qualité de poste central, de délivrer les autorisations nécessaires à l'entrée dans cette zone. Aujourd'hui, il semble relativement probable que Fernand de Greef s'y soit procuré des formulaires vierges de laissez-passer, formulaires qui auraient par la suite servi à fabriquer les faux papiers dont la Résistance avait besoin. Grâce à ses contacts quotidiens avec l'administration et les soldats allemands, il a par ailleurs vraisemblablement été informé à plusieurs reprises de rafles ou de contrôles ciblés, lui permettant de prévenir le réseau d'évasion. Les enfants du couple de Greef, Janine et Fred, sont aussi au service de la Résistance en tant qu'agents de liaison et guides connaissant parfaitement les environs.

Le réseau d'évasion Comète qu'Andrée de Jongh avait créé en 1940 est l'un des premiers à adopter une forme structurée dès le mois d'août 1941. Avec ses itinéraires d'évasion allant de Bruxelles à Bilbao,

Comète couvre l'une des plus grandes étendues géographiques de tous les réseaux de la Résistance. La force de Comète résidera dans sa capacité à rétablir des liaisons et à colmater les brèches engendrées par les innombrables arrestations et ce, alors que les Allemands sèmeront dans les rangs mêmes du réseau des indicateurs qu'il ne sera pas possible de démasquer, à savoir Jacques Desourbie et Jean Masson[2]. Cette capacité à se régénérer continuellement, même à l'issue des grandes vagues d'arrestations dont les chefs eux-mêmes seront victimes, fait naître le soupçon au sein des services secrets britanniques que les Allemands ont réussi à faire basculer Comète dans leur camp[3].

Afin d'éviter aux soldats de l'armée belge vaincue d'être faits prisonniers de guerre par les Allemands, Andrée de Jongh organise en coopération avec Arnold Deppé leur évasion par la frontière française dès l'été 1940. Dans ce contexte, il s'agit non seulement de déjouer les contrôles à la frontière franco-belge, mais aussi de venir à bout de l'obstacle topographique que représente la Somme. Après des débuts couronnés de succès s'ensuivra jusqu'en août 1941 la mise en place progressive et méthodique d'un réseau d'évasion qui partira de Bruxelles et traversera la France pour rejoindre Bilbao et Madrid. Après avoir accompagné pour la première fois trois hommes dont deux officiers belges jusqu'à Bilbao, en août 1941, Andrée de Jongh se présentera devant le vice-consul britannique local, Arthur Dean. Au terme de longues hésitations, les services secrets britanniques donneront leur accord pour engager une femme comme passeur. Dès lors, le réseau Comète recevra une somme forfaitaire pour chaque militaire allié ayant passé la frontière espagnole[4]. Toutefois, en dépit de ce soutien financier apporté par le MI9 (Military Intelligence, département numéro 9), Andrée de Jongh conservera la direction du réseau et n'opérera pas sur les ordres des services secrets britanniques. Dans ce contexte, il est intéressant de noter que les montants reçus ne couvrent pas toutes les dépenses et que de nombreux membres paieront de leur poche, pensant se faire rembourser leurs frais ultérieurement par le gouvernement anglais.

Connu dans un premier temps sous le nom de « ligne Dédée », diminutif d'Andrée de Jongh, le réseau reçoit le nom de Comète lorsqu'il met en place des structures méthodiquement organisées et commence à collaborer avec le MI9 qui le désigne, au début, sous le nom de Postman. Tout le long de son existence, ce réseau sera spécialisé dans l'évacuation de membres des forces alliées et cela, exclusivement vers l'Espagne *via* les Pyrénées. Pour des raisons de sécurité, il a été décidé de renoncer à l'évacuation à travers la zone sud – le réseau Comète jugeant beaucoup trop épineux de se procurer les faux papiers nécessaires au franchissement de la ligne de démarcation. Même en zone occupée, pour aller de la région Nord-Pas-de-Calais (placée sous contrôle administratif du commandant militaire en Belgique et dans le nord de la France) à Bordeaux en passant par Paris, il faut deux jeux de faux papiers par personne pour pouvoir circuler sans éveiller de soupçons : d'une part, l'attestation d'une résidence dans le Nord pour réussir à passer la ligne du nord-est et d'autre part celle d'un logement dans la région Aquitaine pour pouvoir passer dans la zone côtière interdite à proximité de Bordeaux ou dans la zone interdite des Pyrénées à proximité de Saint-Jean-de-Luz. Les papiers nécessaires proviennent essentiellement de l'atelier d'un faussaire de Bruxelles, René Pirat, qui échappera à toutes les vagues d'arrestations[5].

En août 1941, l'arrestation d'Arnold Deppé à Lille, qui sera suivie de nombreuses autres à Bruxelles à la fin de l'automne, constitue un premier coup dur pour le réseau Comète. Afin d'empêcher Andrée de Jongh – alors ignorante des événements – de retourner à Bruxelles et de tomber directement entre les mains des Allemands, l'agent de liaison Charles Morelle l'informe de la situation à Anglet, où elle a fait étape chez Elvire de Greef. C'est grâce à la rapidité de la transmission de l'information et à l'intervention personnelle de Charles Morelle que dans un premier temps, Andrée de Jongh n'est pas inquiétée. Pour des raisons de sécurité, elle entre dans la clandestinité totale à partir d'août 1941 et se fait dès lors appeler Andrée Dumon. Elle transfère également la centrale du réseau de Bruxelles à Valenciennes, dans le nord de la France. Sur place, ses deux collaborateurs principaux sont Charles Morelle et sa sœur, Elvire Morelle : tous deux se partagent les tâches d'agent de liaison et de guide, et hébergent également des personnes à leur domicile[6]. Bien que le réseau Comète ait été repéré par l'appareil de répression allemand et qu'Andrée de Jongh soit recherchée en Belgique et en France au plus tard à partir de mai 1942[7], elle continue d'escorter régulièrement des soldats alliés et emprunte, pour les évacuer, la totalité de l'itinéraire s'étendant du nord de la France à Saint-Jean-de-Luz, en passant par Paris, puis en traversant les Pyrénées jusqu'en

Espagne. Assistée par des passeurs, elle traversera les Pyrénées à 33 reprises et aidera 118 personnes à s'enfuir. Afin de réduire le plus possible les risques liés à ces passages clandestins, les passeurs se chargent de groupes de deux à quatre personnes : à partir de six, les groupes sont accompagnés par deux passeurs. L'Abwehr fera les mêmes estimations lorsqu'elle démontera un réseau d'évasion pour jeunes hommes voulant rejoindre le général de Gaulle à Londres [8].

Alors que les arrestations de 1941 n'ont pas encore compromis l'activité de Comète, la vague d'arrestations qui se déroule à l'été 1942 dans l'agglomération de Bruxelles-Valenciennes fait une centaine de victimes, parmi lesquelles de nombreux membres de l'équipe dirigeante. Parmi eux : Suzanne Wittek, qui est la sœur d'Andrée de Jongh, et le principal agent de liaison de cette dernière, Charles Morelle, tous deux arrêtés à Bruxelles le 6 mai 1942. Seul Frédéric de Jongh parvient, le 30 avril 1942, à quitter Bruxelles à temps pour rejoindre Paris où père et fille reconstitueront le réseau. Robert et Germaine Aylé leur apporteront un soutien essentiel lors de cette entreprise. La précision des données transmises par Germaine Aylé dans son témoignage, tant sur les structures d'organisation suprarégionales du réseau que sur ses membres et leurs missions, laisse penser qu'elle a joué un rôle central dans les rouages de ce groupe, même si elle met toujours la position dirigeante de son mari en avant. Tout comme dans la majorité des témoignages de femmes sur cette époque, Germaine Aylé se sous-estime beaucoup et minimise largement son rôle. Chez elle, ce phénomène est d'autant plus caractéristique que son mari, Robert Aylé, n'a pas survécu à son engagement dans la Résistance. Il a été fusillé au mont Valérien avec Frédéric de Jongh.

Dans un premier temps, le couple Aylé procure à Andrée de Jongh des faux papiers et un logement à Paris. Ayant auparavant participé à la distribution du journal clandestin *Défense de la France*[9] et ayant été actifs dans le réseau d'espionnage britannique Stationer Circuit, Germaine et Robert Aylé sont aguerris au travail clandestin. Pour ce qui est des faux papiers, il est probable qu'une partie d'entre eux ait été obtenue par l'intermédiaire de contacts avec le mouvement Défense de la France, ce dernier étant l'un des rares à disposer d'un procédé professionnel d'impression. Quant au logement procuré à Andrée de Jongh, il faut savoir qu'il s'inscrit dans tout un contexte : à cette époque, Germaine et Robert Aylé parviennent non seulement à constituer un réseau d'agents de liaison, d'hébergements et de ravitailleurs dans l'agglomération parisienne, mais également à établir des contacts avec le Nord de la France et, à partir du milieu de l'année 1942, avec la Bretagne, pour y implanter des points de regroupement clandestins destinés aux aviateurs alliés. Ecclésiastique jésuite travaillant auprès des services de santé catholique, le père Riquet leur rendra de précieux services et profitera de son environnement professionnel pour trouver des cachettes et des relais appropriés dans les zones rurales. À Paris et dans sa périphérie, donc, le couple Aylé contribue à améliorer les possibilités de logements clandestins. Grâce aux chef-logeuses – selon la terminologie de Germaine Aylé – Fernande Onimus et Mme Bachepaille, le réseau Comète dispose non seulement d'un plus grand nombre de cachettes, mais également d'un meilleur cloisonnement. Après avoir organisé des hébergements adaptés, les deux chef-logeuses y dirigent les personnes à évacuer en recourant à des agents de liaison et à des passeurs – des femmes, le plus souvent. Pour des raisons de sécurité, elles n'hébergent personne chez elles. Grâce au témoignage de Germaine Aylé, il nous a été possible de retracer avec précision la fonction centrale de ces deux femmes et de mesurer la valeur de leur engagement.

En raison des arrestations opérées par les Allemands non seulement au sein de Comète, mais aussi, presque au même moment, dans les rangs de Pat O'Leary (Comète était en contact avec ce réseau d'évasion), les activités deviennent très risquées. Elles le sont d'ailleurs d'autant plus que l'indicateur qui a été placé par les Allemands et qui a infiltré ces deux réseaux n'a pas été démasqué et poursuit son travail. Pour le réseau Comète, l'année 1943 débute par un revers funeste. Dans la nuit du 15 au 16 janvier 1943, Andrée de Jongh est arrêtée à Urrugne, près de Biarritz. Cette nuit-là, le réseau perd sa fondatrice. Andrée de Jongh et le groupe d'aviateurs britanniques qu'elle devait accompagner en Espagne à travers les Pyrénées ont-ils été victimes d'une dénonciation par un ancien passeur de Comète ? Ou s'est-il agi d'une « enquête réussie » des Allemands ? Le manque d'archives ne nous permet plus de le vérifier. D'après les affirmations d'Oskar Reile, un officier des services centraux de l'Abwehr à Paris, il existait suffisamment de pièces à conviction relatives aux activités d'Andrée de Jongh dans la Résistance. Cet officier ne fournit néanmoins aucune précision sur l'arrestation de celle-ci[10], mais, n'ayant pas été immédiatement suivie d'une vague d'arrestations au sein du réseau, il est très probable que la fondatrice de Comète ait été dénoncée au niveau local. Même si ses faux papiers établis au nom d'Andrée Dumon ne résistent pas à l'examen approfondi de la Sipo/SD à Biarritz, Andrée de Jongh parvient à dissimuler sa véritable identité pendant quelques jours. Grâce à cette habile manœuvre, le réseau disposera d'une longueur d'avance et pourra détruire le plus de traces possibles entre Bordeaux, Biarritz et la frontière espagnole. Cette précaution porte sans doute ses fruits puisque les Allemands ne découvriront pas le rôle pivot joué par la famille de Greef au sein du réseau Comète dans le sud-ouest de la France. Ainsi, alors qu'elle fait partie de l'équipe dirigeante de ce réseau d'évasion et a joué un rôle essentiel dans sa constitution, Elvire de Greef échappera à toutes les grandes vagues d'arrestations. Elle sera certes arrêtée peu de temps après Andrée de Jongh, mais parviendra à réfuter toutes les accusations dont elle fera l'objet. Bien informée des pratiques du marché noir chez certains officiers allemands, elle réussira – selon ses propos (dont l'exactitude ne saurait malheureusement être vérifiée du fait de l'état actuel de la transmission des archives) –, à user de chantage pour retourner la situation à son profit. Pour notre part, nous supposons que deux autres facteurs ont également contribué à dissiper tous les doutes pesant sur elle : d'une part, l'image positive véhiculée par le statut d'une femme ayant une vie de famille ordonnée et d'autre part, l'efficacité des mesures de sécurité prises par le réseau Comète. Cela étant dit, le fait même qu'Andrée de Jongh ait réussi à ne presque rien révéler à la Sipo/SD, et notamment qu'elle ait pu taire le rôle joué par la famille de Greef, a sans doute grandement contribué à protéger Elvire de Greef et sa famille. Bien qu'entre chaque interrogatoire, Andrée de Jongh subisse une pression extrême en étant soumise à la détention dans l'obscurité totale et à la privation de nourriture et d'eau, elle ne révélera aucun détail concernant l'activité du réseau Comète – et surtout pas le lieu où se cache son père, rue Vaneau à Paris. Son statut de jeune fille de bonne famille à peine âgée de 24 ans lui a certainement valu une protection spécifique à son sexe car, conformément à l'image traditionnelle que cette époque se fait de la femme, les Allemands présument qu'une jeune bourgeoise ne saurait être la fondatrice et l'instigatrice d'un réseau d'évasion opérant entre Bruxelles et Bilbao. Après avoir été détenue dans diverses prisons françaises, Andrée de Jongh sera transférée à la prison de Bruxelles-Saint-Gilles, d'où elle sera déportée à Ravensbrück le 1er août 1943. Dans la mesure où rien ne semble indiquer qu'elle ait fait l'objet d'une procédure devant le tribunal du Peuple ou devant l'un des tribunaux d'exception du Reich, nous supposons qu'elle a été directement déportée à Ravensbrück puis, de là, à Mauthausen. Elle a survécu à sa déportation.

Si le réseau Comète perd sa fondatrice, il perdure grâce à l'existence de sa centrale parisienne. Les activités se poursuivent, sous la direction de Frédéric de Jongh ainsi que de Germaine et Robert Aylé. Cependant, l'arrestation d'Andrée de Jongh n'est que le premier coup dur que l'année 1943 leur réserve. Malgré le succès de la reconstitution du réseau avec sa nouvelle centrale parisienne, les activités de Bruxelles et du nord de la France sont compromises. En dépit de toutes les mesures de précaution, l'Abwehr ou la Sipo/SD parviennent début 1943 à neutraliser le secteur de Bruxelles et à arrêter tous les membres dirigeants : parmi eux se trouve, le 6 février 1943, Jean Greindl (alias Nemo) – l'homme qui était parvenu à remettre Comète sur pied dans la région de Bruxelles à la suite des revers de l'année 1942 dans cette même région. Aujourd'hui, les archives ne permettent pas de savoir s'il existe un lien direct entre l'arrestation d'Andrée de

Jongh et les arrestations de Bruxelles. Si l'on part du principe que le peu qu'a pu révéler Andrée de Jongh n'a pas suffi à donner lieu à une vague d'arrestations dans le sud-ouest de la France, dans le cas de Bruxelles, il est fort probable qu'il s'agisse d'événements parallèles, sans rapport de cause à effet.

Si les structures parisiennes permettent au réseau de fonctionner, malgré l'arrestation d'Andrée de Jongh et de Jean Greindl, cela ne dure pas. Début juin 1943, la centrale subira un rude échec : Germaine et Robert Aylé, ainsi que Frédéric de Jongh, tomberont entre les mains des Allemands, tous trois victimes de l'indicateur Jacques Desourbie. Seule Germaine Aylé survivra. Robert Aylé et Frédéric de Jongh seront fusillés par les Allemands le 28 mars 1944 au fort du mont Valérien [11].

Il semble probable qu'un agent ou une agente de liaison accompagnant le couple Aylé ou Frédéric de Jongh ait assisté à leur arrestation et ait réussi à en avertir les autres membres parisiens. C'est en se rendant dans l'appartement des Aylé immédiatement après leur arrestation afin de mettre des documents importants en sécurité avant l'arrivée des Allemands, et peut-être les réserves en liquide du réseau, que Marcelle Douard et Jacqueline Chaumie assureront la continuité du réseau Comète[12]. Sachant que lorsque des dirigeants de la Résistance sont arrêtés, leurs appartements sont aussitôt et systématiquement placés sous surveillance, les deux femmes courent le risque sérieux d'être elles-mêmes appréhendées. Après l'arrestation du couple Aylé et de Frédéric de Jongh, Marcelle Douard aide activement Jean-François de Nothomb et Jacques Le Grelle à reconstituer le réseau.

La mission principale de Marcelle Douard n'en est pas modifiée : conjointement avec Rosine Witton, elle continue d'évacuer des soldats hors de France en les accompagnant de Paris à Bordeaux. De là, Jean-François de Nothomb prend le relais jusqu'aux Pyrénées. Entre septembre 1943 et janvier 1944, Marcelle Douard et Rosine Witton effectueront ces trajets trois fois par semaine en moyenne. Cette fréquence élevée est emblématique de la bonne organisation logistique du réseau. Non seulement le réseau dispose des moyens financiers nécessaires, mais il semble également bénéficier de services de liaison efficaces, à même d'organiser les lieux de rendez-vous et de transfert en très peu de temps.

Début 1944, Comète est à nouveau victime d'une infiltration par des indicateurs. L'un des deux informateurs est ce même Jacques Desourbie qui réussit, depuis 1942, à recueillir des informations dans les rangs du réseau sans se faire découvrir.

Dans une action concertée, le 18 janvier, de nombreux membres de l'équipe dirigeante du réseau sont arrêtés, dont Jean-François de Nothomb, les deux chef-logeuses et, avec Marcelle Douard et Rosine Witton, deux précieuses convoyeuses. L'exemple de Fernande Onimus et de Mme Bachepaille qui, en leur qualité de chef-logeuses n'ont hébergé des soldats alliés « que » pendant une période de six mois, témoigne du danger que représente l'organisation de cette activité. De son côté, le convoyage constitue également un champ d'action à haut risque car l'engagement des deux convoyeuses n'a guère duré plus longtemps. Alors que Fernande Onimus et Mme Bachepaille paient leur engagement de leur vie, Marcelle Douard et Rosine Witton survivront à leur déportation à Ravensbrück. Fernande Onimus meurt le 1er février 1945 à Ravensbrück et l'on suppose que Mme Bachepaille est décédée en détention allemande avant même d'être déportée à Ravensbrück[13].

Reprenant la direction du réseau entre janvier et mars, Madeleine Noël et l'abbé Beauvais en permettront la continuité et échapperont aux arrestations parisiennes de janvier 1944. Ils seront toutefois arrêtés à leur tour début mars 1944. Ils auront été, eux aussi, victimes d'un indicateur : Jean Masson, alias Pierre Paulin. Comète perd à nouveau ses dirigeants mais va réussir, une fois de plus, à remettre le circuit d'évasion sur pied.

Avec le soutien du MI9, Virginia et Philippe d'Albert-Lake vont réussir à reconstituer le réseau dévasté par le revers – le quatrième – de janvier 1944. Avant qu'il ne prenne la tête de Comète, le hasard avait voulu que ce couple aide un équipage de bombardiers américain à fuir en septembre 1943. À cette époque, Virginia et Philippe d'Albert-Lake avaient été contactés à Nesles-la-Vallée (Val d'Oise), où ils possédaient une grande propriété, par le patron de la boulangerie locale, M. Renard. Avec trois aviateurs américains cachés chez lui et ne maîtrisant pas l'anglais, ce dernier s'était adressé à Philippe d'Albert-Lake, sachant que sa femme était d'origine américaine [14]. Grâce aux contacts privés et professionnels de Philippe d'Albert-Lake, il avait été possible de confier les Américains à un réseau d'évasion. À ce jour, il n'est pas établi qu'il se soit agi du réseau Comète ou d'un autre réseau d'évasion en contact avec Comète.

Telle est en tout cas l'origine du premier contact du couple d'Albert-Lake avec la Résistance, même si ce contact ne donne lieu à aucune intervention concrète avant le début de l'année 1944. Ce couple remplit deux conditions essentielles pour travailler dans la Résistance : tous deux parlent parfaitement l'anglais (Virginia d'Albert-Lake étant de langue maternelle anglaise), ce qui exclut *a priori* tout malentendu d'ordre linguistique avec les soldats à évacuer. Par ailleurs, hormis ses propriétés à Nesles-la-Vallée, la famille d'Albert-Lake possède une maison de vacances à Cancaval, en Bretagne, et un appartement rue Vaneau à Paris. Au printemps 1944, ces biens immobiliers constitueront un pilier logistique essentiel des activités du réseau. Alors que les maisons de Cancaval et Nesles-la-Vallée serviront de cachettes aux personnes à évacuer, l'appartement parisien abritera la nouvelle centrale. Dans la rue Vaneau, le concierge de l'immeuble permettra de louer un appartement pour Jean de Blommaert, chargé depuis l'automne 1943 par le SOE de constituer le réseau Marathon. Entre janvier et juin 1944, Virginia et Philippe d'Albert-Lake organiseront l'évacuation de 65 personnes, majoritairement des aviateurs américains dont Virginia d'Albert-Lake assurera l'accompagnement.

Contraint de quitter Paris en urgence et soucieux d'échapper à son arrestation, Jean de Blommaert recourra également aux structures du réseau d'évasion Comète en mars 1944[15].

Entre les 8 et 10 juin 1944, peu de temps après le débarquement des Alliés en Normandie, Philippe et Virginia d'Albert-Lake accompagnent trois groupes de deux à trois personnes entre Paris et Fréteval, *via* Dourdan, avec l'aide de Michèle Fredon, Annie Mélission et Anne-Marie Piguet. Sur place, le maquis local a été spécialement préparé en amont du débarquement pour accueillir les soldats britanniques et américains. Dans la perspective du débarquement imminent, la stratégie d'évacuation a été revue. Au lieu de fuir vers l'Espagne, il est prévu de cacher ces personnes dans le maquis local en attendant la progression des Alliés. Le 10 juin 1944, lors d'une étape située près de Châteaudun, Virginia d'Albert-Lake est arrêtée par la Feldpolizei allemande en compagnie d'un soldat américain. Déportée à Ravensbrück, elle reviendra en France en 1945.

En moyenne, l'engagement de chaque membre du réseau Comète aura été de six mois. D'après les données de l'Amicale des anciens du réseau Comète, le nombre d'aviateurs évacués est presque aussi élevé que le nombre de membres de Comète appréhendés : 798 aviateurs contre 800 membres du réseau. Parmi ces derniers, 261 ont été exécutés ou sont morts en détention. Sur la base de ces chiffres, près d'un tiers des membres (37,2 %) n'ont pas survécu à leur engagement. Si l'on considère uniquement les membres féminins du réseau, que la présente étude a permis d'identifier et dont il s'agit de déterminer le sort, un autre ratio – considérablement plus élevé – en ressort : près de deux tiers des femmes du réseau Comète (63,5 %), essentiellement des passeuses et des logeuses, sont mortes en mission.

Ainsi, malgré la relative protection que leur offrent leur sexe et leur aptitude à ne pas éveiller les soupçons, les pertes considérables essuyées par les rangs féminins, démontrent que l'aide à l'évasion – dont les activités d'accompagnement et de logement sont généralement assurées par des femmes – est d'une extrême dangerosité. Cette assertion ne vaut pas uniquement pour le réseau Comète. L'aide à l'évasion constitue l'activité féminine la plus mortelle de la Résistance : 51,2 % des femmes engagées dans ce domaine n'y survivront pas.

14. Le réseau Pat O'Leary

Créé à l'initiative de Norman Crockatt en décembre 1939, le MI9 orchestre l'institutionnalisation des structures d'aide à l'évasion destinées aux soldats et aux officiers alliés. Ce service spécial des services secrets britanniques, dont les activités ne se limiteront pas à la France – à la différence de la section française du SOE –, ne sera toutefois opérationnel qu'un an plus tard. En France, le MI9 opère à deux niveaux : il apporte un soutien financier aux initiatives privées et fonde ses propres réseaux d'évasion en collaboration avec la section française du SOE. Ses réseaux sont dirigés par des agents britanniques. Bénéficiant de moyens logistiques militaires, certains de ces réseaux réussiront à effectuer des évacuations de France par voie maritime, comme dans le cas de Pat O'Leary ou de Shelburn. Cependant, les principales voies d'évasion des réseaux soutenus par les services secrets britanniques passent traditionnellement par voie de terre *via* l'Espagne. Contrairement aux réseaux issus d'initiatives privées qui n'opèrent que dans un sens, les réseaux des services secrets britanniques sont également mis à contribution pour déposer des agents ou de hauts responsables de la Résistance en France. Ceci s'applique également au réseau d'évasion Pat O'Leary.

Malgré tout le professionnalisme qui les caractérise en termes d'équipement et de niveau de formation de leurs agents, les services secrets britanniques sont – et restent – dépendants de la population locale. Seule l'aide d'hommes et de femmes connaissant les lieux permettra aux membres des forces britanniques ou américaines qui ne maîtrisent pas le français et ne connaissent pas les lieux de s'enfuir de France : sans la témérité de ces personnes, jamais les évacuations n'auraient pu réussir. Bien souvent, les soldats alliés ne sont absolument pas au courant des risques encourus pour eux et ne sont pas conscients de la lourdeur logistique qu'impliquent ne serait-ce que leur approvisionnement matériel et leur logement. À cela s'ajoute le comportement peu discret des soldats, notamment des Américains, qui ne sont pas au fait des restrictions pesant sur le quotidien de la France occupée. Ayant hébergé des soldats britanniques et américains, Madeleine Noël se souvient : elle a « logé et fait loger beaucoup d'aviateurs et place les Anglais bien au-dessus des Américains. Alors que les premiers montraient beaucoup de savoir-vivre, les autres étaient exigeants, mufles même, se croyant descendus à l'hôtel[1]. »

Pour organiser une évacuation par bateau ou par avion, une liaison radio avec Londres s'impose, ce dont quasiment aucun réseau d'évasion ne dispose. Même en cas de coup dur, les agents britanniques ne peuvent généralement pas espérer être évacués par voie aérienne. Virginia Hall, qui fut non seulement l'un des premiers agents envoyés en France par les services secrets britanniques, mais également la fondatrice des structures logistiques du SOE, devra elle aussi prendre la fuite par voie terrestre et traverser les Pyrénées jusqu'à l'Espagne. Il est donc exceptionnel d'être évacué vers la Grande-Bretagne ou Gibraltar par avion ou par bateau (le plus souvent avec des vedettes lance-torpilles ou des sous-marins) : ce type d'intervention est habituellement réservé à de hauts dirigeants de la Résistance comme Jean Moulin ou Raymond Aubrac et sa famille.

À la différence du réseau Comète qui est seulement financé par le MI9 et qui s'est constitué sans l'aide des services secrets britanniques, le réseau d'évasion Pat O'Leary voit le jour en étroite collaboration avec les services secrets britanniques. Son fondateur est le capitaine Ian Garrow, ancien capitaine de la 51e division Highland du corps expéditionnaire britannique à Dunkerque. Afin d'échapper à une arrestation par les Allemands, il s'enfuit dans le sud de la France : là, les autorités du gouvernement de Vichy l'internent, en tant que membre de l'armée britannique, au fort Saint-Jean (dans les environs de Marseille). Ce camp d'internement pour officiers n'étant pas un camp fermé, il offre la possibilité de se déplacer librement en journée à Marseille et dans les environs. Dans la mesure où la France a mis un terme à ses relations diplomatiques avec la Grande-Bretagne à la suite de l'attaque britannique contre la flotte française de Mers el-Kébir le 3 juillet 1940, les représentations diplomatiques des États-Unis établies dans la zone sud assument les services consulaires de la Grande-Bretagne. Ian Garrow profite de cette situation pour établir – avec l'aide du consul américain – des contacts avec le consul britannique à Gibraltar puis, par son entremise, avec les services secrets britanniques[2]. De cette façon, il obtient les moyens financiers nécessaires à la concrétisation de son projet : la création, en

France, d'un réseau d'évasion destiné aux soldats britanniques et alliés. Il est soutenu dans son entreprise par Nancy Wake, qui travaille pour lui comme agente de liaison. L'activité du réseau débute en janvier 1941 et se poursuit jusqu'en mars 1943. Après l'arrestation de Ian Garrow en juillet 1941 par la police française, suivie d'un procès auprès du tribunal militaire de Marseille[3], Albert Guérisse, plus connu sous le nom d'emprunt de Pat O'Leary, en reprend la direction jusqu'à ce qu'il soit à son tour arrêté à Toulouse début mars 1943.

Le réseau Pat O'Leary recourt à deux itinéraires d'évasion : l'un par voie terrestre pour rejoindre l'Espagne en passant par Toulouse et les Pyrénées, et l'autre par voie maritime pour rejoindre Gibraltar en partant de Marseille ou en passant par Canet-Plage. À la différence du réseau Comète qui se limite à organiser leur fuite hors de France, Pat O'Leary a également pour mission d'introduire clandestinement des agents britanniques en France. Les agents arrivent par Canet-Plage à bord d'un chalutier de la marine britannique, le Tarana.

La plus grande aide que reçoit Ian Garrow à Marseille provient de Louis et Renée Nouveau qui commencent par assurer dans leur propre appartement l'hébergement et le ravitaillement des candidats à l'évacuation, tout en leur procurant les faux papiers indispensables. De plus, Louis Nouveau contribue au financement du réseau, parvenant à réunir la somme, considérable, de 450 000 francs. Entre mai 1941 et novembre 1942, Louis et Renée Nouveau cacheront 146 personnes dans leur appartement marseillais : le plus souvent, pour une durée de quelques jours, pour des raisons de sécurité. Une liste des personnes cachées par la famille Nouveau a été conservée, sur laquelle Virginia Hall apparaît sous son pseudo Marie. Elle y passe une nuit, le 17 mars 1942[4].

À côté des Nouveau, la famille du docteur Rodocanachis est le second pilier logistique du réseau à Marseille. Son cabinet constitue un très bon camouflage car, dans le flux de personnes inhérent à ce type de lieu, les visages nouveaux passent la plupart du temps inaperçus. Peu à peu transformé en centrale du réseau, il servira de lieu de rassemblement et d'hébergement à ses dirigeants. À Canet-Plage, l'hôtel du Tennis de Mme Le Breton constitue également un relais essentiel de Pat O'Leary dans le sud de la France. Cet hôtel sera le point de départ des évacuations vers Gibraltar *via* la Méditerranée, ainsi que le relais des agents britanniques déposés en France.

Grâce aux archives de la justice militaire et du tribunal du Peuple conservées jusqu'à ce jour, nous disposons aujourd'hui d'un remarquable exemple de la fragilité caractéristique de la structure d'un réseau d'évasion. En se fondant sur un jugement militaire du tribunal du commandant du « Gross-Paris » et sur un jugement du tribunal du Peuple, cette partie s'attachera non seulement à retracer l'importance du soutien de la population locale dans l'évacuation de soldats alliés mais également à déterminer le pourcentage de femmes impliquées, tout en cherchant à identifier le moment de leur engagement dans la Résistance.

Comme dans le cas de nombreuses activités dans le domaine de l'aide à l'évasion, tout commence par une initiative privée. Depuis fin juin 1940, Marcelle Bochet cache six membres du corps expéditionnaire britannique dans sa pension de Veules-les-Roses (sur les côtes normandes) et assure leur ravitaillement[5]. Jusqu'en octobre 1940, cette même Marcelle Bochet parvient à assurer l'approvisionnement de ses protégés britanniques par ses propres moyens financiers. Une fois ses ressources épuisées, elle s'adresse à des connaissances qui l'aident en lui fournissant essentiellement de l'argent liquide, mais aussi des denrées alimentaires et des vêtements. Outre une aide en nature, elle reçoit 4 900 francs de la part de François Damay et de Geneviève Billard. Marcelle Bochet se voit également remettre une aide financière de la part de Madame Docquier et de sa fille Henriette à hauteur de 7 700 francs. Ces exemples témoignent du coût élevé que représente l'hébergement clandestin de soldats britanniques, dont le ravitaillement ne peut se faire qu'à l'aide du marché noir.

Pour Marcelle Bochet, le financement du ravitaillement des Britanniques devient un problème de plus en plus pressant et augmente le risque d'être découverte. C'est alors qu'en novembre 1940, la mère et la fille Docquier cherchent un moyen de faire évacuer les soldats. Travaillant comme secrétaire à Paris, Henriette Docquier réussit, par le biais de Maurice van Hoegarden, à établir des contacts avec le réseau d'évasion Pat O'Leary, qui est précisément en train de se constituer.

Renée Guitton est alors envoyée de Paris comme agente de liaison afin de préparer l'« enlèvement » des six Anglais. En Normandie, Thérèse Lemoine lui apporte son aide : elle maintient la liaison avec Marcelle Bochet et met à disposition son appartement de Saint-Valery-en-Caux pour les rendez-vous clandestins des deux femmes. À ce moment-là, l'urgence est avant tout de procurer de nouveaux vêtements civils aux soldats britanniques pour éviter qu'ils se fassent remarquer avec des vêtements non ajustés ou usés. Ce problème sera résolu début février 1941, comme en témoignera l'exposé des motifs du jugement suivant : « Renée Guitton et Thérèse Lemoine ont pris les mesures des Anglais en présence de Marcelle Bochet [à Veules-les-Roses] pendant que Thérèse Lemoine prenait les notes nécessaires[6]. »

Ce qui apparaît au premier abord comme une activité banale, traditionnellement réservée aux femmes, prend dans ce contexte la dimension d'un acte de résistance : pour avoir pris « les notes nécessaires », Thérèse Lemoine paiera sa complicité d'intelligence avec l'ennemi de quatre années de réclusion.

Après trois mois de préparatifs, l'évacuation de Veules-les-Roses commence le 28 février 1941. Au cours d'une première étape, le groupe voyagera de Veules-les-Roses à Saint-Valery-en-Caux, où il passera la nuit dans la salle d'attente de la gare pour en repartir le 1er mars au matin en direction de Rouen. Là, à Quevilly, dans la banlieue de Rouen, l'appartement de Marie Péron sera un précieux relais. Les soldats britanniques pourront s'y cacher pendant la journée, le temps que les faux papiers nécessaires à leur trajet soient établis à Rouen. Au cours de la deuxième étape de leur voyage, les six soldats britanniques sont accompagnés par Lucienne Guisier et Jeanne Poulain. Ce voyage commencera dans le train du soir qui les déposera à Paris, où ils passeront la nuit dans un petit hôtel – nuitée pour laquelle les femmes régleront les formalités d'inscription.

Le lendemain matin, ils partent de la gare d'Austerlitz pour se rendre à Soubie près de Montpon-Ménestérol, un lieu-dit de Dordogne situé près de la ligne de démarcation. Le passeur qui doit les prendre en charge ayant été arrêté, le groupe y passera la nuit, contrairement à ce qui avait été prévu. Le jour suivant, alors qu'il tente de passer la ligne de démarcation avec l'aide d'un autre passeur connaissant bien les lieux, le groupe est arrêté à son tour. Il a été repéré par une patrouille allemande lors d'un contrôle de routine. Dans les 80 pages des motifs du jugement, nous n'avons trouvé aucun indice pouvant faire penser à une dénonciation ou à une surveillance ciblée de la ligne de démarcation à la suite d'une enquête policière préalable. Cette arrestation permettra aux Allemands de remonter la filière d'évasion jusqu'au point de départ à Veules-les-Roses, puis d'arrêter les personnes impliquées tant dans le nord de la France qu'à Paris.

Le seul fait d'avoir établi, *via* un intermédiaire, une liaison avec un réseau d'évasion pour soldats britanniques vaudra à Henriette Docquier (qui sera détenue dans diverses prisons d'Allemagne jusqu'en février 1945 – le dernier en date ayant été la prison de Jauer en Silésie) une condamnation à mort pour complicité d'intelligence avec l'ennemi. Pour avoir caché des Britanniques chez elle, Marcelle Bochet sera également condamnée à mort pour complicité d'intelligence avec l'ennemi. Jusqu'au mois d'avril 1945, elle sera elle aussi détenue dans plusieurs prisons d'Allemagne dont la dernière sera la prison d'Aichach en Bavière[7]. Dans les deux cas, la condamnation à mort sera commuée en peine de prison à perpétuité par recours en grâce.

Comme le montre notre étude, les femmes condamnées pour complicité doivent également compter sur de lourdes peines de réclusion. Les inculpées dont il est question ici connaîtront néanmoins un sort relativement clément car elles purgeront leurs peines dans des prisons allemandes et ne seront pas déportées à Ravensbrück. Hormis Geneviève Billard qui décédera à la prison d'Anrath en mars 1942, les autres femmes impliquées survivront à leur peine. Cette clémence est sans doute à imputer à la juridiction qui a prononcé le jugement le 31 juillet 1941 : il s'agit du tribunal du commandant du « Gross-Paris », et non de l'un des tribunaux d'exception du Reich ou encore du tribunal du Peuple. À cette époque, la justice militaire allemande a encore l'exclusivité des condamnations sur les citoyens français. En outre, le décret « Nuit et brouillard », qui stipulera que les membres de la Résistance – hommes ou femmes – seront déportés directement et sans jugement vers l'Allemagne, n'entrera en vigueur que début 1942.

La mise en place de structures d'évasion au profit des forces alliées implique une mobilisation considérable de ressources financières et personnelles et ce, dès le niveau local. Dans cette affaire, pour le seul ravitaillement, 12 600 francs auront été réunis à partir de fonds privés. De plus, ne serait-ce qu'en Normandie, dix-sept personnes auront été nécessaires pour sécuriser la première étape de l'évasion entre Veules-les-Roses et Paris. À cela s'ajoutent les membres du réseau Pat O'Leary à Paris et les personnes qui apportent leur aide lors du franchissement de la ligne de démarcation. Travailler avec un réseau qui, outre une filière d'évasion, se charge aussi de transfert d'informations secrètes accroît considérablement les risques. C'est un transport de documents pour les services secrets qui vaudra une double condamnation à mort aux convoyeuses Lucienne Guisier et Jeanne Poulain. Quant à Renée Guitton, ce seront le contact établi avec le groupe lié à Marcelle Bochet à Veules-les-Roses et son aide à l'évasion d'au moins dix soldats britanniques du nord de la France vers Marseille qui lui seront funestes. Forme grave d'intelligence avec l'ennemi, ce crime est également, on l'a vu, puni de la peine de mort[8].

Le tribunal du commandant du « Gross-Paris » ne sera pas le seul tribunal allemand à condamner des femmes ayant travaillé pour le réseau Pat O'Leary dans le nord de la France. Début décembre 1941, Madeleine Déram et Harold Cole sont tous deux arrêtés à Lille. Leur arrestation est à imputer à des indicateurs introduits par l'Abwehr, dont le Néerlandais Cornelius Verloop, alias Jean Dubois ou Leopold Vindictive. En raison du décret dit « Nuit et brouillard » de décembre 1941, Madeleine Déram n'est pas inculpée par un tribunal militaire allemand, mais par le tribunal du Peuple.

À côté de Madeleine Déram, cinq hommes sont inculpés pour espionnage et intelligence avec l'ennemi devant le tribunal du Peuple. Il s'agit de Marcel Duhayon, de l'abbé Pierre Carpentier, de Desiré Didry, de Protois [*sic*] Dubois, de François Duprez et de Bruce Dowding. Le 16 avril 1943, le tribunal du Peuple « prononce au nom du peuple allemand son jugement à l'encontre des personnes accusées d'espionnage et d'intelligence avec l'ennemi dans cette affaire pénale » :

« I. En 1940 et 1941, les accusés Duhayon, Carpentier, Didry, Dubois et Dowing ont aidé à transférer hors de la zone occupée des soldats anglais se trouvant clandestinement dans la France occupée par la Wehrmacht et ont contribué à leur réintégration dans l'armée anglaise, se rendant ainsi coupables d'intelligence avec l'ennemi et de crime de trahison. L'accusée Madeleine Déram a apporté son aide dans cette affaire. [...]

« Motifs : Comme les autorités de sécurité allemandes l'ont constaté, une organisation des services secrets anglais s'est livrée à des activités d'espionnage à partir de Marseille dans les zones occupées par la Wehrmacht après la défaite de la France dans le présent conflit et à des actions militaires hostiles en se chargeant du transfert d'Anglais se trouvant clandestinement dans ces zones, mais aussi de jeunes Français et de Belges. Placé, pour la Belgique et le nord de la France, sous les ordres de l'un des dirigeants de l'organisation à Marseille, le capitaine anglais Garrow, l'inspecteur de police et lieutenant anglais Harold Cole agissait dans ce secteur sous les noms de code "Paul" et "Paul Dubois" et séjournait souvent à Lille ainsi que dans la petite maison où habitait l'accusée Déram. [...]

« L'accusée Madeleine Déram [...], Française mariée et âgée de trente-sept ans, connaissait l'Anglais Cole depuis octobre 1939. Elle l'avait accueilli en 1940 dans sa maison [à Lille-La-Madeleine], où il avait vécu clandestinement avec quelques interruptions jusqu'à son arrestation le 6 décembre 1941. À son instigation, elle hébergea pour une nuit les soldats anglais Tuck, Collins et Mayes en août 1941[9]. »

Bien qu'Harold Cole loge régulièrement chez Madeleine Déram entre octobre 1939 et décembre 1941 lors de ses séjours à Lille et que cette femme ait caché trois soldats britanniques chez elle, le tribunal présume qu'elle n'agit pas en toute autonomie, mais seulement comme assistante.

Les archives ne permettent pas de déterminer clairement si Madeleine Déram n'a été qu'une simple complice, pour des raisons personnelles, dans le sillage d'Harold Cole ou si elle est parvenue à minimiser le rôle qu'elle a joué au sein du réseau d'évasion en se dissimulant derrière l'image traditionnelle de la femme. En tout cas, il semble qu'un élément ait joué en sa faveur : les notes de Cole sur le stationnement de troupes allemandes dans le nord de la France ont été trouvées non pas chez elle, mais chez Pierre Carpentier – ce qui le conduira inévitablement à la peine de mort. Alors que Madeleine Déram est « seulement » condamnée à une peine de réclusion de dix années, les hommes accusés en même temps qu'elle seront tous condamnés à mort, à l'exception de François Duprez, qui sera condamné à la réclusion à perpétuité.

D'après la reconstitution que permettent de faire les archives de la préfecture du département du Nord et les rapports du directeur de la Feldpolizei auprès du commandant militaire en Belgique et dans le Nord de la France, le réseau d'évasion Pat O'Leary subit de terribles revers entre fin 1941 et avril 1942 dans la région de Lille. Les activités dans ce secteur en seront paralysées. C'est dans ce contexte que l'Abwehr réussira à retourner Harold Cole. Alors que cet homme a été arrêté en même temps que Madeleine Déram et que les Allemands étaient au courant de son rôle, il ne sera pas accusé lors de la procédure contre Madeleine Déram ; de plus, dans les dossiers existants sur la procédure en question, rien n'indique qu'Harold Cole ait fait l'objet d'une procédure à part. C'est pour cette raison que nous présumons que l'Abwehr a réussi à le gagner à sa cause[10]. Les conséquences de ce retournement seront d'autant plus douloureuses qu'Harold Cole est parfaitement au courant de l'organisation du réseau entre Lille et Marseille et connaît personnellement nombre de membres du réseau. Parmi ceux-ci se trouve l'abbé Pierre Carpentier, qui avait constitué un relais à Abbeville, et dont la mission principale consistait à fournir les faux documents allemands nécessaires au franchissement de la ligne nord-est. D'après les motifs du jugement du tribunal du Peuple, Pierre Carpentier aurait délivré environ 200 faux papiers d'identité.

Les nombreuses arrestations dans le nord de la France ne restent pas sans impact sur l'activité du réseau Pat O'Leary dans la zone non occupée – les Allemands ayant été dûment informés par Harold Cole. Non seulement, l'Abwehr connaît l'existence de l'appartement des Nouveau à Marseille depuis juin 1942, mais elle sait également qu'il sert de centrale à l'ensemble du réseau d'évasion. C'est pourquoi le couple Nouveau quitte Marseille peu après les arrestations et se sépare par mesure de sécurité. Alors que Louis Nouveau part pour Paris, Renée Nouveau se cache à Toulouse chez Marie-Louise Dissart, dont l'appartement a déjà servi à loger des dirigeants du réseau Pat O'Leary[11].

À Marseille, le danger immédiat est donc écarté – dans un premier temps. En octobre 1942, le réseau accueille son propre opérateur radio en la personne du tout jeune Tom Groome, alors âgé de vingt-deux ans. Son agente de liaison est Edith Reddé qui a été recrutée sur place et qui n'est donc pas, contrairement à Valentine Charlet, une agente formée par le SOE pour être directement envoyée de Grande-Bretagne en France. La base émettrice radio du réseau se trouve à Montauban dans la maison d'Eleanor Cheramy (pseudo Patricia) et de sa famille. En janvier 1943, Tom Groome est dépisté par la radio allemande de l'Abwehr alors qu'il envoie un message radio. S'ensuit l'arrestation de l'opérateur radio et de son agente, puis celle d'Eleanor Cheramy dont la maison a fait office de station d'émission. Alors qu'Edith Reddé parvient à s'enfuir peu de temps après son arrestation, Tom Groome et Eleanor Cheramy sont déportés en Allemagne. Ils ont tous deux survécu.

Ce premier revers tragique est le début d'une série d'arrestations qui auront lieu entre janvier et mars 1943 et dont la quasi-totalité des dirigeants du réseau Pat O'Leary seront victimes. Parmi eux : Louis Nouveau qui est arrêté en janvier à Paris et Georges Rodocanachis qui est arrêté en février 1943 et dont le cabinet marseillais servait de centrale au réseau dans le sud de la France. Finalement, le 6 mars 1943, Albert-Marie Guérisse, le chef du réseau d'évasion, est arrêté à Toulouse. Le responsable de ces arrestations est René Le Neveau, qui a infiltré le réseau. Ces événements sonnent le glas du réseau Pat O'Leary même si quelques structures d'évasion réussiront à subsister à l'échelle régionale. L'une d'elles servira de base au réseau Françoise, dont la fondatrice est Marie-Louise Dissart. C'est grâce à l'aide de ce réseau que Nancy Wake et Renée Nouveau – toutes deux anciens membres de l'état-major de Pat O'Leary – réussiront à prendre la fuite pour l'Angleterre *via* l'Espagne en avril 1943, en compagnie de huit aviateurs britanniques [12].

C'est sous le pseudo Françoise que Marie-Louise Dissart commence par créer un important relais pour le réseau Pat O'Leary à Toulouse. Grâce à l'hôtel de Paris, elle propose une possibilité de logement sûr aux groupes de plusieurs personnes. Elle organise également la traversée des Pyrénées avec l'aide de passeurs connaissant parfaitement les lieux. Juste après l'effondrement du réseau Pat O'Leary en mars 1943, elle constitue son propre réseau d'évasion, qui sera officiellement reconnu comme tel par le ministère des Anciens combattants après la guerre. Situé tout près du siège de la Sipo/SD, à l'hôtel L'Ours blanc dans la rue d'Austerlitz, son appartement toulousain sert également de centrale, d'où elle coordonne les activités. Le réseau compte 85 membres pour la seule ville de Toulouse et 62 autres dans l'Ariège [13] – département que traverse l'itinéraire d'évasion entre Toulouse et les Pyrénées. Le réseau Françoise parviendra à mener ses activités sans essuyer de revers spectaculaire jusqu'à la Libération.

Soutenus totalement ou partiellement par les services secrets, les réseaux d'évasion décrits dans cette partie sont exclusivement destinés aux membres des armées alliées, aux prisonniers de guerre évadés, aux résistants et aux agents britanniques. Ils n'offrent aucune possibilité d'évasion de France aux personnes persécutées. Ces dernières ne pouvaient avoir recours qu'à des structures d'aide à l'évasion gérées par des organisations d'aide humanitaire.

15. Les femmes de la Cimade

Avec la législation antisémite du régime de Vichy et l'expulsion des juifs non seulement hors de la région d'Alsace annexée par le Reich allemand mais également hors de certaines parties de la Lorraine, la prise en charge des individus persécutés devient l'un des domaines d'action essentiels des organisations d'aide humanitaire publiques comme privées. C'est à ce niveau qu'interviennent le Secours national et la Croix-Rouge française, sur l'histoire de laquelle il n'existe d'ailleurs encore aucune analyse pour les années 1940-1944 (l'essentiel de ses archives relatives à cette époque ayant été détruit par un dégât des eaux dans les années 1970[1]). Ces organisations comptent également le Comité inter-mouvements auprès des évacués (la Cimade), l'Œuvre de secours aux enfants (l'OSE) et l'Amitié chrétienne. Spécialement créée fin 1941 pour répondre à cette situation, l'Amitié chrétienne est placée sous l'égide du cardinal Gerlier (archevêque de Lyon), du maire Georges Villiers et du pasteur Marc Boegner (président de la Fédération protestante). L'Amitié chrétienne se fixe comme objectif d'aider toutes les victimes du nazisme, indépendamment de leur nationalité, de leur confession et de leur appartenance sociale. Parmi ses fondateurs éminents, on compte Gilbert Beaujolin, l'abbé Glasberg, Jean-Marie Soutou et le père jésuite Pierre Chaillet, qui entretient des contacts étroits avec le mouvement de résistance Combat et joue un rôle décisif dans la publication du journal clandestin *Cahiers du Témoignage chrétien.*

En août 1942, lorsque les rafles et les déportations jusque-là réservées à la zone occupée commencent à se systématiser dans la zone non occupée, un certain nombre d'organisations d'aide humanitaire sont confortées dans leur décision de s'écarter de la voie légale pour sauver les personnes persécutées. Jusqu'alors, la politique des organisations caritatives mise en œuvre pour sauver ces personnes avait essentiellement consisté à les soustraire à l'appareil de répression en exploitant au mieux les dispositions légales, et en se servant de contacts diplomatiques avec la Suisse et les États-Unis.

Ce sont les premières grandes rafles organisées contre les juifs à Lyon entre le 26 et le 28 août 1942 qui décideront la Cimade, l'OSE et l'Amitié chrétienne à créer des structures d'aide à l'évasion clandestines pour sauver les personnes persécutées de la déportation et de la mort. Des hommes, des femmes et des enfants ont été regroupés dans un centre à Vénissieux, dans la banlieue lyonnaise. Avant le départ du premier convoi prévu quelques jours plus tard, les trois organisations susnommées, sous la direction de l'Amitié chrétienne, interviennent auprès des autorités. La protection dont jouissait l'Amitié chrétienne auprès de dignitaires français de l'Église et de l'appareil d'État explique, vraisemblablement, pourquoi elle a dirigé cette démarche. Falsifiant pour la première fois systématiquement et délibérément la mention des âges sur les listes concernées, elle parvient à obtenir la libération de 168 enfants et adultes hors du camp et à les sauver de la déportation[2]. Toutefois, ce n'est que la première étape de la mission de sauvetage. Reste encore à cacher puis à aider les personnes persécutées à fuir hors de France. Ces évasions se préparent en se procurant des faux papiers, puis en cachant les personnes concernées dans des endroits sûrs. À partir de la fin de l'année 1942, la collaboration déjà étroite qui existait dans le cadre légal entre l'Amitié chrétienne, l'OSE et la Cimade continue de s'intensifier pour donner naissance à des filières clandestines d'évasion. Cette coopération se traduit par l'utilisation commune d'un certain nombre de relais et d'itinéraires.

Alors que l'Espagne est la destination privilégiée des réseaux d'évasion destinés aux prisonniers de guerre français et aux soldats alliés, la Suisse, qui fait figure de pays sûr, joue un rôle capital dans les activités d'évasion des organisations caritatives. Ce qui s'explique par les contacts étroits dont jouissent la Cimade et l'OSE – dont le siège est à Genève – avec la Suisse. Dans ce contexte, il faut également garder présent à l'esprit que les protestants français ont coutume d'entretenir des relations étroites avec la Suisse, ce que la Cimade saura mettre à profit, tant au niveau légal que clandestin. Cependant, malgré le statut légal dont elles se servent pour dissimuler leurs activités clandestines et malgré la qualité de leurs contacts officiels en Suisse, les organisations d'aide humanitaire ne sauraient contourner l'étape la plus délicate de toute entreprise d'aide à l'évasion : le franchissement de la frontière franco-suisse.

Entre la France et la Suisse, la frontière est quadrillée par un réseau dense de contrôles. Ces contrôles sont effectués par la police des frontières suisse d'une part, et par les douaniers allemands et les autorités françaises d'autre part, qui sont tous conscients de l'existence d'un intense trafic de réfugiés, notamment en Haute-Savoie. Tout franchissement clandestin de la frontière doit donc être soigneusement préparé et implique un investissement logistique et financier important. Avant que la Suisse ne durcisse sa politique d'asile en août 1942 et ne ferme sa frontière aux juifs persécutés, les autorités françaises prennent des mesures dès le mois de mars : afin d'endiguer le trafic frontalier des réfugiés, elles restreignent le droit de séjour des personnes étrangères dans les Alpes savoyardes. Ces mesures touchent tout particulièrement les réfugiés en provenance d'Allemagne, comme en témoigne un courrier du préfet de Haute-Savoie en date du 7 mars 1942 à l'attention du commissaire divisionnaire de police spéciale :

« Par rapport [...] du 27 février dernier adressé à M. le Général Commandant la 14ᵉ Division militaire, vous [Commissaire Divisionnaire de police spéciale] avez signalé l'intérêt qui s'attacherait, en vue de mettre un frein à tout trafic clandestin à la frontière franco-suisse, à interdire l'arrondissement de St. Julien à toute personne n'y étant pas domiciliée avant l'ouverture des hostilités et ne possédant aucune référence sérieuse. J'ai l'honneur de vous faire connaître qu'en ce qui concerne les étrangers, j'ai déjà ordonné les mesures suivantes : d'une part, les autorisations de séjours sollicitées pour le département de la Haute-Savoie, par les apatrides et les étrangers, notamment les ressortissants du GRAND REICH, ne seront délivrées qu'en quantité extrêmement limitée ; d'autre part, aucune nouvelle autorisation de séjour sollicitée par cette même catégorie d'individus ne sera délivrée pour les arrondissements de St. Julien et de Thonon[3]. »

Or, Saint-Julien-en-Genevois, situé près d'Annemasse, est précisément l'arrondissement qui offre la situation géographique et topographique de départ la plus favorable pour franchir clandestinement la frontière vers la Suisse. Par ailleurs, avec la ville de Thonon et sa périphérie, une autre zone de relais importante tombe sous le coup de cette nouvelle réglementation. À cet endroit, diverses organisations d'aide humanitaire disposent de centres de repos où les réfugiés peuvent être logés en toute légalité en attendant leur évacuation clandestine en Suisse. Alors que les restrictions des autorités françaises peuvent encore être contournées par l'obtention de faux papiers ou la délivrance d'autorisations exceptionnelles par les administrations, la fermeture de la frontière suisse représente un bien plus grand danger pour les réfugiés. Dès lors, il ne s'agira plus seulement d'une sécurité renforcée par des contrôles et des fils de fer barbelé le long de la frontière, mais également d'expulsions manu militari : petit à petit, les autorités frontalières se mettront à expulser immédiatement les réfugiés clandestins appréhendés ; de retour en France, il ne sera pas rare qu'ils soient attendus par les douaniers allemands ou par la Sipo/SD. Entre août 1942 et mai 1945, 23 000 personnes seront refoulées à la frontière[4].

Au vu de cette situation à la frontière franco-suisse et d'incitations de plus en plus prononcées à la persécution, le sauvetage des personnes menacées en France même constitue un réel défi : les organisations d'aide humanitaire devront le relever avec les ressources personnelles et matérielles qui sont alors les leurs. Le Comité inter-mouvements auprès des évacués (la Cimade) avait été fondé à l'automne 1939 par Suzanne de Dietrich, en réaction à l'évacuation précipitée de la population d'Alsace à la suite de la déclaration de guerre de la France contre l'Allemagne. Il fallait pallier aux évacuations confuses et précipitées mal préparés par l'État. Majoritairement protestante, la population d'une Alsace dominée par le commerce et l'industrie est alors évacuée vers les départements ruraux du sud de la France qui sont, pour leur part, extrêmement marqués par le catholicisme et l'agriculture. À ces différences culturelles s'ajoute la barrière linguistique que constitue l'alsacien. C'est donc dans ce contexte que la Cimade se fixe pour mission de contribuer, à travers son engagement humanitaire, à améliorer une situation qui est également difficile sur le plan économique. À la base de la Cimade, les organisations de jeunesse protestante, dont l'association des Éclaireurs de France, joueront un rôle déterminant lorsqu'il s'agira d'élaborer des structures d'aide à l'évasion vers la Suisse. En avril 1940, la Cimade est reconnue par l'État ; à compter de cette date, Violette Mouchon en sera la présidente et cela jusqu'à la Libération. Face à la tournure des événements de l'année 1940 et à la capitulation de la France, la Cimade élargit son champ d'action en prenant en charge les détenus des nombreux camps d'internement français. À cette fin, l'organisation implante à l'attention de ses assistantes sociales, dont Jeanne Merle d'Aubigné à Gurs, des bureaux dans les différents camps. Ces bureaux se chargent du soutien matériel et psychologique des personnes internées. Exploitant au mieux les dispositions légales alors en vigueur, l'organisation parviendra tout au moins à obtenir la libération d'une petite proportion d'internés.

À la fin de l'été 1942, lorsque les déportations commencent à atteindre la zone non-occupée du sud de la France qui, jusque-là, offrait une certaine protection aux personnes persécutées, Madeleine Barot, qui occupe alors les fonctions de secrétaire générale, se met à constituer un réseau d'évasion clandestin avec le soutien de la présidente de la Cimade. Il se trouve que Madeleine Barot dispose déjà, dans le domaine de l'aide à l'évasion légale vers la Suisse, d'une expérience qui lui sera profitable. Dans un premier temps, de nouveaux foyers légaux sont mis en place pour accueillir les réfugiés dans les Cévennes. Située à l'extrémité sud-est du Massif central, cette région a des structures protestantes profondément ancrées depuis le XVIe siècle ; au cours des guerres de religion des XVIe et XVIIe siècles, sa population a elle-même subi des persécutions et des expulsions organisées par l'État. Pour sauver les personnes persécutées, cette population est donc particulièrement disposée à aider non seulement la Cimade et d'autres organisations d'aide humanitaire telles que l'OSE, mais également des mouvements religieux tels que les quakers, quitte à recourir à la clandestinité.

Le pivot de l'évasion clandestine de la Cimade est le Coteau Fleuri. Grâce à ses moyens financiers et à son statut d'organisation d'aide humanitaire reconnue par l'État, la Cimade peut légalement acquérir le Coteau Fleuri – une pension familiale implantée aux Tavas, à proximité de Chambon-sur-Lignon – et l'investir officiellement comme lieu d'hébergement pour les réfugiés. Elle deviendra tout naturellement la plaque tournante de la filière d'évasion. Tout comme dans de nombreux autres départements ruraux français, la Cimade peut compter sur la bienveillance de la gendarmerie qui ne fait que rarement preuve de zèle, comme le montre notamment la recherche de réfractaires[5].

Les structures officielles et les contacts de la Cimade avec la Suisse constituent le socle de son action clandestine, au même titre que les fonds qui l'alimentent et continuent d'affluer des États-Unis, de Suède et de Suisse vers ses secrétariats de Nîmes et de Valence. Pour l'année 1944, la Cimade dispose de plus de 406 000 francs suisses. Malgré une situation financière difficile, l'organisation peut renoncer à se procurer des fonds dans la clandestinité, minimisant ainsi le risque d'être découverte ou dénoncée. Autre atout majeur servant la sécurité de la Cimade : l'organisation a le privilège de pouvoir recourir à un noyau de personnes qui se connaissent déjà les unes les autres – un noyau resté stable depuis la création de l'organisation. Voilà qui protège la Cimade de l'infiltration par des indicateurs. Par ailleurs, dans un souci de sécurité accrue, Madeleine Barot code de plus en plus souvent sa correspondance avec le Conseil œcuménique de Genève. Enfin, dans les cas les plus sensibles, tels que la transmission de listes de noms, la Cimade recourt à des agents de liaison entre la France et la Suisse.

Avec l'occupation de la zone sud par les Allemands en novembre 1942 puis, peu de temps après, les arrestations autour de l'organisation Amitié chrétienne, sans oublier son interdiction en janvier 1943, le danger devient menaçant, même pour une organisation d'aide humanitaire reconnue par l'État. Ces arrestations et cette interdiction montrent également que face à l'appareil de répression allemand, l'action caritative n'offre pas une couverture suffisante. La Sipo/SD sait parfaitement que, parallèlement à leur activité légale, les organisations humanitaires tant privées que publiques œuvrent pour la Résistance et les personnes persécutées[6]. Elle tient ces informations des réfugiés arrêtés à la frontière qui, au bout de leurs forces physiques et psychiques, sans plus aucun espoir d'être sauvés, livrent dans leur détresse des noms de passeurs ou de cachettes. Autre source d'information de la Sipo/SD : les contrôles systématiques du courrier entre la Suisse et la France. Nombre de personnes sauvées souhaitent faire part de la réussite de leur entreprise ou remercier les organisateurs concernés, et permettent ainsi aux Allemands de reconstituer les filières.

Au printemps 1943, voulant réduire les risques encourus par les collaborateurs de la Cimade et par les personnes cachées tout en se rapprochant des itinéraires d'évasion vers la Suisse, Madeleine Barot décide de constituer un service d'agents de liaison spécial. Elle crée un nouveau secrétariat à Valence, sous la couverture du siège du Conseil protestant de la Jeunesse. Le choix du lieu est mûrement réfléchi : à cette époque, Valence se trouve encore dans la zone d'occupation italienne où la persécution des juifs est encore bien en deçà de ce qui se pratique dans la zone occupée par les Allemands. Jusque-là, le secrétariat de Nîmes a coordonné seul les activités clandestines.

La mission des collaboratrices de ces deux secrétariats consistera à faire suivre les informations relatives aux évasions réussies de même que tout autre message relatif au destin de proches. Par ailleurs, ces agentes de liaison assureront également une mission spirituelle en rompant un court moment l'isolation des réfugiés, afin d'éviter qu'ils ne sombrent dans la résignation. Bras droit de Madeleine Barot, Elisabeth Perdrizet assumera une grande partie de ces missions tout aussi difficiles, sur le plan humain, que périlleuses.

Les faux papiers d'identité français indispensables aux réfugiés sont fabriqués au secrétariat nîmois de la Cimade par Geneviève Pittet et sa collègue Claire Menegoz. Afin d'imiter au mieux les papiers authentiques, Geneviève Pittet a dérobé un cachet officiel à la mairie de Nîmes[7]. Elle fournit également les formulaires vierges nécessaires, qui sont en vente libre dans tous les bureaux de tabac de France[8]. Sachant qu'il est rapidement suspect de les acheter régulièrement et en grandes quantités, Geneviève Pittet contourne ce problème et met à profit ses nombreux déplacements entre Nîmes, Valence et la frontière suisse pour acheter systématiquement quelques formulaires d'identité lors de ses étapes obligatoires. À partir du milieu de l'année 1943, des contacts de la préfecture de Valence établiront de « vrais » faux papiers pour la Cimade. À ce niveau, l'installation du nouveau secrétariat de la Cimade à Valence aura été bénéfique.

Pour préparer et réaliser les évasions clandestines vers la Suisse, la Cimade peut s'appuyer sur des organisations d'éclaireuses françaises de Savoie et de Haute-Savoie telles que les Éclaireuses israélites de France et la Fédération française des éclaireuses. Depuis 1921, la Fédération française des éclaireuses (FFE) est l'organisation faîtière des éclaireuses de France. En 1927, cette fédération crée une section réservée aux jeunes filles juives : les Éclaireuses israélites. Les maisons de repos pour enfants situées dans les Alpes savoyardes et les camps de jeunes de la section lyonnaise de la Fédération française des éclaireuses offrent un camouflage idéal pour les passages clandestins de la frontière[9]. Dans un premier temps, et comme bien d'autres réseaux d'évasion, la Cimade fait appel à des passeurs professionnels, tactique qui s'avérera rapidement bien trop dangereuse et finira par poser un problème financier : en effet, ces « passeurs » font non seulement payer leurs services très cher, entre 3 000 et 5 000 francs par personne[10], mais se révèlent également peu fiables, abandonnant les réfugiés au moindre danger. Dans son ouvrage sur le travail d'un certain nombre de réseaux d'évasion dans la région de Toulouse et les départements limitrophes, Émilienne Eychenne pose elle aussi la question de la fiabilité des passeurs et se demande dans quelle mesure ils doivent être considérés comme des membres de la Résistance[11]. Geneviève Pittet et André Morel jouent un rôle décisif dans la constitution des itinéraires d'évasion vers la Suisse. Tous deux sont également présents sur le terrain et se chargent de missions périlleuses : non seulement ils accompagnent des groupes de réfugiés jusqu'à la frontière, mais ils passent également la frontière avec eux. Le risque qu'ils courent est double, car ils doivent repasser la frontière (clandestinement) dans le sens inverse. C'est au cours de l'une de ses missions de convoyage que Geneviève Pittet est arrêtée fin décembre 1942, à proximité d'Annemasse. Un procès s'ensuit à Saint-Julien-en-Genevois lors duquel elle est condamnée à deux mois de prison. En février 1943, elle est libérée et reprend immédiatement son travail pour la Cimade. Cette arrestation n'a pas mis en danger les structures clandestines de l'organisation. La condamnation de

Geneviève Pittet à une peine de détention légère montre que les autorités voient dans son activité une volonté de porter assistance motivée par l'altruisme, dans le cadre d'une organisation d'aide humanitaire officielle, et qu'elles ne présupposent pas ou ne veulent pas présupposer l'existence d'un réseau d'évasion clandestin. Geneviève Pittet met un terme à son engagement auprès de la Cimade fin 1943 et décide de s'engager dans la France libre en Afrique du Nord. Marie-Louise Brintet lui succédera et pourra bénéficier des structures déjà en place.

Mireille Philip, l'épouse d'André Philip qui s'est rallié au général de Gaulle à Londres en 1942, fait partie de l'équipe responsable de la réalisation des évasions. Dans sa maison frontalière de la Suisse, elle héberge des réfugiés juste avant qu'ils ne franchissent la frontière accompagnés de passeurs connaissant parfaitement les environs. Elle cache également des personnes chez les trappistes à Tamié et chez les Sœurs de la Croix à Chavanod[12]. En janvier 1943, Mireille Philip quitte la Cimade et rejoint un réseau de la Résistance française (non identifié à ce jour). Tout comme dans le cas de Geneviève Pittet, la question se pose de savoir pourquoi cette femme a abandonné son travail pour la Cimade. Elle a sans doute été soudainement menacée de tomber entre les griffes de l'appareil de répression et ce, pour d'autres raisons que ses activités d'aide à l'évasion. Le fait qu'elle soit l'épouse d'un membre du gouvernement provisoire du général de Gaulle n'a sans doute pas échappé aux autorités, et elle a vraisemblablement fait l'objet d'une surveillance régulière. Des proches du général de Gaulle ayant été interrogés ou surveillés par l'Abwehr et les Renseignements généraux, il est probable que les proches des membres de son gouvernement provisoire à Londres aient également été placés sous surveillance[13].

Le nombre de réfugiés qui ont atteint la Suisse à l'aide de la Cimade et qui sont parvenus à y rester s'élève à 448 personnes[14]. Ici, la contribution des femmes se situe davantage au niveau de la direction qu'à celui du convoyage de réfugiés qui, à la Cimade, reste majoritairement du ressort des hommes. À côté de la présidente Violette Mouchon, qui couvre les activités d'aide à l'évasion, ce sont la secrétaire générale Madeleine Barot et les collaboratrices directes des secrétariats de la Cimade qui centralisent tout et prennent les décisions. Il en va à l'inverse à l'OSE, où la direction est assurée par des hommes et où les missions d'évasion sur le terrain et plus particulièrement le convoyage sont pris en charge par des femmes. À cet égard, la répartition des tâches n'est pas tant liée au sexe et à des rôles prédéfinis qu'aux domaines dans lesquels travaillaient les passeurs à l'époque où ils étaient encore dans la légalité. Ce double jeu permet de tenir les risques réels dans des limites acceptables pour toutes les parties en cause.

16. Le secours aux enfants

C'est à la Russie des tsars, où elle fut fondée en 1912, que remontent les origines de cette organisation de bienfaisance juive[1]. Au lendemain de la Première Guerre mondiale, des antennes voient le jour en Pologne, à Londres et à Berlin où le siège européen sera implanté en 1925. En Allemagne, cette organisation d'aide humanitaire est connue sous le nom de Fédération des associations pour la protection de la santé des juifs. Après la prise du pouvoir par les nationaux-socialistes, le siège de Berlin sera supprimé et deux nouveaux bureaux seront établis à Genève et à Paris. Ils joueront tous deux un rôle essentiel dans le sauvetage des juifs de France.

En tant qu'organisation reconnue par l'État (tout comme la Cimade), l'OSE a d'abord aidé les personnes juives, et en particulier les enfants, à fuir ou à se cacher en France en empruntant les voies légales et officielles. C'est à partir de fin août 1942, lorsque les déportations deviennent également systématiques dans la zone non-occupée, que l'OSE commence à installer des structures d'aide à l'évasion clandestines. Destinée à sauver des personnes en opérant au besoin en marge de la légalité, cette initiative émane de Joseph Weill, membre du comité directeur de l'OSE, qui met sur pied un réseau d'évasion avec Georges Garel fin 1942. Le réseau Garel sera opérationnel dès avril 1943. À l'instar d'autres organisations d'aide humanitaire, l'OSE camoufle ses activités clandestines derrière son statut d'organisation de bienfaisance reconnue par l'État, et peut ainsi avoir recours aux structures opérationnelles déjà existantes : en matière de financement, notamment, les fonds nécessaires à l'évasion clandestine proviennent – en empruntant des chemins tortueux – de l'Union générale des Israélites de France, du siège de l'OSE à Genève et de la Croix-Rouge française (nous devons les informations dont nous disposons aujourd'hui sur ces fonds clandestins à Hélène Matorine, qui avait dissimulé dans sa cave les pièces comptables les concernant). Une fois créé, le réseau Garel recourra au personnel travaillant pour l'OSE, et surtout aux assistantes sociales. Dans ce contexte, trois femmes assureront la coordination entre les domaines de l'aide à l'évasion légale et clandestine : Andrée Salomon, Jenny Mazour et Hélène Salmon [2].

Mis à part les fondateurs du réseau Garel et le directeur du relais d'Aix-les-Bains, les responsables de l'évasion clandestine sont des femmes. Elles assument également la direction des antennes régionales (des centres logistiques gérant les évasions clandestines), tout en continuant d'exercer officiellement leurs missions d'aide caritative. Une de leurs attributions consiste à obtenir des faux papiers. Les assistantes sociales du réseau Garel doivent également familiariser les enfants avec leur nouvelle identité, ce qui, en fonction de leur âge, n'est pas entièrement dénué de difficultés. La dernière étape consiste à les accompagner à travers la France jusqu'à la zone de relais à la frontière franco-suisse. Contrairement aux réseaux d'évasion pour soldats alliés où des groupes de seulement trois à quatre personnes sont pris en charge par un convoyeur, il n'est pas rare que les groupes de l'OSE comprennent jusqu'à dix personnes pour une seule convoyeuse. Comme il est légitime que des organisations humanitaires accompagnent des groupes d'enfants vers des maisons de repos ou des centres de vacances, ce type d'effectif constitue un risque acceptable.

Deux maisons de repos pour enfants situées à Saint-Paul-en-Chablais et à Moutiers, dans les Alpes savoyardes, constituent le point de départ pour le franchissement clandestin de la frontière suisse. Alors que ces deux établissements ont vu le jour avec une autorisation administrative et avec le soutien du Secours national[3], leur objectif réel est donc loin d'être déclaré. Par ailleurs, c'est dans la station thermale d'Aix-les-Bains, en Savoie, que le réseau Garel installe sa centrale d'où Georges Loinger préparera les évasions – ce qui implique également la constitution d'un réseau de passeurs de confiance. Enfin, la plaque tournante pour le passage de la frontière franco-suisse est la ville d'Annemasse. Par-delà l'atout que présente la situation géographique et topographique de la ville, les passeurs de l'OSE y bénéficient – comme sans doute bien d'autres organisations d'aide humanitaire – du soutien du maire Jean Deffaugt. Cet homme interviendra à plusieurs reprises auprès des autorités allemandes en faveur de passeurs mis en détention ou de réfugiés arrêtés à la frontière, notamment des enfants ; il lui arrivera d'obtenir leur remise en liberté par la police allemande. Jean Deffaugt profite probablement de sa position de maire de la ville d'Annemasse pour établir de « vrais » faux papiers ou des certificats de résidence, aidant ainsi les réfugiés à séjourner légalement en zone frontalière, et laissant plus de temps aux réseaux d'évasion pour préparer les passages clandestins en Suisse. Car depuis le mois de mars 1942, nous l'avons vu, un décret des autorités françaises stipulait que les personnes non résidentes ne pouvaient plus séjourner dans la zone frontalière franco-suisse que munies d'autorisations spéciales [4].

En sa qualité d'inspectrice de l'assistance sociale de l'OSE à Lyon, Andrée Salomon est régulièrement en contact avec le comité directeur et avec d'autres organisations d'aide humanitaire. Ceci lui offre une position avantageuse pour participer à la mise en place du réseau clandestin d'évasion Garel fin 1942, pour lequel elle sélectionnera elle-même les assistantes sociales. Avant de s'engager dans cette activité clandestine, elle a ouvert un bureau de l'OSE en janvier 1941 dans le camp d'internement de Gurs avec l'autorisation du préfet. Son rôle principal consiste alors à tenter d'obtenir, avec l'approbation des autorités, des remises en liberté, surtout pour les enfants. Ensuite, les enfants sont hébergés dans des foyers officiellement gérés par l'OSE ou d'autres organisations caritatives. Afin d'épargner la vie des camps à un maximum d'enfants, Andrée Salomon commence, fin

1941, à falsifier les âges indiqués dans les listes. Plus les enfants sont jeunes, plus les chances qu'ils soient libérés du camp d'internement sont grandes. Cette manière de procéder se heurte toutefois à une forte désapprobation au sein du bureau de l'OSE ; seul Joseph Weill plaide résolument la voie clandestine parallèlement à la voie légale.

Les assistantes sociales de l'OSE et des autres organisations constituent l'un des piliers de l'aide à l'évasion clandestine : avec des femmes bénéficiant d'un statut professionnel officiel dans le cadre d'un travail légal pour une organisation caritative, la couverture est idéale. Grâce à leurs fonctions, les assistantes sociales disposent des cartes de service et des laissez-passer nécessaires, et ne sont pas immédiatement suspectées en cas de contrôle. Indissociables de leur fonction d'assistante sociale, les trajets effectués vers les foyers gérés par l'OSE n'éveillent pas les soupçons. Précaution supplémentaire : lorsque les femmes travaillant pour le réseau Garel ne bénéficient pas officiellement d'un statut d'assistante sociale, elles sont munies de faux papiers en conséquence. Les critères de sélection sont sévères : afin de ne pas se faire remarquer, les femmes ne doivent avoir ni accent étranger ni apparence considérée comme juive selon les autorités de Vichy. La sécurité des femmes, mais aussi des enfants, est prioritaire. C'est pourquoi Andrée Salomon ne sélectionne pas seulement des assistantes sociales affiliées à l'OSE, mais aussi des femmes travaillant officiellement pour d'autres organisations caritatives. En raison de la pratique de recrutement appliquée par Andrée Salomon, la part des femmes opérant pour le réseau d'évasion Garel atteint 86 %, une proportion exceptionnellement élevée. Pour comparaison : la part des femmes actives dans le réseau d'évasion Michel se situe à environ un quart[5] ; proportion elle-même plutôt élevée par rapport à un autre échantillon analysé dans le cadre de la présente étude sur la base des dossiers du personnel de l'Organisation civile et militaire dont nous disposons aujourd'hui. Cet échantillon ne donne en effet qu'une proportion de femmes de 10 %[6].

Rolande Birgy et Colette Dufournet qui sont actives depuis mi, voire fin 1943, comptent parmi les passeurs de l'OSE opérant dans la zone de relais savoyarde. Elles seront toutes deux arrêtées début mai 1944 à Saint-Julien-en-Genevois à cause de deux adolescents inconnus dans les environs et repérés par la gendarmerie locale devant l'hôtel du Cheval Blanc. Colette Dufournet travaille depuis 1943 comme assistante sociale auprès de l'organisation de bienfaisance Mouvement populaire des familles, qui s'est fixé pour mission d'aider les enfants de réfugiés à rejoindre Nice afin d'effectuer un séjour de repos dans les Alpes françaises[7].

Ces séjours de repos sont-ils prévus dès le départ pour une évasion des enfants vers la Suisse ? Il est difficile de l'affirmer. Colette Dufournet déclarera à la gendarmerie que, comme d'habitude, elle accompagnait en toute légalité des enfants vers des familles d'accueil en Haute-Savoie, et qu'elle avait par ailleurs été priée de prendre d'autres enfants afin de les faire évader vers la Suisse. Son itinéraire d'évasion va de Nice à Annemasse *via* Annecy et Saint-Julien-en-Genevois. Toutefois, sa mission ne se limite pas à accompagner les enfants entre Nice et la frontière suisse : elle doit également assurer leur passage clandestin de la frontière. De son interrogatoire, il ressort que pour franchir la frontière le recours à des passeurs connaissant parfaitement les environs se révèle peu sûr et onéreux : « [À Saint-Julien-en-Genevois] une personne devait se trouver à l'arrivée du car et me donner toutes les indications utiles pour faciliter le franchissement de la frontière des dix enfants que j'avais à charge. C'est moi-même qui devais les accompagner à la frontière pour m'assurer qu'ils étaient bien passés. C'est d'ailleurs pour ce motif que je ne voulais pas les confier à un passeur, et d'autre part il s'agit d'enfants sans ressources qui n'ont pas les moyens de payer les passeurs éventuels. [...]

« C'est la première fois que je conduis de ces enfants en Haute-Savoie. J'ignorais l'identité de ces enfants, je savais simplement qu'ils étaient de race juive et que parmi eux se trouvaient des étrangers[8]. »

Cette déclaration de Colette Dufournet selon laquelle elle aide pour la première fois un groupe à s'évader n'est sans doute qu'une tentative de justification donnée à la gendarmerie. Vu l'effectif relativement important qu'elle accompagnait (un groupe de dix enfants) et le contact personnel qu'elle devait avoir avec le passeur, il est probable qu'elle disposait déjà d'une certaine expérience dans ce domaine. Contrairement à ce qui se serait sans doute passé avec le SD ou le tribunal du Peuple, par exemple, la tentative de justification de Colette Dufournet est apparemment admise par la gendarmerie, puisque les autorités françaises ne donnent pas suite à l'affaire. Elles exigent simplement de confier la garde des enfants au Secours national. Cette arrestation reste donc sans conséquences, tant pour la convoyeuse que pour les enfants. Ce cas témoigne d'une certaine disposition de la gendarmerie, au niveau régional tout au moins, à tolérer sans rien dire les activités clandestines d'aide à l'évasion motivées par des desseins humanitaires.

Mila Racine – alias Marie-Anne Racine[9] – et Marianne Cohn sont deux autres convoyeuses qui accompagnent des groupes d'enfants et d'adolescents le long des itinéraires d'évasion de l'OSE jusqu'à la frontière franco-suisse. Depuis début 1943, Mila Racine accompagne des enfants et des adultes entre Nice et Annemasse. Le 22 octobre 1943, les Allemands l'arrêtent à Saint-Julien-en-Genevois avec les enfants qu'elle accompagne lors de l'un de ses traditionnels voyages, juste quelques kilomètres avant le relais d'évasion organisé en Suisse à Saint-Gervais-les-Bains. Ils sont tous placés en détention à Annemasse. Sur l'insistance du maire Jean Deffaugt, quelques enfants seront remis en liberté mais Mila Racine ne le sera pas. Bien qu'elle parvienne à dissimuler son origine juive aux Allemands, elle ne bénéficiera pas des avantages que l'administration française accorde aux convoyeuses lorsqu'elles sont impliquées par altruisme dans le sauvetage de personnes persécutées. Mila Racine sera déportée à

Ravensbrück où elle décédera en 1945 dans l'un des camps annexes[10].

Succédant à Mila Racine sur le même itinéraire d'évasion, Marianne Cohn connaîtra un destin tout aussi tragique. Le 31 mai 1944, elle est arrêtée par des troupes allemandes à Annemasse en compagnie d'un groupe de 20 enfants, puis est détenue à l'hôtel Pax qui sert de prison locale aux Allemands. Elle est interrogée par un membre de la Sipo/SD dénommé Meier, qui remet les plus jeunes enfants au maire de la ville, Jean Deffaugt. Le procureur n'a pas réussi à établir quelle unité de la Wehrmacht ou quel commandement du SD a effectué l'arrestation[11]. Torturée pendant sa détention, Marianne Cohn ne livrera aucune information sur les structures d'aide à l'évasion de l'OSE. D'après le résultat d'enquête de l'année 1967 de la commission spéciale du parquet de Hambourg en charge de l'élucidation des crimes nationaux-socialistes, Marianne Cohn a été fusillée le 3 août 1944 près d'Annemasse ; ces dossiers n'apportent aucun éclaircissement sur les tortures qu'elle a subies[12].

Comme le montrent les exemples précédemment cités, le sort des convoyeuses opérant pour des organisations caritatives est tributaire de ceux qui procèdent à leur arrestation. Alors qu'une arrestation par la police française ou la gendarmerie n'a généralement pas de conséquences graves, et n'est sanctionnée que par une amende ou une brève peine de prison, une arrestation par les Allemands entraîne des conséquences dramatiques, comme en témoignent les destinées tragiques de Mila Racine et Marianne Cohn.

Avec leurs structures clandestines d'aide à l'évasion, les diverses organisations d'aide humanitaire ne seront pas les seules à contribuer au sauvetage des personnes persécutées. Des initiatives privées voient également le jour, comme nous le montrent les reconstitutions effectuées sur la base de certaines archives de gendarmerie.

Commerçante à Présilly dans le département de Haute-Savoie, Marie-Jeanne Rey aide depuis 1942, avec le soutien d'Auguste Poncet, les personnes persécutées à fuir vers la Suisse. À cette fin, elle dispose d'un véhicule qu'elle a l'autorisation officielle d'utiliser pour les intérêts de la commune. Dans ce contexte, il faut savoir qu'il est exceptionnel d'avoir la possibilité de recourir à une voiture comme moyen de transport pour les tentatives d'évasion ; mais il faut également savoir que si c'est une chance, elle n'est pas sans risques. L'avantage principal de la voiture est qu'elle permet de conduire les réfugiés jusqu'à la zone frontalière franco-suisse sans se soucier des horaires des trains, tout en échappant aux nombreux contrôles effectués dans les gares. Le revers de la médaille est qu'à cette époque, les véhicules privés ne passent pas inaperçus : en raison du rationnement strict de l'essence, seuls les administrations, les hôpitaux, le personnel médical (médecins et sages-femmes, par exemple) et, naturellement, les forces d'occupation peuvent les utiliser. Madame Rey utilisant son véhicule de manière tout à fait officielle pour les intérêts de la commune, elle bénéficie non seulement d'une ration d'essence, mais également des autorisations administratives nécessaires, ce qui lui permet de couvrir ses activités d'aide à l'évasion.

C'est l'Office néerlandais de Lyon, avec lequel elle est en contact, qui envoie à Marie-Jeanne Rey les réfugiés dont elle organise le passage clandestin de la frontière avec l'aide d'Auguste Poncet. Dans un premier temps, Marie-Jeanne Rey cache les réfugiés à son domicile et les équipe d'une carte sur laquelle figurent les itinéraires d'évasion. S'est-elle contentée de les doter des plans adéquats ou bien était-elle également présente au moment de leur faire passer la frontière ? Les archives ne nous livrent pas cette information. Il est probable que face aux autorités chargées de l'enquête et face à la justice, Mme Rey ait minimisé son rôle afin de se protéger. Comme la police française ne parvient pas à identifier les noms des réfugiés et que Mme Rey reconnaît son comportement déviant devant le tribunal correctionnel de Saint-Julien (Haute-Savoie), elle ne sera condamnée qu'à un mois de prison et à 1 200 francs d'amende « pour avoir participé comme complice par fourniture d'instructions et de moyens au franchissement clandestin de la frontière [de] France en Suisse, commis par des israélites non identifiés [13]. » La clémence de la peine est à attribuer aux aveux de Mme Rey et à ses motifs : elle a agi par altruisme, sans s'être enrichie aux dépens des réfugiés.

D'après les statistiques établies dans le cadre de la présente étude, les femmes qui aident à l'évasion de soldats alliés, prisonniers de guerre français, membres de la Résistance ou personnes persécutées arrivent en deuxième place parmi les résistantes les plus menacées de succomber à leur mission. Dans ce domaine, la moitié des femmes (42,8 %) le paieront de leur vie. Comme nous l'avons vu en détail, les plus grands risques sont liés à l'aide apportée aux soldats alliés et aux prisonniers de guerre français – car ce type d'aide implique d'emblée d'agir dans la clandestinité. En revanche, l'aide à l'évasion de personnes persécutées peut fréquemment se dérouler sous une couverture légale ou se plaider comme une manifestation d'altruisme. Cependant cela ne suffit pas à protéger les femmes juives ou d'origine juives. Lorsqu'elles sont arrêtées en situation d'aide à l'évasion par des troupes allemandes ou par la Sipo/SD, leur destin est scellé : elles sont déportées ; dans les cas que nous avons étudiés, l'une d'entre elles sera fusillée en France.

Conclusion

Jusqu'à ce jour, l'engagement des femmes dans la base logistique de la Résistance n'a bénéficié que de très peu d'attention, restant dans l'ombre de la perspective militaire qui a dominé l'historiographie de la Résistance française pendant plus de quatre décennies. Or, cette perspective n'a pas su reconnaître que sans l'appui de la population, ou du moins d'une partie de celle-ci, la résistance militaire armée n'aurait jamais pu entrer en action. À l'inverse, toute démarche de recherche s'intéressant aux déclinaisons civiles de la Résistance ne peut que remarquer le rôle clé joué par les femmes. Sur la base des 1 604 résistantes que nous avons recensées dans le cadre de nos recherches, et sur lesquelles s'appuie notre travail, nous avons pu dégager 31 types d'activités résistantes féminines – dont trois, seulement, dans le domaine de la résistance militaire armée. Ces trois derniers types d'activités comprennent la participation directe aux attaques, attentats et missions des unités combattantes du maquis, l'exécution d'actes de sabotage et l'espionnage[1]. Rapportés à l'ensemble des activités des résistantes, ces trois domaines d'action ne représentent que 3,9 %. Pourtant, ce sont précisément ces domaines-là qui, en France, ont forgé l'image de la Résistance au féminin, tant dans la conscience collective que dans les commémorations officielles. Aujourd'hui, diverses publications continuent, par les cas qu'elles choisissent d'illustrer, de privilégier cette représentation – allant jusqu'à imprimer sur leur première de couverture la photo d'une femme portant une mitraillette en bandoulière[2]. Or, près de 96 % des résistantes ont appartenu à la résistance civile, mais leur rôle dans l'édification complexe et le bon fonctionnement de la Résistance a jusqu'à présent été masqué par la focalisation quasi exclusive sur la résistance militaire armée et la vénération presque cultuelle d'un nombre restreint de résistants. Pour y avoir regardé de plus près, il apparaît néanmoins qu'au niveau civil, la résistance des femmes ne fut ni anonyme, ni dénuée de risques : les résistantes ont un nom, et les risques qu'elles coururent peuvent être retracés. Dans ce contexte, nous n'avons pas seulement pris en considération les 3,4 %

de femmes qui furent à la tête d'un réseau, appartinrent à un comité directeur de la Résistance (à l'échelle nationale ou régionale) ou dirigèrent des services tels que les services sociaux. Nous avons également étudié sous toutes leurs facettes les services que les femmes ont pu rendre à la Résistance, tant au niveau national que régional. Ce faisant, nous avons constaté que les activités des résistantes se recoupaient largement d'un camp politique à l'autre. Seuls deux domaines étaient du ressort exclusif du Parti communiste français et des comités féminins spécialement créés à cet effet : d'une part, la publication des tracts et journaux clandestins s'adressant explicitement aux femmes et, d'autre part, l'organisation de manifestations de femmes protestant contre les problèmes d'approvisionnement et réclamant le retour des prisonniers de guerre français.

Au sein de la résistance civile, nous avons pu identifier trois grands domaines d'activités essentiellement occupés par des femmes. La première activité que nous nous devons de nommer est la mise en place de la structure logistique de la Résistance en France, dans laquelle la moitié (53,8 %) des résistantes s'engagèrent – et qui recense non seulement des agentes de liaison (22,2 %), des secrétariats clandestins (4,0 %)

et des opératrices radio (1,0 %), mais également celles qui assurèrent la fourniture de faux papiers (5,1 %) et la mise à disposition de locaux privés (22,8 %) comme dépôt, comme lieu de rencontre secret ou comme abri servant à cacher et à approvisionner des résistants.

En deuxième lieu, nous avons également identifié la presse clandestine comme activité privilégiée des résistantes, puisque près d'un huitième (12,9 %) d'entre elles s'engagèrent dans ce secteur. Ces résistantes se chargèrent avant tout de la distribution (6,8 %), mais furent également responsables de la fabrication (2,2 %) et de la rédaction (0,7 %). Dans le cas de Louise Weiss, nous avons même affaire à une femme qui fut la directrice de publication d'un journal clandestin proche, par son contenu, du milieu franc-maçon, à savoir *La Nouvelle République-Patriam recuperare*. Néanmoins, la presse clandestine ne fut pas la seule à se servir des mots comme arme de bataille : ce fut également le cas des manifestations de femmes (0,9 %) dont le recrutement était assuré par le biais de tracts prévus à cet effet.

Enfin, le troisième grand domaine d'activité des résistantes fut l'aide à l'évasion, dans laquelle 11,8 % des femmes concernées furent impliquées. Les cercles de personnes que ces femmes aidèrent à fuir la France étaient très hétérogènes. Il s'agissait tant de dirigeants de la Résistance que de soldats alliés, et de prisonniers français évadés ou encore de personnes persécutées pour des raisons politiques ou raciales.

Quels étaient les risques auxquels s'exposaient les femmes en s'engageant dans la Résistance et dans quelle mesure la menace qui pesait sur elles dépendait du type d'activité exercée ?

Même si leur féminité constituait un atout considérable et les mettait *a priori* à l'abri du soupçon, ce dont nombre d'entre elles surent d'ailleurs bien se servir, la très grande majorité des femmes (83,4 %) furent arrêtées et furent, de ce fait, directement confrontées à l'appareil de répression. En cas d'accusation devant un tribunal, les femmes encouraient le même éventail de peines que les hommes, peine de mort comprise : concernant près de 14,4 % des accusées, la peine capitale fut exclusivement prononcée – à une exception près – par des tribunaux allemands. Cependant, même dans les cas où elles étaient touchées par les sanctions pénales les plus dures, les femmes jouissaient généralement d'une certaine clémence, notamment en matière de grâce. Sauf cas exceptionnel, les peines de mort prononcées contre des femmes n'étaient pas mises à exécution mais commuées en peine de réclusion à perpétuité. À la différence des peines de mort contre les hommes, qui étaient généralement exécutées peu de temps après le verdict car les demandes de grâce étaient le plus souvent rejetées. Face à la police et aux tribunaux, les femmes pouvaient invoquer le sexe « faible » pour prouver que leurs tâches n'avaient été que subalternes ou qu'elles n'avaient travaillé que comme auxiliaire d'un homme. Cependant, lorsque les résistantes étaient mères, elles étaient une proie particulièrement facile car leurs enfants pouvaient servir de moyen de pression. À compter de juillet 1942, les femmes furent également menacées par la notion de responsabilité collective de la famille introduite par le chef de la SS et de la police allemande en France, Karl Albrecht Oberg. Après la Libération, les pratiques douteuses liées à la responsabilité collective de la famille furent également appliquées aux épouses de miliciens[3].

D'après les résultats de la présente étude, près d'un cinquième (19,3 %) des femmes ont payé de leur vie leur engagement dans la Résistance, s'exposant à des risques fort différents d'une activité à l'autre. Les activités de résistance féminine les plus dangereuses furent de loin les missions d'opératrice radio et d'aide à l'évasion : près de la moitié des opératrices radio

(47,6 %) et des passeuses (42,8 %) n'ont pas survécu à leur mission. Tout comme la mise à disposition de locaux privés à des fins d'entreposage, le domaine traditionnellement féminin de l'hébergement recèle des risques méconnus jusqu'à nos jours. Un cinquième (20,2 %) des femmes qui prêtèrent leur espace privé à des fins d'entreposage l'ont payé de leur vie. Chez les femmes qui hébergèrent des soldats alliés, des membres de la Résistance ou des prisonniers de guerre français évadés, cette proportion s'élève elle aussi à près d'une femme sur cinq (18,1 %). Ainsi, ce qui pourrait sembler n'être que l'activité apolitique de la « brave petite ménagère aux fourneaux » présupposait, à l'instar de toutes les autres activités résistantes, une volonté politique, un esprit critique et l'aptitude à prendre des risques. Comparées à ces activités et aux prestations des agentes de liaison dont 18,2 % trouvèrent la mort, les missions liées à la presse clandestine furent nettement moins risquées, leur taux de mortalité se situant en dessous de 10 % (8,7 %).

Étant donné les risques auxquels s'exposaient les résistantes, il est tout à fait logique qu'elles se soient servies de leur féminité pour se protéger. Cependant, en conclure – notamment au regard des activités civiles qu'elles exerçaient dans la Résistance – que les résistantes ne furent jamais que des auxiliaires[4] reviendrait à adopter une vision purement militaire de la Résistance et à réduire inconsidérément cette même Résistance française aux quelques mois de la Libération qui eut lieu entre juin et septembre 1944. Comme nous l'avons montré, c'est dès la fin de l'année 1940, avec des activités d'aide à l'évasion et la publication de premiers tracts, que la Résistance entama son travail ; bien avant la résistance militaire armée, donc, qui attendit le mois d'août 1941 pour entrer en action avec des attentats ciblés contre les membres de la Wehrmacht. Et comme l'illustrent les archives d'époque de la police et de la justice, les activités civiles des femmes impliquaient qu'elles occupaient des postes de commande dans les rouages de la Résistance et s'exposaient, de ce fait, à une répression en conséquence. Grâce aux dossiers de l'appareil de répression, nous avons également pu trouver nombre de précisions sur les activités exercées par les femmes et sur les risques qu'elles acceptèrent de courir, mais dont elles n'ont, pour la plupart, pas su rendre fidèlement compte dans leurs témoignages.

Alors que les attentats et les actes de sabotage faisaient grand bruit, les secrétaires des hauts dirigeants de la Résistance – pour ne citer qu'un exemple –

s'acquittaient dans l'ombre de tâches apparemment insignifiantes. Ne pas reconnaître leur travail à sa juste valeur revient toutefois à ignorer que sans ces secrétariats clandestins qui servaient de centrales d'information et de coordination, les actions armées n'auraient jamais été possibles. Ainsi, pour diriger les différents groupes des FTP et les faire intervenir de manière concertée, c'est à Cécile Tanguy qu'il revenait de distribuer les ordres de son mari. En cas d'arrestation, les risques encourus par les secrétaires étaient aux antipodes du caractère peu spectaculaire de leur activité. Vera Obolensky, qui dirigeait le secrétariat du mouvement Organisation civile et militaire à Paris, fut condamnée à mort par un tribunal allemand (qu'il n'a pas été possible d'identifier), et compta parmi les rares femmes à l'encontre desquelles la peine de mort fut mise à exécution [5]. D'après le registre d'écrou, elle arriva à Berlin le 16 juin 1944 par un transport en provenance d'Arras et fut transférée le 26 juillet 1944 à la prison de femmes de la Barnimstraße à Berlin. Elle fut exécutée dans la prison de Berlin-Plötzensee le 4 août 1944. Du fait qu'elle venait d'Arras, nous supposons qu'elle a été condamnée par le tribunal de l'Oberfeldkommandantur de Lille. Car ni les Archives nationales, ni les archives fédérales berlinoises correspondantes ni le Bureuau des archives des victimes des conflits contemporains à Caen n'ont livré quelque indication que ce soit permettant de conclure à un jugement prononcé par le tribunal du Peuple, le Volksgerichtshof.

Pour l'appareil de répression, les secrétaires étaient particulièrement intéressantes dans la mesure où elles disposaient d'informations sur les structures internes de leur mouvement et connaissaient personnellement un grand nombre de membres.

Alors que nous pouvons retracer avec précision les activités des résistantes et les risques qu'elles coururent, il nous est difficile d'exposer les motifs personnels et concrets qui furent à la base de leur engagement. Après un examen approfondi, nous avons pu constater que ces motifs s'articulent avant tout autour de catégories abstraites, que nous avons divisées en trois grands groupes : les motifs patriotiques, les motifs politiques et les motifs humanitaires-religieux, sachant que les convictions patriotiques furent la motivation la plus fréquente, émanant non seulement des cercles bourgeois-conservateurs mais également des camps socialiste et communiste. Ce patriotisme se nourrissait essentiellement de ressentiments pouvant aller jusqu'à des sentiments de haine à l'encontre de l'Allemagne, à la suite de la Première Guerre mondiale ; néanmoins, nombre de résistantes firent bien la différence entre l'Allemagne, d'une part, et l'idéologie méprisante des valeurs humaines entretenue par le régime nazi, d'autre part. Lorsque leur engagement était d'ordre politique, les femmes poursuivaient le plus souvent un travail politique entamé dans la mouvance des cercles socialistes ou communistes français. Quant aux motifs d'ordre humanitaire-religieux, ils s'inscrivaient également dans la prolongation d'activités commencées avant l'engagement dans la Résistance. Ici, les femmes concernées étaient avant tout les assistantes sociales et les infirmières d'organisation caritatives confrontées jour après jour à la souffrance et à la nécessité de tiers, notamment lorsqu'elles travaillaient dans des camps d'internement. Les cas dans lesquels nous avons pu identifier des motifs individuels sont rares : les raisons avancées par les femmes sont alors l'expulsion hors d'une Alsace annexée par le Reich, les exécutions d'otages ordonnées par le commandant militaire en France en réponse aux premiers attentats perpétrés contre des membres de la Wehrmacht en août et septembre 1941, ou encore la mort violente d'un être aimé dont on décidait de reprendre la place afin que son engagement n'ait pas été vain. Mais tous ces motifs ne sauraient être considérés comme étant spécifiquement féminins : à des degrés divers, ils s'appliquent aux deux sexes. Nos recherches n'ont décelé aucun indice permettant de conclure – contrairement à ce qui est encore fréquemment affirmé aujourd'hui – que les problèmes d'approvisionnement furent une des raisons décisives qui poussèrent les femmes à rejoindre la Résistance. Ce n'est donc pas tant dans les motifs que réside l'essentiel de la différence entre l'engagement masculin et l'engagement féminin, mais bien plus dans les activités exercées et les moyens mis en œuvre.

Si l'on se penche sur la genèse des différents mouvements et réseaux, il en ressort qu'hommes et femmes ont recouru à des contacts personnels qui, le plus souvent, remontaient à la période d'avant 1940 et se situaient dans leur entourage privé ou professionnel. Pour qui voulait éviter de risquer une dénonciation qui l'aurait jeté dans les filets de l'appareil de répression, la sphère personnelle était la seule, au début, qui permettait d'entrer en relation avec des personnes partageant les mêmes idées. Ainsi, Berty Albrecht, cofondatrice du mouvement Combat et assistante sociale diplômée, réussit à rencontrer les futurs membres de son mouvement dans le cercle des assistantes sociales et dans l'environnement de l'École des surintendantes d'usine de Paris dont elle connaissait personnellement la directrice, Jeanne Sivadon. Quant au fondateur de ce mouvement, Henri Frenay, c'est dans l'armée qu'il trouva sa base de recrutement : diplômé de Saint-Cyr et officier de carrière, il était particulièrement bien introduit dans ce milieu. Le destin de ces deux résistants montre également qu'un engagement féminin dans la Résistance pouvait avoir des conséquences encore plus dramatiques qu'un engagement masculin. Alors qu'Henri Frenay réussit, avec un peu de chance et surtout la couverture que lui offrit Berty Albrecht, à échapper à l'appareil de répression, Berty Albrecht fut emprisonnée dans un établissement allemand et mourut dans des circonstances mystérieuses.

Quelles sont donc les raisons pouvant expliquer que les femmes engagées dans la Résistance n'aient pas bénéficié, pendant si longtemps, de la reconnaissance qui aurait dû leur revenir ?

Après la fin de la guerre, la résistance civile et par là même près de 96 % des activités exercées par les femmes dans la Résistance furent presque exclusivement cantonnées dans l'ombre de la résistance militaire armée, alors que le devant de la scène était occupé par les unités combattantes du maquis, des Forces françaises de l'intérieur (FFI) et des Forces françaises libres (FFL). Ce phénomène s'observe au niveau des commémorations officielles et se traduit par les pensions d'État accordées par l'ex-ministère des Anciens combattants. Dans le même temps, nombre de femmes n'établissaient aucun lien entre leurs activités résistantes et le domaine militaire, et ne faisaient donc guère valoir leurs droits alors même que le Code des pensions militaires n'excluait pas la résistance civile. À l'âge de la retraite, elles furent néanmoins nombreuses à déposer des demandes parce qu'en France, l'engagement résistant était, et continue d'être, pris en compte dans le calcul des droits à la retraite [6]. C'est sans doute en partie cette modestie qui a fait que dans la France d'après-guerre, les résistantes ne se sont pas vu accorder la place qui aurait dû être la leur.

Par ailleurs, ce furent essentiellement les combattants des FFI qui parvinrent au rang d'officier en des temps records, sans jamais avoir acquis quelque diplôme d'officier que ce soit. Ce type de promotion resta fermé aux femmes. Premièrement parce que, comme nous l'avons montré, elles ne participèrent quasiment pas aux actions militaires armées, et deuxièmement, parce que les femmes dont les missions d'agente de liaison, de secrétaire, d'opératrice radio, d'aide à l'évasion ou de fondatrice d'un réseau furent reconnues par l'État ne bénéficièrent jamais que d'un « grade fictif ». À titre d'exemple, le rang de lieutenant « fictif » a été décerné à Marguerite Petitjean[7] qui avait été parachutée dans les environs de Valence en janvier 1944 et avait été la principale opératrice radio du délégué militaire régional de la région R2, qui correspond à peu près à l'actuelle région Provence-Alpes-Côte-d'Azur. S'accompagnant d'une pension d'État pour les services qu'elles rendirent à la Résistance, ce type de reconnaissance ne permit néanmoins pas aux femmes de bénéficier de promotions dans l'armée et dans la politique, comme ce fut largement le cas pour les hommes.

Les condamnations fort précipitées, juste après la Libération, d'un plutôt grand nombre de femmes accusées de collaboration, non seulement par l'opinion publique, mais également par les chambres civiques de la justice française, ont sans doute contribué à rejeter dans l'oubli le rôle des vétérans. Ainsi, l'image de la collaboratrice – avant tout incarnée par des femmes ayant vraiment ou prétendument eu des relations intimes avec des soldats allemands – contraste singulièrement avec la représentation caricaturale de l'homme au combat. Alors que les hommes avaient libéré la patrie et faisaient figure de héros, les femmes avaient tendance à être associées à la trahison des intérêts de la France, surtout lorsqu'elles étaient soupçonnées d'une collaboration horizontale particulièrement blâmée par la morale[8].

De plus, la presse clandestine – dont celle qui s'adressait directement aux femmes – a elle aussi contribué, par le choix et la teneur de ses écrits, à plonger dans l'oubli les activités résistantes féminines qui avaient le défaut, même si elles étaient indispensables à la logistique, d'être fort peu spectaculaires. Car dans ce domaine comme dans les autres, l'engagement des femmes n'avait de grand retentissement que lorsque ses effets étaient frappants. C'est ainsi que les deux manifestations de femmes qui se déroulèrent à Paris en mai et août 1942 et qui s'accompagnèrent d'échanges de coups de feu en pleine rue attirèrent assez l'attention pour finir par s'inscrire dans la mémoire collective. En revanche, les femmes qui avaient hébergé des soldats alliés chez elles ou avaient travaillé comme agentes de liaison ou comme secrétaires ont été largement oubliées, sauf lorsqu'elles mouroururent en martyre dans des circonstances tragiques comme Danielle Casanova[9].

Si la Résistance au féminin n'a pas été spectaculaire, elle n'a été ni anonyme, ni inefficace et encore moins dénuée de risques. Elle a simplement été ignorée pendant de longues années.

Remerciements

Le présent ouvrage est la version abrégée de la thèse de doctorat qui a vu le jour sous la direction du professeur Bernhard Kroener à l'Université de Potsdam, en Allemagne. Ce livre doit son existence à un grand nombre de personnes : sans leur concours, leurs critiques constructives et leur soutien stimulant, ce projet de recherche n'aurait pas pu être réalisé. Je souhaite remercier en premier lieu mon directeur de thèse qui s'est toujours montré réceptif et qui m'a aidée, dans les moments difficiles de ma vie de doctorante, à maintenir le cap et à ne pas perdre de vue mon objectif.

J'adresse mes vifs remerciements à l'ancien directeur de l'Institut historique allemand (IHA), Werner Paravicini, et à son directeur adjoint Stefan Martens. Sans les bourses de thèse qui m'ont été octroyées, il m'aurait été impossible de mener des recherches d'une telle ampleur dans les archives françaises. À côté de cela, l'Institut a toujours été un lieu d'échanges tout aussi scientifiques que confraternels et décontractés.

J'adresse tous mes remerciements à la directrice des Archives de France, Martine de Boisdeffre, qui m'a accordé les dérogations nécessaires à la consultation des archives d'État françaises. En réponse à mes demandes de recherches, la Section du XXe siècle des Archives Nationales de Paris m'a été d'un grand secours – tout comme les archivistes Françoise Adnès et Marion Veyssière, qui m'ont fait parvenir les autorisations requises en un temps record et m'ont apporté une aide extrêmement compétente pour trouver mes dossiers à l'aide de leurs inventaires internes. Je voudrais également remercier Bruno Isbled, conservateur en chef aux Archives départementales de Rennes, qui m'a fourni tout l'appui possible et m'a offert un accès ciblé à nombre de documents clés. J'associe à ces remerciements Olivier Viout, procureur général près la cour d'appel de Lyon, qui m'a accordé en seulement 15 jours – au lieu des deux mois habituels – l'accès aux dossiers du procès Barbie. J'ai également reçu une assistance appréciable de la part de Christian Lemarchand, ancien directeur du Bureau des archives des victimes des conflits contemporains de Caen. Mes remerciements vont aussi aux employés travaillant aux Archives fédérales de Fribourg, Ludwigsburg et Berlin ainsi qu'à l'ancien Office central d'Aachen-Kornelimünster. Interlocuteurs indéfectibles, ils m'ont prodigué de précieux conseils et m'ont signalé toutes sortes de sources parallèles et de dossiers complémentaires relatifs à mon sujet de thèse.

Un tel projet n'aurait pu réussir sans la patience, le soutien moral et l'aide pratique de mon entourage pendant toutes mes années de recherche. À cet égard, mes parents ont fait preuve d'une grande persévérance. Je remercie également Hélène Aubertin qui m'a accompagnée à mes interviews et en a rédigé les comptes rendus, et qui m'a également autorisée à plusieurs reprises à faire de son appartement parisien ma « base logistique » pour effectuer les recherches supplémentaires qui s'imposaient. Pour le travail de relecture critique du manuscrit allemand, avec les efforts de reformulations et les interventions nocturnes que cela a impliqué, je tiens avant tout à remercier Isabel Garcia Schulz ; son soutien tout aussi personnel qu'expert m'a été extrêmement précieux.

Enfin, pour la version française de ce livre, j'adresse des remerciements tout particuliers à ma traductrice Solveig Kahnt, qui a su tenir tête à toutes les phrases à tiroirs de l'ouvrage allemand et à toutes les aberrations du vocabulaire nazi.

Notes de l'auteure et de la traductrice

Préface

1. Charles de Gaulle : *Mémoires*, Gallimard, coll. « Bibliothèque de la pléiade », Paris, 2000, p. 570.

Liste des abréviations

1. Les dossiers de l'Office central de documentation d'Aachen-Kornelimünster ont été transmis aux Archives fédérales, département militaire, de Fribourg.

1. Virginia Hall, agent de sa majesté

1. Gérald K. Haines, *Virginia Hall Goillot. Career Intelligence Officer, Prologue. Quarterly of the National Archives*, vol. 26, n° 4, 1994, p. 250.

2. The National Archives, Kew, Richmond, Surrey. HS 9/1654, HS 9/647/4, HS 9/648/4, HS 9/298/6.

3. Vincent Nouzille, *L'espionne : Virginia Hall, une Américaine dans la guerre*, Fayard, Paris, 2007, p. 117.

4. The National Archives, Kew, Richmond, Surrey. HS 9/647/4, rapport en date du 7 novembre 1941.

5. Oskar Reile, *Der deutsche Geheimdienst im II. Weltkrieg, Westfront : der Kampf der Abwehr im westlichen Operationsgebiet, in England und Nordafrika*, Weltbild-Verlag, Augsburg, 1990, p. 76.

6. The National Archives, Kew, Richmond, Surrey HS 9/647/4. *Miss Virginia Hall*, 19 octobre 1942.

7. Archives départementales du Rhône, 1035 W 9, dossier 49.

8. *Ibid.*

9. The National Archives, Kew, Richmond, Surrey. HS 9/298/6, fiche Charlet.

10. Philippe de Vomécourt, *Who lived to see the Day. France in arms 1940-1945*, Hutchinson, Londres, p. 118.

11. Archives départementales du Rhône, 1035 W 9, dossier 49.

12. Jarred Tickell, *Odette. The Story of a British Agent*, Chapmen & Hall, Londres, 1953, p. 229 ; Michael Richard Daniell Foot, *SOE in France. An Account of the Work of the British Special Operations Executive in France. 1940-1944*, Londres, Her Majesty's Stationery Office, Londres, 1966, pp. 465-468.

13. The National Archives, Kew, Richmond, Surrey. HS 9/298/6, Ref. F/3227 en date du 10 juin 1944.

2. Secrétaires clandestines

1. Bundesarchiv Berlin, R 58/3269b, f°345.

2. Claude Bouchinet-Serreulles, *Nous étions faits pour être libres. La Résistance avec de Gaulle et Jean Moulin*, Grasset, Paris, 2000, p. 331.

3. Musée de la Résistance et de la Déportation, Besançon. Fonds Germaine Tillion, dossier individuel Jacqueline d'Alincourt.

4. Témoignage de Jacqueline Péry d'Alincourt disponible sur internet (avril 2011) : http://larochebrochard.free.fr/perydalincourt.htm.

5. Jean-Pierre Lévy, *Mémoires d'un franc-tireur. Itinéraire d'un résistant (1940-1944)*, Éditions Complexe, Bruxelles, 1998, p. 98.

6. Micheline Eude-Altman, *Franc-Tireur. Témoignage de Micheline Eude-Altman* In : Evelyne Morin-Rotureau, *Combats de Femmes. 1939-1945*, Autrement, Paris, 2001, p. 128.

7. Dominique Veillon, Le *Franc-Tireur. Un journal clandestin, un mouvement de Résistance 1940-1944*, Flammarion, Paris, 1977, p. 125.

8. Roger Bourderon, *Rol-Tanguy*, Tallandier, Paris, 2004, p. 189.

9. *Ibid.*, p. 222 et 227.

10. Jean-Pierre Azéma, *Jean Moulin. Le politique, le rebelle, le résistant*, Perrin, Paris, 2003, p. 285.

11. Bundesarchiv Berlin, R 70 Frankreich/16, f° 57-58 et 61-65 et R 3016, R 3017 ; Centre des Archives Nationales, Paris, AJ/40/1500-1511.

12. Archives départementales de l'Ain, Bourg-en-Bresse. 180 W 590.

13. Bouchinet-Serreules, *Nous étions faits pour être libres*, Grasset, Paris, 2000, p. 330.

14. Centre des Archives Nationales, Paris, AJ 40/1500, *Affaire Porto*, f°11.

15. Acte d'accusation déposé par le procureur général du Reich près le tribunal du Peuple, AZ 1 J 1041/42g, CHAN AJ 40/1521 ; CHAN AJ 40/1500 « Affaire Porto », f° 6 ; MRDB, fonds La Martinière, série 3, 335/55/5.

3. Les opératrices radio

1. Patrick Howarth, *Undercover. The Men and Women of the Special Operations Executive*, Boston, Routledge & Kegan Paul, Londres, 1980, p. 129.

2. Dominique Decèze, *La lune est pleine d'éléphants verts*, Lanzmann & Seghers, Paris, 1979.

3. The National Archives, Kew, Richmond, Surrey. HS 8/898, *BBC messages to French Resistance groups, most secret*, 23 mars 1944.

4. Bundesarchiv-Militärarchiv, Freiburg/Breisgau. RW36/165, f° 195.

5. Jean Overton Fuller, *Madeleine. L'histoire de Noor Inayat Khan*, Gollancz, Paris, 1953, p. 110.

6. Marcus Binney, *The women who lived for danger. The Agents of the Special Operations Executive*, Hodder & Stoughton, Londres, 2002, p. 160.

7. Archives du mémorial de Dachau, archives 7957/1.

8. Archives Départementales du Rhône, Lyon, 1035 W 9, dossier 45.

9. Centre historique des Archives nationales, Paris, AJ 72/2009, feuillet 3.

10. *Ibid.*, AJ 72/2009, feuillet 5a.

11. Archives du mémorial de Dachau, 7957/10.

12. Centre historique des Archives nationales, Paris, AJ 72/2009, feuillet 42.

13. The National Archives, Kew, Richmond, Surrey. HS 6/469, f°11.

4. Résistantes au foyer

1. Centre historique des Archives nationales, Paris. Dossier Région R6, *Rapports [*sic*], Activity report of Virginia Hall*, 20 septembre 1944.

2. Célia Bertin, *Femmes sous l'Occupation*, Stock, Paris, 1993, p. 251.

3. Oberkommando der Wehrmacht (commandement suprême de la Wehrmacht), Amt Ausl/Abw/Abt. Abw III Nr.2401.6/43g (IIIC5a) ; Bundesarchiv-Militärarchiv, Freiburg/Breisgau, RW35/1281.

4. Archives Départementales du Maine-et-Loire, Angers, 18 W 28 ; Archives Départementales de l'Ain, Bourg-en-Bresse, 180 W 104, 180 W 247.

5. The National Archives, Kew, Richmond, Surrey, HS 6/593, f°21.

6. Marie-Thérèse Le Calvez, *Une femme du réseau Shelburn. Histoire de Marie-Thérèse Le Calvez de Plouha en Bretagne. Recueillie par Dominique-Martin Le Trividic*, Ed. Le Cercle d'or, Les Sables d'Olonne, 1979, p. 19.

7. Sarah Fishman, *Waiting for the Captive Sons of France : Prisoner of War Wives 1940-1945. In : Randolph Higonnet, Margaret : Behind the lines. Gender and two world wars*, Yale University Press, New Haven, 1987, p. 182.

8. Christine Bard, *Les femmes dans la société française au XX*e *siècle*, Armand Colin, Paris, 2001, p. 133.

9. Centre historique des Archives nationales, Paris, CHAN AJ 40/870, f°25, 27, 38, 146 ; circulaire du préfet du Jura sur les « Lettres anonymes – Dénonciations calomnieuses » du 12 janvier 1942.

10. Archives Départementales du Rhône, Lyon, 1035 W 9, dossier 45.

11. Archives de la Préfecture de Police, Paris, BS/GB 28, compte rendu du 4 mars 1942.

12. Cette activité se subdivise de la manière suivante : hébergement (12,9 %), locaux/dépôt (9,5 %) et locaux/poste de commandement (1,3 %).

5. Faux papiers

1. Jean-Pierre Azéma, *Jean Moulin. Le politique, le rebelle, le résistant, op. cit.*, p. 159.

2. The National Archives, Kew, Richmond, Surrey, HS 6/585, f°62.

3. Adolf Kimmel et Henrik Uterwedde, *Bundeszentrale für politische Bildung Länderbericht Frankreich. Geschichte, Politik, Wirtschaft, Gesellschaft, 2. aktualisierte und neubearbeitete Auflage, Bundeszentrale für Politische Bildung*, Bonn, Berlin, 2005. p. 325.

4. Compte rendu pour la période du 26 février au 12 mars 1941, Centre historique des Archives nationales, Paris, AJ 40/926.

5. Olivier Wieviorka, *Une certaine idée de la Résistance. Défense de la France 1940-1949*, Le Seuil, Paris, 1995, p. 118.

6. Entretien avec Jacqueline Pardon.

7. Danièle Lheureux, *La Résistance Action-Buckmaster, Bd. II : Sylvestre-Farmer*, Le Geai bleu, Roubaix, 2002, p. 52 ; Olivier Wieviorka, *op. cit.*, p. 121.

8. Archives Départementales du Nord, Lille, 1 W 1346, Commissariat spécial de Lille, courrier n° 4261 en date du 5 septembre 1942.

9. Olivier Wieviorka, *op. cit.*, p. 124.

10. Centre historique des Archives nationales, Paris, AJ 72/50, témoignage de Mme Fontaine du 15 février 1959.

11. Centre historique des Archives nationales, Paris, AJ 72/50, dossier « Défense de la France, témoignage de Mme Michaut du 5 novembre 1957.

12. *Ibid.*

13. Geneviève Priacel-Pittet, *Passages de frontières*. In : *Les Clandestins de Dieu. CIMADE 1939-1945.* Textes rassemblés par Jeanne Merle d'Aubigné et Violette Mouchon. Fayard, Paris, 1968, p. 120.

6. Assistantes sociales

1. Archives Départementales du Nord, Lille, 1 W 1849, dossier Mme Barcos.

2. Jan Sigurd Kulok, *Trait d'union : the history of the French relief organisation Secours national/Entr'aide française under the Third Republic, the Vichy regime and the early Fourth Republic, 1939-1949*, Thèse de doctorat sous la direction du professeur Robert N. Gildea, Oxford, non publiée, 2003.

3. Suzanne Bidault, *Souvenirs de guerre et d'occupation*, La Table Ronde, Paris, 1973, p. 217.

4. Margaret Collins Weitz, *Les combattantes de l'ombre. Histoire des femmes dans la Résistance. 1940-1945*, Albin Michel, Paris, 1995, p. 125.

5. Archives Départementales du Rhône, Lyon, 31 J/B/42. Témoignage de Mme Drouin.

6. Témoignage de Mme Drouin, sans date, AD Rhône 31 J/B/42 ; Armelle Mabon-Fall, Assistantes sociales (1995), p. 108.

7. Archives Départementales du Nord, Lille, 3 W 344, audience du 18 novembre 1943 ; Archives de la Préfecture de Police, Paris, BS GB/27, compte rendu du 20 novembre 1943.

8. Armelle Mabon-Fall, *Les assistantes sociales au temps de Vichy* L'Harmattan, Paris, 1994, p. 68.

9. Axelle Brodiez, *Le Secours populaire français 1945-2000. Du communisme à l'humanitaire*, Presses de Sciences Po, Paris, 2006, pp. 27-43.

10. Entretien avec Josette Cothias-Dumeix.

11. Bundesarchiv Berlin, R 70 Frankreich/32, f°29, rapport du délégué du chef de la police de sécurité (Sipo) et du SD pour la Belgique et pour la France, bureau de Paris, du 4 février 1941.

12. Bundesarchiv-Militärarchiv, Freiburg/Breisgau, RW 35/540, *Bericht über Kommunistenbekämpfung des Militärbefehlshabers in Frankreich, Verwaltungsstab*, 821/1570/41, du 29 décembre 1941.

13. Centre historique des Archives nationales, Paris, 4W/22, audience du 28 mars 1944.

7. Berty Albrecht

1. Dominique Missika, *Berty Albrecht*, Perrin Paris, 2005, p. 151 et 199.

2. Fabienne Isambert, *Combat-Zone Nord. Présentation, Historique et Intégration dans la Résistance nationale d'un mouvement de zone occupée (1940-1942)*, DEA, IEP, Paris, 1997, p. 102.

3. Marie Granet, *Le rôle des femmes dans la Résistance*, tapuscrit non publié, 1976 ; Centre historique des Archives nationales, Paris, AP 397/12, p. 64, témoignages de Mme Charles Henry-Amar (Colette Peck) du 12 mars 1955 et du 11 juin 1955, 72 AJ/46.

4. Marie Granet, *op. cit.*, p. 68.

5. Mireille Albrecht, *Berty. La grande figure féminine de la Résistance*, Robert Laffont, Paris, 1986, p. 202.

6. Dominique Missika, *op. cit.*, p. 208 et Jean-Pierre Azéma, *Jean Moulin. Le politique, le rebelle, le résistant, op. cit.*, p. 407.

7. Centre historique des Archives nationales, Paris, AJ 72/46, acte d'accusation du procureur de la République près le tribunal de première instance de Lyon en date du 30 août 1942.

8. *Ibid.*

9. Après la libération de la France, la benjamine de la famille Gouze, Danielle, épousera François Mitterrand, le futur président de la République française.

10. Marie Granet, *op. cit.*, p. 23 et Dominique Missika, *op. cit.*, p. 265.

11. Robert Belot, *Henri Frenay : De la Résistance à l'Europe*, Le Seuil, Paris, 2003.

12. Site internet http://www.fondationresistance.com/pages/la_fondation/?p=partenaires

13. Centre historique des Archives nationales, Paris, AJ 72/46, témoignage de Marcelle Bidault du 25 février 1947.

8. Au service de la presse

1. Eva Berg Gravenstein, *La quatrième arme. La presse française sous l'Occupation*, Esprit Ouvert, Paris, 2001, p. 122.

2. Paul et Renée Fouillet-Roux, *Catalogue des périodiques clandestins diffusés en France 1939-1945*, Bibliothèque nationale, Paris, 1954.

3. Clarisse Feletin, Hélène Viannay. *L'instinct de résistance de l'Occupation à l'école des Glénans*, Pascal, Paris, 2004.

4. Célia Bertin, *Louise Weiss*, Albin Michel, Paris, 1999, p. 312.

5. Centre historique des Archives nationales, Paris, AJ 40/1506, jugement du Volksgerichtshof (tribunal du Peuple) contre Nelly Devienne du 5 novembre 1943.

6. Archives de la Préfecture de Police, Paris, R/G, dossier *Situation à Paris : juin à décembre 1940*, compte rendu du 9 septembre 1940.

7. Laurent Douzou, *La désobéissance. Histoire du Mouvement Libération-Sud*, Odile Jacob, Paris, 1995, p. 70.

8. Suzanne Bidault, *Souvenirs* (1979), p. 18.

9. Archives Départementales du Nord, Lille, 1 W 1765, Préfecture du Nord, compte rendu d'enquête et proposition d'internement remontant probablement au mois d'octobre 1940.

10. CHAN AJ 40/1506, Procédure contre Durand et autres, AZ 2 L 124/43, non folioté ; Gedenkbuch Ravensbrück (2005), p. 84.

11. Centre historique des Archives nationales, Paris, AJ 40/1506, procédure contre Durand et autres.

12. Bundesarchiv Berlin, R 70 Frankreich/32, f°31.

13. Eva Berg Gravenstein, *op. cit.*, p. 122

14. Entretien avec Hélène Viannay.

15. Olivier Wieviorka : *Certaine idée, op. cit.*, p. 33 et suiv.

16. Archives Préfecture de Police de Paris, Dossier *Affaire dite « Enlèvement de Mlle de Gaulle »*, sans cote.

17. Entretien avec Jacqueline Pardon.

18. Geneviève de Gaulle-Anthonioz, *La Traversée de la Nuit*, Le Seuil, Paris, 1998, p. 39 et 53.

19. Cf. note 16.

20. Centre historique des Archives nationales 72/50, dossier « Défense de la France », complément au témoignage de Mlle Guyotat, en date du 12.11 1957, p. 3 sq.

9. *Les journalistes parlent aux femmes*

1. Helga Bories-Sawala, *Franzosen im « Reichseinsatz ». Deportationen, Zwangsarbeit, Alltag, Erfahrungen und Erinnerungen von Kriegsgefangenen und Zivilarbeitern*, Lang, Francfort-sur-le-Main, Berlin, Berne, 1996, p. 265.

2. Archives de la Préfecture de Police, R/G *Situation à Paris* 1940-1944.

3. Entretien avec Mme Cothias-Dumeix ; Lise London, *La mégère de la rue Daguerre. Souvenirs de Résistance*, Le Seuil, Paris, 1995, p. 106.

4. Archives Départementales du Nord, Lille, 1 W 1213, interrogatoire de Mlle X par la police française le 31 octobre 1941.

5. Julia Ebbinghaus, *Les journaux clandestins rédigés par des femmes. Une Résistance spécifique (1941-1944)* In : Mechthild Gilzmer ; Christine Levisse-Touzé ; Stefan Martens, *Les femmes dans la Résistance en France. Actes du colloque international de Berlin, 8-10 octobre 2001*. Tallandier, Paris, 2003, p. 140.

6. Dominique Rémy, *Les lois de Vichy*, Editions Romillat, Paris, 1992, p. 221.

7. J.O. Lois et décrets, n° 28 (1944), p. 358.

8. Bundesarchiv-Militärarchiv, Freiburg/Breisgau, RH 20-1/175, f°110, Bericht des Ic des AOK I für Februar 1943.

9. *AVENIR, Journal provisoirement clandestin destiné aux Jeunes de France*, 20 août 1943, p. 3.

10. Archives départementales d'Ille-et-Vilaine 43 W 36.

11. http ://www. gedenkstaette-ploetzensee. de/03_dt. html.

12. Archives de la Préfecture de Police, Paris, R/G Situation à Paris au 11 août 1941.

13. *L'Avant-Garde*. Édition de la région parisienne, n° 213, août 1943. Les majuscules figurent telles quelles dans le titre d'origine.

14. Centre historique des Archives nationales, Paris, AJ 40/558.

15. Fondation Archives des partis et des organisations de masse de la RDA aux archives fédérales de Berlin, Z-F 8786.

16. *La Nouvelle République-Patriam recuperare*, 22.11.1943, p. 2.

17. *La Nouvelle République-Patriam recuperare*, 5.12.1943, p. 2.

18. Archives départementales du Nord, 3 W 344, 1 W 1213 ; 3 W 225 ; 1 W 1346, non folioté.

19. Débat mené dans le cadre du colloque Femmes et Résistance en Belgique et en zone interdite, Bondues, 26 janvier 2006.

20. Julia Ebbinghaus, *op. cit.*, p. 147.

10. Edith Thomas et les Éditions de Minuit

1. James Steel, *Littératures de l'ombre. Récits et nouvelles de la Résistance 1940-1944*, Presses de la Fondation Nationale des Sciences Politiques, Paris, 1991, p11.

2. Anne Simonin, *Les Éditions de Minuit. 1942-1955. Le devoir d'insoumission*, Institut Mémoires de l'Edition Contemporaine (IMEC), Paris, 1994, p. 101.

3. Centre historique des Archives nationales, Paris, AJ 72/45, dossier « CNE », témoignage d'Elsa Triolet, p. 10.

4. Centre historique des Archives nationales, Paris, AP 318/1, *Attestation*, Paris, le 29 octobre 1952.

5. Helena Lewis, *Elsa Triolet. Engagé. Writer and heroine of the Resistance*, Contemporary French Civilization, vol. 18, 1994, p. 45 ; Gisèle Sapiro, *La guerre des écrivains : 1940-1953*, Fayard, Paris, 1999, p. 421.

6. Dorothy Kaufmann, *Edith Thomas. A passion for Resistance,* Cornell University Press, New York, 2004, p. 86.

7. Edith Thomas, *Le témoin compromis,* Viviane Hamy, Paris, 1995, p. 15 et 100.

8. Anne Simonin, *op. cit.*, p. 86.

9. Centre historique des Archives nationales, Paris, AJ 72/45, dossier « CNE », témoignage de Jean Bruller.

10. Jacques Debû-Bridel, *Les Éditions de Minuit. Historique et Bibliographie,* Éditions de Minuit, Paris, 1945, p. 64.

11. *Die Abgeurteilten des Volksgerichtshofes* (Les condamnés du tribunal du Peuple). Banque de données du projet de recherche de l'université de Münster, Institut de criminologie, sous la direction du Pr. Dr Klaus Marxen dans la version des archives fédérales, 1999.

12. Serge Klarsfeld et Léon Tsevery, *Les 1007 Fusillés du Mont-Valérien parmi lesquels 174 juifs,* Les Fils et Filles des Déportés Juifs de France, Paris, 1995, p.25.

13. Anne Simonin, *op. cit.*, p. 72 ; Archives de la Préfecture de Police, Paris, BS/GB 28, comptes rendus du 4.3.1942 et du 25.3.1942 ; Centre historique des archives nationales, AJ 72/45, DOSSIER « CNE », témoignages d'Elsa Triole et de Jean Bruller.

14. Célia Bertin : *Femmes sous l'Occupation, op. cit.*, p. 71 ; Centre historique des Archives nationales, AJ 72/45, dossier « CNE », non folioté.

11. Les femmes dans la rue

1. Archives Départementales du Nord, Lille, compte rendu du préfet pour le mois de juillet 1941, 1 W 4469, non folioté ; rapport de police sur une manifestation à Saint-Pol-sur-Mer le 18.4.1941, manifestation à Dunkerque le 17.4.1941, 1 W 1213 non folioté ; compte rendu du commissaire de police spéciale à Lille en date du 31.7.1941, 1 W 1213, non folioté ; courrier du sous-préfet de Valenciennes au préfet de Lille en date

du 24.2.1942, 1 W 770, non folioté. Archives Départementales de la Savoie, Chambéry, 1382 W 108, non folioté.

2. Archives de la Préfecture de Police, Paris, Renseignements Généraux, dossier « Situation à Paris », 28 avril 1941.

3. Bundesarchiv Berlin, R 58/3269b, f°281.

4. Archives Départementales du Nord, Lille, 1 W 2588.

5. Bundesarchiv Berlin, R 58/3269b, f°299. Rapport du délégué du chef de la police de sécurité (Sipo) et du SD pour la Belgique et la France du 15 avril 1941.

6. Centre historique des Archives nationales, Paris, 4 W/6, dossier 6, f°679.

7. *Ibid.*, f°680.

8. Archives de la Préfecture de Police, Paris, BA 2128 *Affaire de la rue de Buci.*

9. Nicole Chatel, *Des femmes dans la Résistance.* Récits recueillis et présentés par Nicole Chatel, Juillard, Paris, 1972, p. 52.

10. Roger Bourderon, *Rol-Tanguy*, Tallandier, Paris, 2004, p. 202.

11. Centre historique des Archives nationales, Paris, 4 W/12, dossier 6. Ces paroles sont celles que cite le procureur de la République près le tribunal d'État de Paris dans son rapport final du 1er juillet 1943.

12. Lise London, *La mégère de la rue Daguerre. Souvenirs de Résistance*, Le Seuil, Paris, 1995, p. 161.

13. Rapport final du procureur de la République près le tribunal d'État de Paris en date du 1.7.1943, Centre historique des Archives nationales, 4 W/12, dossier 6, non folioté.

14. Archives de la Préfecture de Police, Paris, BS/GB 27, compte rendu hebdomadaire des brigades spéciales en date du 16 août 1942.

15. Centre historique des Archives nationales, Paris, *op. cit.*, *réquisitoire définitif*, p. 7.

16. Archives de la Préfecture de Police, Paris BA 2057, dossier « Jugements prononcés par le tribunal d'État », compte rendu en date du 17.5.1943

12. Celles qui cachent et font passer la frontière

1. Denis Rigden, *SOE Syllabus : Lessons in ungentlemanly warfare, World War II*, Public Record Office, Richmond, 2001, p. 114.

2. Cf. Bibliographie Magnus Koch et Franz Seidler.

3. Bundesarchiv-Militärarchiv, Freiburg/Breisgau, RH 24-86/14.

4. *Ibid.*, RW 49/102 ; Bericht Ic AOK 1 für März 1943. BA-MA RH 20-1/175, f° 110 ; Ermittlungsbericht Abwehrstelle Frankreich « Grenzübergänge, deren Endpunkte in Liansa, Caduques und Rosas liegen », BA-MA RW 49/102, *passim* ; Bundesarchiv, Berlin, NS 19/2531 P. Lieb : Konventioneller Krieg (2007), p. 519.

5. Michel Rousseau, *Zone interdite. Le Nord et le Pas-de-Calais dans la guerre 1939-1945*, Horvath, Lyon, 1984, p. 137.

6. Bundesarchiv Berlin, R 60 I/472.

7. Archives Départementales de la Haute-Savoie, Annecy, 8 Wd 33.

8. *Ibid.*

9. Margaret L. Rossiter, *Women in the Resistance*, Praeger, New York, 1986, p. 35 ; Michael Richard Daniell Foot, James Langley, *MI9. Escape and Evasion 1939-1945*, Langley, Boston, Toronto, 1980, p. 75. ; B. Wynne : *No Drums* (1961), p. 38.

10. Barry Wynne : *No Drums... op. cit.*, Barker, Londres, 1961, p. 58.

11. Margaret L. Rossiter, *Women in the Resistance, op. cit.*, p. 36.

12. Barry Wynne, *op. cit.*, p. 92.

13. Helen Long, *Silent Houses* (1985), p. 172 ; Margaret L. Rossiter, *op. cit.*, p. 41.

14. Bundesarchiv-Militärarchiv, Freiburg/Breisgau, RW 49/104.

15. Heinz Schröter, *Geheime Reichssache 330*, Kaiser, Klagenfurt, 1971, p. 159 ; Margaret L. Rossiter, *op. cit.*, p. 42 ; Service historique de l'Armée de Terre, Vincennes, 1 K 545, carton 16.

13. De la « ligne Dédée » au réseau Comète

1. Sherri Greene Ottis, *Silent heroes. Downed airman and the French underground*, University press of Kentucky, Lexington (Kentucky), 2001, p. 121.

2. Centre historique des Archives nationales, Paris, AJ 72/45, p. 3, témoignage de Germaine Aylé, novembre-décembre 1945 ; AJ 72/45, dossier Comète, p. 3.

3. Témoignage de Germaine Aylé en date de novembre-décembre 1945. CHAN AJ 72/45, p. 3

4. Michael Richard Daniell Foot, James Langley, *MI9. Escape and Evasion 1939-1945*, *op. cit.*, p. 69.

5. Françoise Van Vyve, *Une Belge contre la Gestapo*, Collet, Bruxelles, 1986, p. 93.

6. Sherri Greene Ottis, *Silent Heroes. Downed airman and the French underground*, *op. cit.* p. 124.

7. Stiftung Archiv der Parteien und Massenorganisationen der DDR, Bundesarchiv Berlin, film n° 61196, p. 140, Document d'avis de recherche de la brigade centrale pour les territoires occupés d'Europe de l'Est, n° 22, 1er mai 1942.

8. Centre historique des Archives nationales, Paris, AJ 72/45, dossier Comète, p. 4. Témoignage de Germaine Aylé, novembre-décembre 1945. Tätigkeitsbericht Leiter GFP beim Militärbefehlshaber in Belgien und Nordfrankreich, 1-15 avril 1941 (Rapport d'activité du chef de la police secrète militaire auprès du commandant militaire pour la Belgique et la France du 1er au 15 avril 1941), RW 36/1365, f°110.

9. Entretien avec Hélène Viannay, Paris, 19 décembre 2000, dans lequel elle confirme l'existence de contacts entre Robert Aylé et son mari Philippe Viannay.

10. Oskar Reile, *Frauen im Geheimdienst*, Federmann, Illertissen, 1979, p. 114.

11. Sherri Greene Ottis : *Silent heroes*, *op. cit.*, p. 139.

12. Centre historique des Archives nationales, Paris, AJ 72/45, dossier Comète, témoignage de Marcelle Douard du 5 mars 1946.

13. Livre mémorial des déportés, 2004, tome III, p. 648.

14. Catherine Rothman-Le Dret, *L'Amérique déportée : Virginia d'Albert-Lake – de la Résistance à Ravensbrück*, PUN, Nancy, 1994, p. 37.

15. Michael Richard Daniell Foot, James M. Langley : *MI9*, *op. cit.*, p. 218.

14. Le réseau Pat O'Leary

1. Centre historique des Archives nationales, Paris, AJ 72/45, dossier Comète, témoignage de Madeleine Noël du 23 janvier 1946.

2. Sherri Greene Ottis, *Silent Heroes*. *op. cit.*, p. 79.

3. Michel Rousseau, « Deux réseaux britanniques dans la région du Nord : le réseau Garrow-Pat O'Leary et le réseau Farmer », *Revue d'histoire de la Deuxième Guerre mondiale et des conflits contemporains*, vol. 34, 1984, n° 135, p. 94.

4. Helen Long, *Safe houses are dangerous*, Abson Books, Abson, 1989, p. 205.

5. Bundesarchiv Zentralnachweisstelle, Aachen-Kornelimünster, RW 35 G/365, f°21.

6. *Ibid.*, f°25.

7. Livre mémorial des déportés, 2004, tome 1, p. 305.

8. Bundesarchiv Zentralnachweisstelle, *op. cit.*, f°43.

9. Centre historique des Archives nationales, Paris, AJ 40/1506, jugement du tribunal du Peuple du 16 avril 1943, AZ 3 J 1024/42g, p. 1, 2 et 5.

10. *Ibid.*

11. Sherri Greene Ottis : *Silent Heroes, op. cit.*, p. 109.

12. Helen Long, *op. cit.*, p. 179.

13. Emilienne Eychenne, *Les Montagnards de la Liberté 1939-1945. Les évasions par l'Ariège et la Haute-Garonne*, Milan, Toulouse, 1984, p. 131.

15. Les femmes de la Cimade

1. Information fournie par Mme Alauzet, archiviste des Archives de la Croix-Rouge française à Paris.

2. Sabine Zeitoun, *L'Œuvre de secours aux enfants : l'O.S.E. Du légalisme à la résistance (1940-1944)*, thèse de doctorat, Paris, 1986, pp.250-252. Document disponible sur microfiche à la bibliothèque nationale de Berlin (Staatsbibliothek zu Berlin)

3. Archives Départementales de la Haute-Savoie, Annecy, 8 Wd 33.

4. Uta Gerdes, *Ökumenische Solidarität mit christlichen und jüdischen Verfolgten. Die CIMADE in Vichy-Frankreich 1940-1944*, Vandenhoeck & Ruprecht, Göttingen, 2005, p. 251.

5. Madeleine Barot, *La Cimade : une présence, une communauté, une action.* In *Les Clandestins de Dieu. CIMADE 1939-1945.* Textes rassemblés par Jeanne Merle d'Aubigné et Violette Mouchon, Fayard, Paris, 1968, p. 34. ; Archives Départementales de l'Ain, Bourg-en-Bresse, 180 W 247 Gendarmerie nationale.

6. Armelle Mabon-Fall, *Les assistantes sociales au temps de Vichy, op. cit.*, p. 80.

7. Geneviève Priacel-Pittet, *Passages de frontières.* In *Les Clandestins de Dieu. CIMADE 1939-1945, op. cit.*, p. 120.

8. Entretien avec Jacqueline Pardon.

9. Denise Joussot, *Eclaireuses pendant la guerre. La Fédération Française des Eclaireuses en Rhône-Alpes 1938-1945*, Mella, Lyon, 2001, p11.

10. Sabine Zeitoun, *op. cit.*, p. 252.

11. Émilienne Eychenne : *Montagnards de la Liberté*, Toulouse, Milan, 1984.

12. Limore Yagil, *Chrétiens et juifs sous Vichy (1940-1944). Sauvetage et désobéissance civile*, Éditions du Cerf, Paris, 2005, p. 259.

13. Bundesarchiv-Militärarchiv, Freiburg/Breisgau, RW 49/82B, *passim* ; Archives Départementales de la Haute-Savoie, Annecy, 26 Wd 13, dossier « Séjour en Haute Savoie de plusieurs membres de la famille de l'ex-général de Gaulle ».

14. Uta Gerdes : *Ökumenische Solidarität, op. cit.*, p. 259

16. Le secours aux enfants

1. Sabine Zeitoun, *L'Œuvre de secours aux enfants, op. cit.*, p. 19.

2. Sabine *Zeitoun, Ibid.*

3. Sabine Zeitoun, *Ces enfants qu'il fallait sauver, op. cit.*, p. 251 et 254.

4. Archives Départementales de la Haute-Savoie, Annecy, 8 Wd.

5. Service historique de l'Armée de Terre, Vincennes, 13 P 144.

6. *Ibid.*, 1 K 634.

7. Archives Départementales de la Haute-Savoie, Annecy, 26 Wd 12, procès-verbaux de renseignements sur un trafic de juifs par Mlle Dufournet du 5 mai 1944.

8. *Ibid.*

9. Mahn – und Gedenkstätte des Konzentrationslagers Ravensbrück (dir.) : *Gedenkbuch für die Opfer des Konzentrationslagers Ravensbrück 1939-1945*. Wissenschaftliche Leitung : Bärbel Schindler-Saefkow unter Mitarbeit v. Monika Schell, Metropol, Berlin, 2005, p. 499.

10. Anciens de la Résistance juive en France (dir.) : *Anciens de la Résistance juive en France. Organisation juive de combat. Résistance/sauvetage. France 1940-1945*, Autrement, Paris, 2002, p. 154.

11. Bundesarchiv Ludwigsburg, vormals Zentrale Stelle der Landesjustizverwaltungen, 114 ARZ 1554/1962, f°64.

12. *Ibid.*, f°89.

13. Archives Départementales de la Haute-Savoie, Annecy, 26 Wd 13, Enquête Rey.

Conclusion

1. Toutes les indications chiffrées du présent ouvrage reposent sur l'analyse de deux banques de données « Catalogue biographique » et « Peines prononcées, établies par l'auteur.

2. Mechthild Gilzmer, Christine Levisse-Touzé, Stefan Martens, *Les Femmes dans la Résistance en France.* Actes du colloque international de Berlin, 8-10 octobre 2001, Tallandier, Paris, 2003 ; Margaret Collins Weitz, *Les combattantes de l'ombre, op. cit.*

3. Fabrice Virgili, *La France « virile ». Des femmes tondues à la Libération*, Payot, Paris, 2000, p. 48.

4. Françoise Thébaud in *Geschichte der Frauen*, Campus-Verlag, Frankfurt am Main, 1995, p. 250.

5. Centre historique des Archives nationales, Paris, 397 AP/12.

6. Entretien avec Simone Fontanini.

7. Service historique de l'Armée de Terre, Vincennes, 13 P 145, dossier Action R2, Relevé de service, Paris, 23 septembre 1954.

8. Luc Capdevila, *La « collaboration sentimentale » : Antipatriotisme ou sexualité hors-normes ? (Lorient 1945)*, In : Cahiers de l'Institut d'Histoire du Temps Présent, 1995, n° 31, p. 69.

9. Sandra Fayolle, *Danielle Casanova et les enjeux de la mémoire* in Mechthild Gilzmer, Christine Levisse-Touzé, Stefan Martens, *op. cit.*, p. 354.

ANNEXES

Durée et risques des missions d'opératrices radio

	Nom de l'opératrice radio	Début	Fin	Durée de la mission en semaines	Nombre de messages
1	Baseden, Yvonne	20/03/1944	29/05/1944	10,1s	?
2	Beekman, Yolande	18/09/1943	15/01/1944	17,1s	?
3	Bloch, Denise	02/03/1944	19/06/1944	15,7s	83
4	Byck, Muriel	09/04/1944	23/05/1944	6,4s	43
5	Cloarec. Marie-Louise	06/04/1944	27/04/1944	3,1s	?
6	Cormeau, Yvonne	23/09/1943	30/09/1944	53,4s	400
7	Djendi, Eugénie	06/04/1944	29/04/1944	3,4s	?
8	Hall, Virginia	21/03/1944	30/09/1944	27,7s	?
9	Helier. Juliette	15.02.1943	?	?	?
10	Inayat Kahn. Noor	16/06/1943	?	?	20
11	Jullien, Ginette	07/08/1944	01/10/1944	16,6s	119
12	Latour, Phyllis	14/04/1944	01/10/1944	24,3s	135
13	Louin, Pierette	06/04/1944	27/04/1944	3,1s	?
14	Mertzizen-Boite, Suzanne	06/04/1944	27/04/1944	3,1s	?
15	Nearne, Eileen	25/01/1943	26/07/1944	78,3s	105
16	O'Sullivan, Maureen	23/03/1944	30/09/1944	27,4s	332
17	Rolfe, Lillian	06/04/1944	26/06/1944	11,7s	?
18	Roux, Juliette	01/04/1943	17/06/1944	63,3s	?

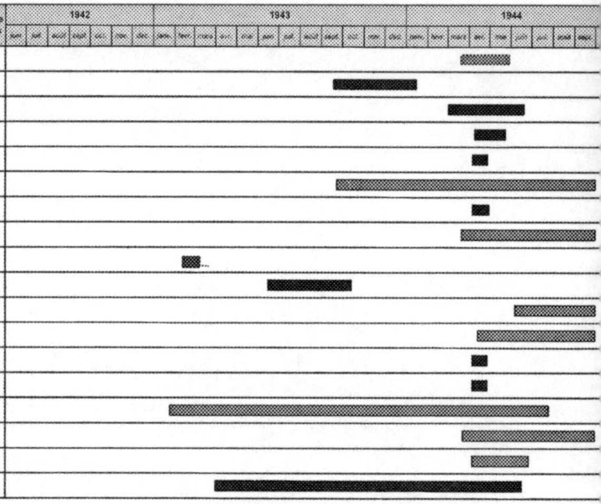

Légende:

- morte en mission
- rentrée de mission
- non précisé

N.B. Les informations contenues dans ce diagramme reposent sur les fiches historiques que les services secrets britannique établirent pour chaque réseau (CHAN AJ 72/2009) ainsi que sur un rapport du chef des services de renseignements français Paul Paillole, qui fut également en contact avec la Résistance (SHAT 1 K 545, carton 10, dossier « Liste des Agents du TR »)

Répartition des activités féminines dans la Résistance - en pourcentage et valeur absolue (n=2132)

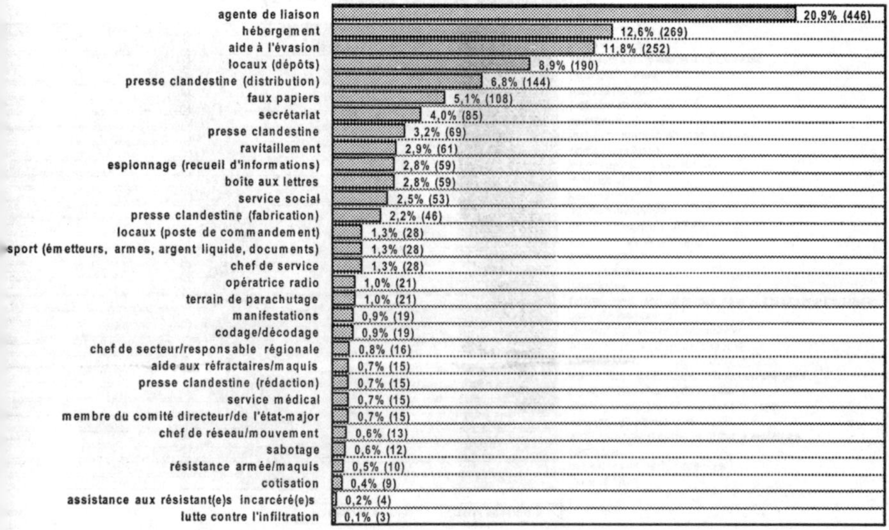

Décès de femmes en relation avec leur activité dans la Résistance en pourcentage et valeur absolue (n=1522)

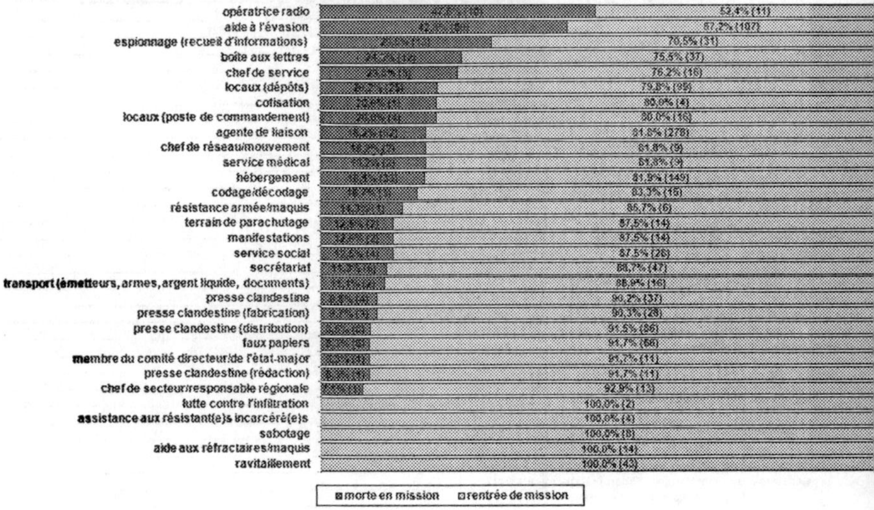

Sources et bibliographie

1. Sources d'archives

Archives Départementales de l'Ain, Bourg-en-Bresse (AD Ain)

180 W 9	Préfecture, police de sûreté
180 W 105	Rapports préfectoraux
180 W 114	Renseignements généraux
180 W 120	Opérations de police, répressions des activités gaullistes et communistes
180 W 247	Terrorisme et activité de dissidents
180 W 248	Propagande communiste et résistante
180 W 251-261	Enquêtes et dossiers divers (A-Z)
180 W 284, 285	Arrestations par les autorités d'occupation
180 W 590	Comité d'histoire de la Deuxième Guerre mondiale
180 W 616-618	Histoire de la Résistance, attestations sur l'honneur pour cartes d'anciens résistants (A-Z)
180 W 638	Personnes arrêtées dans l'Ain et déportées

Archives Départementales des Côtes-d'Armor, Saint – Brieuc (AD Côtes-d'Armor)

68 J 2	Fonds Roger Huguen
68 J 3	Fonds Réseau Shelburne

Archives Départementales de la Drôme, Valence (AD Drôme)

9 J 3	Résistance à Romans et Bourg de Péage
9 J 8	Comité d'Histoire de la Seconde Guerre mondiale
97 J	Résistance civile de l'hôpital de Die ; réseau Gallia, réseau Sabatier
268 W 12	Procès-verbaux de gendarmerie 1940-1944

Archives Départementales d'Ille-et-Vilaine, Rennes (AD Ille-et-Vilaine)

31 W	Préfecture, cabinet du préfet
43 W	Préfecture régionale, cabinet du préfet régional, commissariat régional de la République
134 W 16	Police, activité gaulliste et communiste
212 W	Section spéciale de la Cour d'appel de Rennes
326 W	Préfecture, cabinet du préfet, Maintien de l'ordre
1322 W	Maison d'arrêt de Rennes
1439 W	Service de répression des menées anti-nationales, arrestations et condamnations par les Allemands

Archives Départementales de l'Isère, Grenoble (AD Isère)

13 R 968, 970	Dossiers individuels des arrestations
13 R 905-908	Relations avec les autorités allemandes

13 R 909-910	Correspondance du préfet à l'adresse du *Verbindungsstab*
13 R 975-983	Activités de la Résistance
13 R 1037-1039	Femmes MLN

Archives Départementales du Maine-et-Loire, Angers (AD Maine-et-Loire)

8 W	Préfecture, cabinet du préfet
13 W, 18 W	Commissariat de la République
33 W	Préfecture, cabinet du préfet
75 W	Intendance régionale de la police
77 W	Service des renseignements généraux
303 W	Préfecture de police

Archives Départementales du Nord, Lille (AD Nord)

1 W	Cabinet du préfet, arrestations par les Allemands
3 W (ex 92 U)	Section spéciale de la Cour d'appel de Douai
5 W	Chambre civique

Archives Départementales du Rhône, Lyon (AD Rhône)

31 J	Commission d'histoire de la guerre 1939-1945
182 W	Cabinet du préfet de région
1035 W	Tribunal d'État de Lyon
3335 W	Fichier « Montluc »

Archives Départementales de Saône-et-Loire, Mâcon (AD Saône-et-Loire)

W 465, 466, 467	Police : opérations, contrôle des trains et des hôtels, enquêtes, rapports, recherches d'individus

1081 W	Cabinet du préfet
1769 W	Direction départementale des renseignements généraux (Chalon-sur-Saône)

Archives Départementales de la Savoie, Chambéry (AD Savoie)

962 W 1	Guerre 1939-1945
962 W 3	Guerre 1939-1945, police, maintien de l'ordre (désormais 961 W)
962 W 5	Guerre 1939-1945, Résistance (Renseignements généraux)
1382 W	Cabinet du préfet

Archives Départementales de la Haute-Savoie, Annecy (AD Haute-Savoie)

2 Wd, 8 Wd, 15 Wd	Préfecture, cabinet du préfet et du secrétariat général
16 Wd	Préfecture, 2e bureau, police générale
17 Wd	Direction départementale PTT
22 Wd	Préfecture, cabinet du préfet, services avec les troupes d'occupation
26 Wd	Préfecture, cabinet du préfet
1084 W	Justice, établissements pénitentiaires
44 Wd 24	COSOR

Archives de la Préfecture de Police, Paris (APP)

BA	Rapports de recherches et de renseignements émanant de la police de sûreté et de la direction des Renseignements généraux
BS	Brigades spéciales
PJ	Police judiciaire

R/G	Renseignements généraux : situation de Paris
sans cote	Dossier *Enlèvement de Mlle de Gaulle*

Bibliothèque nationale de France (BNF)

G 1470 (Réserve)	Presse clandestine

Bundesarchiv Berlin (BA-BLN)

NS 19	Persönlicher Stab Reichsführer SS
R 22	Reichsjustizministerium
R 58	Reichssicherheitshauptamt
R 70	Frankreich Polizeidienststellen in Frankreich
R 3016	Volksgerichtshof

Bundesarchiv-Militärarchiv, Freiburg/Breisgau (BA-MA)

RH 20-1	Oberkommando der 1. Armee (AOK 1)
RH 24-86	Generalkommando LXXXVI. Armeekorps
RH 31	Deutscher General des Oberbefehlshabers West in Vichy
RH 36	Kommandanturen der Militärverwaltung
RL 20	Flughafenbereichskommandos
RW 5	OKW/Amt Ausland/Abwehr
RW 19	OKW/Wehrwirtschafts-und Rüstungsamt Frankreich
RW 24	Rüstungsdienststellen in Frankreich
RW 34	Deutsche Waffenstillstandskommission
RW 35	Militärbefehlshaber in Frankreich
RW 36	Militärbefehlshaber in Belgien und Nordfrankreich
RW 49	Dienststellen und Einheiten der Abwehr

Bundesarchiv Ludwigsburg, vormals Zentrale Stelle der Landesjustizverwaltungen (BA-LB)

Frankreich

Militärgerichte	Verfahrensunterlagen der französischen Militärjustiz gegen deutsche Kriegsverbrecher (ausschließlich Kopien)
AR-Z 390/59	Klaus Barbie
AR-Z 1554/62	Vorermittlungsverfahren gegen den « Gestapochef » v. Annemasse
104 AR-7 40/67	Kurt Lischka

Bundesarchiv Zentralnachweisstelle, Aachen-Kornelimünster (BA-ZNS)[*]

RW 35 G	Militärbefehlshaber in Frankreich (Feldurteile)

Bureau des archives des victimes des conflits contemporains, Caen (VCC)

Dossiers individuels de décès des déportés, internés et résistants

Dossiers individuels des morts pour la France

Centre des archives du monde du travail, Roubaix (CAMT)

1998020	Secours populaire

Centre de documentation juive contemporaine, Paris (CDJC)

VII-1	État-major allemand : mesures de police contre le sabotage, l'espionnage, l'activité communiste

* Ces fonds se trouvent aujourd'hui aux Archives fédérales, département militaire (Bundesarchiv-Militärarchiv), à Fribourg-en-Brisgau

VII-12	Gestapo France : réseaux de résistance
XLV-51, 62	État-major allemand : correspondance
XLVI-17	Gestapo France : réseaux d'évasion
CCXVIII-88a	Suzanne Spaak
CCXVIII-91	Récit de Mme Andrée Clausier
CCLXIV	Procès Oberg-Knochen
CML	Français Résistants « Justes »
DLXI	Fonds Anny Latour

Centre historique des Archives nationales, Paris (CHAN)

AJ 40	Archives allemandes de la Seconde Guerre mondiale
AJ 72	Papiers du Comité d'histoire de la Deuxième Guerre mondiale et fonds privés relatifs à la période 1939-1945
AP 318	Fonds Edith Thomas
AP 397	Fonds Marie Granet
4 W	Tribunal d'État de Paris
Z 4	Section spéciale de la Cour d'appel de Paris

Centre d'histoire de la Résistance et de la Déportation, Lyon (CHRD)

Ar. 632g	Fonds Marianne Fayol
Ar. 1023	Fonds Maurice Picard

Cour d'Appel de Lyon

Parquet Général	Dossiers de procédure du procès Barbie*

* Au moment de leur utilisation, ces dossiers n'étaient pas inventoriés.

Institut d'histoire du temps présent, Paris (IHTP)

ARC 092	Fonds Françoise de Boissieu

Musée de la Résistance et de la Déportation, Besançon (MRDB)

Fonds Germain Tillion
Fonds La Martinière

Musée de la Résistance nationale, Champigny-sur-Marne (MNR)

142A	Suzanne Masson
DX	Émilienne Mopty

Politisches Archiv des Auswärtigen Amtes, Berlin (PA AA)

Inland II (geheim), 81, 361

The National Archives, Kew, Richmond, Surrey (TNA)

HS 6	SOE Western Europe, France
HS 8	Ministry of Economic Warfare, SOE and successors : Headquarters
HS 9	Special Operations Executive, Personnel Files

Service historique de l'Armée de l'Air, Vincennes (SHAA)

3 D 96	Arrestations opérées par les autorités françaises et allemandes
Z 28942	Renseignements généraux : don de M. Veniel

Service historique de l'Armée de Terre, Vincennes (SHAT)

1K 545	Archives du Colonel Paul Paillole
1 K 634	Fonds Organisation civile et militaire (O.C.M)

1 K 687	Documentation personnelle de Mme Krebs-Chamming's
3 P 116 – 117	3e Bureau : ligne de démarcation
4 P 15	Corps des volontaires françaises
13 P	Études sur la Résistance

Service historique de la Gendarmerie nationale, Fort de Charenton, Maisons-Alfort (SHGN)

R/2 (courant)	14e Légion (Lyon)
R/4 (confidentiel)	7e Légion (Besançon)
R/4 (confidentiel)	8e Légion (Dijon)
R/4 (confidentiel)	9e Légion bis (Châteauroux)
R/4 (confidentiel)	10e Légion (Rennes)

Stiftung Archiv der Parteien und Massenorganisationen der DDR, Bundesarchiv Berlin (SAPMO)

Film Nr. 61196	Fahndungsnachweis der Zentralfahndungsstelle f. d. besetzten Westgebiete
RD 219/1	Meldeblatt der Fahndungszentrale fuer die besetzen Gebiete in Frankreich und Belgien

2. Sources et ouvrages imprimés

Aglan, Alya : *Mémoires résistantes. Histoire du réseau Jade-Fitzroy (1940-1944)*, Paris, Le Cerf, 1994.

— *La Résistance sacrifiée : Le mouvement Libération-Nord*, Paris, Flammarion, 1999.

— *La Résistance est-elle un humanisme* ? In : Garnier, Bernard ; Leleu, Jean-Luc ; Quellien, Jean : *Pourquoi résister ? Résister pour quoi faire ?* Actes du colloque des 2, 3 et 4 décembre 2004. Caen, Centre de recherche d'histoire quantitative, 2006, pp. 43-52 (Coll. Seconde guerre mondiale).

Alary, Eric : *La ligne de démarcation*, Paris, Perrin, 2003.

Albrecht, Mireille : *Berty. La grande figure féminine de la Résistance*, Paris, Robert Laffont, 1986.

— Vivre au lieu d'exister. Révélations sur l'arrestation de Berty Albrecht, Monaco, Le Rocher, 2001.

Alizon, Simone : *L'exercice de vivre*, Paris, Stock, 1996.

Anciens de la Résistance juive en France (dir.) : *Anciens de la Résistance juive en France Organisation juive de combat. Résistance/sauvetage. France 1940-1945*, Paris, Autrement, 2002. (Coll. Mémoires).

Arnold, Nicole : *Résister. Un refus qui affirme. A partir du journal Défense de la France*, juillet 1941-juillet 1943, Mots, vol. 45, 1995, pp. 23-44.

Asselain, Jean-Charles : *Histoire économique de la France du* XVIII*e* *siècle à nos jours*, Paris, Le Seuil, 1984.

Association des médaillés de la Résistance française (dir.) : *Annuaire des médaillés de la résistance française, Paris, Association nationale des médaillés de la résistance française*, Hôtel des Invalides, 1953.

Aubigné, Jeanne Merle d' ; Mouchon, Violette (dir.) : *Les Clandestins de Dieu*. CIMADE 1939-1945. Textes rassemblés par Jeanne Merle d'Aubigné et Violette Mouchon, Paris, Fayard, 1968.

Aubrac, Lucie : *La résistance. Naissance et organisation*, Paris, R. Lang, 1945. (Coll. Mises au point).

— *Ils partiront dans l'ivresse*. Lyon, mai 43-Londres, février 1944, Paris, France loisirs, 1985.

— Viannay, Hélène : *Témoignages.* Propos recueillis par Françoise Thébaud et Dominique Veillon, Clio. *Histoire, Femmes et Société,* vol. 1, 1995, pp. 231-262.

Audibert-Boulloche, Christiane et (dir.) : *Femmes dans la guerre 1940-1945.* Préface de Lydie Salvayre, Paris, Le Félin, 2003. (Coll. Résistance. Liberté-Mémoire).

Azéma, Jean-Pierre : *Les débuts de la Résistance dans la France occupée.* In : Carlier, Claude ; Martens, Stefan : *La France et l'Allemagne en guerre. Septembre 1939-novembre 1942.* Actes du XXVe colloque franco-allemand, Wiesbaden, du 17 au 19 mars 1988, Paris, I.H.A.P., 1990, pp. 345-358.

— *Vichy et la mémoire savante : quarante-cinq ans d'historiographie.* In : Azéma, Jean-Pierre ; Bédarida, François : *Le Régime de Vichy et les Français.* Avec la collaboration de Denis Peschanski et Henry Rousso. Paris, La Découverte, 1992, pp. 23-44. (Coll. Pour une histoire du XXe siècle).

— *L'historisation de la Résistance,* Esprit, vol. 18, 1994, n° 1, pp. 19-35.

— *The Paxtonian Revolution.* In : Fishman, Sarah ; Downs, Laura L. ; Sinanoglou, Ioannis et al. : *France at war. Vichy and the Historians,* Oxford, New York, Berg, 2000, pp. 13-20.

— *Jean Moulin. Le politique, le rebelle, le résistant,* Paris, Perrin, 2003.

Banat-Berger, Françoise : *Les demandes de grâce formulées par les femmes délinquantes 1919-1939.* In : Bard, Christine ; Chauvaud, Frédéric ; Perrot, Michelle et al. : *Femmes et justice pénale. XIXe et XXe siècles.* Rennes, Presses universitaires de Rennes, 2002, pp. 305-316.

Bard, Christine : *Filles de Marianne. Histoire des féminismes 1914-1940,* Paris, Fayard, 1995.

— *Les femmes dans la société française au XXe siècle*, Paris, Armand Colin, 2001.

Barot, Madeleine : *La Cimade : une présence, une communauté, une action.* In : Aubigné, Jeanne Merle. d' ; Mouchon, Violette : *Les Clandestins de Dieu. CIMADE 1939-1945.* Textes rassemblés par Jeanne Merle d'Aubigné et Violette Mouchon. Paris, Fayard, 1968, pp. 29-38.

Bartosek, Karel ; Gallissot, R. ; Peschanski, D. : *De l'exil à la Résistance. Réfugiés et immigrés d'Europe centrale en France 1933-1945*, Paris, Arcantère, 1989.

— Adler-Cohen, Raya : *De l'exil à la résistance. Réfugiés et immigrés d'Europe centrale en France 1933-1945,* Saint-Denis, Presses universitaires de Vincennes, 1989. (Coll. Histoires et émancipations).

Battagliola, Françoise : *Histoire du travail des femmes*, Paris, La Découverte, 2000.

Bauer, Anne-Marie : *Les oubliés et les ignorés. Claudine dans la Résistance.* Préface de Geneviève de Gaulle Anthonioz, Paris, Mercure de France, 1993.

Baumel, Jacques : *Résister. Histoire secrète des années d'Occupation*, Paris, Grand livre du mois, 1999.

Bédarida, François : *L'Histoire de la Résistance. Lectures d'hier, chantiers de demain, Vingtième Siècle.* Revue d'histoire, vol. 11, 1986, pp. 75-88.

— Bédarida, Renée : *Une Résistance spirituelle : aux origines du « Témoignage Chrétien »* (1941-1942), *Revue d'Histoire de la Deuxième Guerre Mondiale*, vol. 16, 1966, pp. 4-33.

Bédarida, Renée : *Témoignage Chrétien (1941-1944). Les Armes de l'esprit*, Paris, Éd. Ouvrières, 1977.

— *Pierre Chaillet. Témoin de la résistance spirituelle*, Paris, Fayard, 1988.

— *Les catholiques dans la guerre 1939-1945*, Paris, Hachette littératures, 1998.
— Bédarida, François : *La Résistance spirituelle 1941-1944. Les cahiers clandestins du Témoignage chrétien*, Paris, Albin Michel, 2001.
Bellanger, Claude : *Presse clandestine 1940-1944*, Paris, Armand Colin, 1961.
Belot, Robert : *Aux frontières de la liberté. Vichy-Madrid-Alger-Londres. S'évader de France sous l'Occupation*, Paris, Fayard, 1998.
— *Paroles de Résistants*, Paris, Berg, 2001.
— *Henri Frenay. De la Résistance à l'Europe*, Paris, Le Seuil, 2003.
Benoist-Lucy, Chantal : *Sortie de l'abîme 1942-1945. Mémoire d'une déportée*. Préf. de Geneviève de Gaulle, Paris, ARHIS, 1994.
Benz, Wolfgang ; Distel, Barbara (dir.) : *Frauen. Verfolgung und Widerstand,* Munich, Verl. Dachauer Hefte, 1993. (Coll. Dachauer Hefte).
Berg Gravenstein, Eva : *La quatrième arme. La presse française sous l'Occupation*, Paris, Esprit Ouvert, 2001.
Berlière, Jean-Marc : *Le sang des communistes. Les bataillons de la jeunesse dans la lutte armée – automne 1941*, Paris, Fayard, 2004.
— Liaigre, Franck : *Liquider les traîtres : la face cachée du PCF, 1941-1943*, Paris, Robert Laffont, 2007.
Bernard-Farnoux, Yvette : A la suite de Berty Albrecht au service social des « Mouvements Unis de la Résistance ». In : R.H.I.C.O.J : *Les Juifs dans la Résistance et la Libération. Histoire, témoignages, débats.* Textes réunis et présentés par le RHICOJ, Paris, Scribe, 1985, pp. 104-108.
Bertin, Célia : *Femmes sous l'Occupation*, Paris, Stock, 1993.

— *Louise Weiss*, Paris, Albin Michel, 1999.

Bertrand, Simone : *Mille visages, un seul combat. Les femmes dans la Résistance. Témoignages recueillis par Simone Bertrand.* Préface de Yvonne Dumont, Edition revue et augmentée Paris, Éd. Français réunis, 1974.

Betz, Albrecht ; Martens, Stefan (dir.) : *Les intellectuels et l'Occupation*, Paris, Autrement, 2004.

Beziz-Ayache, Annie : *Dictionnaire de droit pénal général et procédure pénale*, Paris, Ellipses, 2001. (Coll. Dictionnaires de droit).

Bidault, Suzanne : *Souvenirs de guerre et d'occupation*, Paris, La Table Ronde, 1973.

Binney, Marcus : *The women who lived for danger. The Agents of the Special Operations Executive*, Londres, Hodder & Stoughton, 2002.

Blanc, Julien : *Au commencement de la Résistance. Du côté du musée de l'Homme, 1940-1941*, Paris, Le Seuil, 2010.

— *Le réseau du Musée de l'Homme*, Esprit, vol. 24, 2000, pp. 89-103.

Böhme, Hermann : *Der Deutsch-Französische Waffenstillstand im Zweiten Weltkrieg*, Stuttgart, Deutsche Verlagsanstalt, 1966. (Coll. Quellen und Darstellungen zur Zeitgeschichte).

Boissieu, Françoise de : *Souvenirs du pays retrouvé (1940-1944).* Tapuscrit non publié, 1999. IHTP : ARC 092 – Françoise de Boissieu.

Bonazzi, Chantal (dir.) : *Le Témoignage oral aux archives. De la collecte à la communication*, Paris, Archives Nationales, 1990.

Bordeaux, Michèle : *La victoire de la famille dans la France défaite. Vichy 1940-1944*, Paris, Flammarion, 2002.

Bories-Sawala, Helga : *Franzosen im « Reichseinsatz ». Deportationen, Zwangsarbeit, Alltag, Erfahrungen und Erinnerungen von Kriegsgefangenen und Zivilarbeitern. Mit einem Vorwort von Peter Bürger,* 3 vol., Francfort-sur-le-Main, Berlin, Berne, Lang, 1996.

Bouchardeau, Huguette : *Elsa Triolet. Écrivain,* Paris, Flammarion, 2001.

Bouchinet-Serreulles, Claude : *Nous étions faits pour être libres. La Résistance avec de Gaulle et Jean Moulin,* Paris, Grasset, 2000.

Bougeard, Christian : *Les prélèvements de main-d'œuvre en Bretagne et leur intérêt stratégique, Revue d'histoire de la Deuxième Guerre mondiale et des conflits contemporains,* vol. 35, 1985, pp. 33-62.

— *Histoire de la Résistance en Bretagne,* Paris, Gisserot, 1992.

— (dir.) : *Bretagne et identités régionales pendant la Seconde Guerre mondiale,* Brest, Centre de recherche bretonne et celtique, 2002.

— Guillon, Jean-Marie : *La Résistance et l'histoire, passé/présent,* Cahiers de l'IHTP, 1997, n° 37, pp. 29-45.

Boulet, François : *Mémoires et Histoire de la Montagne-Refuge du Chambon-sur-Lignon 1940-1944-1994,* Cahiers d'histoire : Lyon, Grenoble, Clermont, Saint-Étienne, Chambéry, vol. 39, 1994, pp. 301-316.

Bourderon, Roger : *Rol-Tanguy.* Préface de Christine Levisse-Touzé, Paris, Tallandier, 2004.

Brandon, Pierre : *Coulisses de la Résistance à Toulouse, Lyon, Marseille et Nice, Paris,* L'Harmattan, 1994. (Coll. Mémoires du XXe siècle).

Brive, Marie-France : *Les Résistantes et la Résistance,* Clio. Histoire, Femmes et Société, vol. 1, 1995, pp. 57-66.

Brodiez, Axelle : *Le Secours populaire français 1945-2000. Du communisme à l'humanitaire*, Paris, Presses de Sciences Po, 2006.

Broussine, Georges : *L'évadé de la France libre. Le réseau Bourgogne*, Paris, Tallandier, 2000.

Brulé, Jean-Pierre (dir.) : *Paroles de Résistance.* Récits et Témoignages recueillis par Jean-Pierre Brulé, Neuvic-Entier, Ed. de la Veytizou, 2003.

Bruneau, Françoise : *Essai d'historique du mouvement né autour du journal clandestin « Résistance ».* Préface par Claude Serreulles, Paris, S.E.D.E.S., 1951.

Brunner, Bernhard : *Der Frankreich-Komplex. Die nationalsozialistischen Verbrechen in Frankreich und die Justiz der Bundesrepublik Deutschland*, Göttingen, Wallstein Verlag, 2004. (Coll. Moderne Zeit. Neue Forschungen zur Gesellschafts – und Kulturgeschichte des 19. und 20. Jahrhunderts).

Burrin, Philippe : *La France à l'heure allemande 1940-1944*, Paris, Le Seuil, 1995.

Cadiet, Loïc (dir.) : *Dictionnaire de la Justice*, Paris, Presses universitaires de France, 2004.

Calmette, Arthur : *L'O.C.M. Organisation civile et militaire. Histoire d'un Mouvement de Résistance de 1940 à 1946*, Paris, Presses universitaires de France, 1961.

Calvi, Fabrizio : *OSS. La guerre secrète en France 1942-1945. Les services spéciaux américains, la Résistance et la Gestapo*, Paris, Hachette, 1990.

Capdevila, Luc : *La « collaboration sentimentale » : Antipatriotisme ou sexualité hors-normes ?* (Lorient 1945), In : Cahiers de l'IHTP, 1995, n° 31, pp. 67-82.

— *La mobilisation des femmes dans la France combattante*, Clio. Histoire, Femmes et Société, vol.12, 2000, pp. 57-80.

— Rouquet, François ; Virgili, Fabrice et al. : *Hommes et femmes dans la France en guerre (1914-1945)*, Paris, Payot, 2003.

Cario, Robert : *Femmes et criminelles*, Toulouse, Érès, 1992.

Carlier, Claude ; Martens, Stefan (dir.) : *La France et l'Allemagne en guerre. Septembre 1939-novembre 1942.* Actes du XXVe colloque franco-allemand, Wiesbaden, du 17 au 19 mars 1988, Paris, I.H.A.P., 1990.

Carré, Mathilde Lilly : I *was the Cat*, Londres, Souvenir Press, 1960.

Cassou, Jean : *La mémoire courte*, Paris, Minuit, 1953.

Caudron, André : *Roubaix « Capitale de la Résistance », Revue du Nord*, vol. 76, 1994, pp. 511-518.

Chamming's, Marie : *J'ai choisi la tempête. Marie-Claire, une jeune fille dans la Résistance*, Paris, France-Empire, 1997.

Chatel, Nicole (dir.) : *Des femmes dans la Résistance.* Récits recueillis et présentés par Nicole Chatel, Paris, Julliard, 1972.

Chaubin, Hélène : *Femmes résistantes en Languedoc méditerranéen*, Provence Historique, vol. 44, 1994, pp. 453-465.

— *Femmes dans la Résistance méditerranéenne. Deux exemples régionaux, Corse et Languedoc*, Clio. Histoire, Femmes et Société, vol. 1, 1995, pp. 37-55.

— *Condition des femmes et formes de résistance dans le Midi languedocien.* In : Guillon, Jean-Marie ; Mencherini, Robert : *La Résistance et les Européens du Sud.* Actes du Colloque tenu à Aix-en-Provence, 20-22 mars 1997. Paris, Montréal, L'Harmattan, 1999, pp. 49-59.

Chevrillon, Claire : *Code name Christine Clouet. A woman in the French Resistance*, College Station (Texas), Texas A and M University Press, 1995.

Chombart Lauwe, Marie-José de : *Toute une vie de Résistance*, Paris, Graphein, 1998. (Coll. Publications FNDIRP).

Clark, Linda L. : *Higher-ranking women, civil servants and the Vichy Regime. Firings and hirings, collaboration and resistance,* French History, vol. 13, 1999, n° 3, pp. 332-359.

Cohen, Asher : *Persécutions et sauvetages. Juifs et Français sous l'Occupation et sous Vichy,* Paris, Le Cerf, 1993.

Cohen, Monique-Lise ; Dufour, Jean-Louis : *Les Juifs dans la Résistance,* Paris, Éd. Tirésias, 2001.

Colvin, Ian : Colonel Henri's story. *The War Memoirs of Hugo Bleicher.* Former German Secret agent, Londres, Kimber, 1954.

Comte, Madeleine : *Sauvetages et baptêmes. Les religieuses de Notre-Dame de Sion face à la persécution des juifs en France (1940-1944),* Paris, L'Harmattan, 2001.

Cookridge, Edward H. : *Inside SOE. The story of special operations in Western Europe 1940-1945,* Londres, A. Barker, 1966.

Coudert, Marie-Louise : *Elles, la Résistance.* Avant-propos de Marie-Claude Vaillant-Couturier, Paris, Temps actuels, 1983.

Courtois, Stéphane ; Lazar, Marc : *Histoire du Parti Communiste Français,* Paris, Presses universitaires de France, 1995.

— Peschanski, Denis ; Rayski, Adam : *Le Sang de l'étranger. Les immigrés de la MOI dans la Résistance,* nouvelle éd. corrigée, Paris, Fayard, 1994.

Courvoisier, André : *Le Réseau Heckler. De Lyon à Londres,* Paris, France-Empire, 1984.

Crémieux, Rosine ; Sullivan, Pierre : *La traîne-sauvage,* Paris, Flammarion, 1999.

Crémieux-Brilhac, Jean Louis (dir.) : *Ici Londres. Les voix de la Liberté,* Paris, La Documentation française, 1975.

Croquet, Jean Claude : *Chemins de passage : les passages clandestins entre la Haute-Savoie et la Suisse de 1940 à 1944.* Exposition itinérante réalisée à Gaillard en 1995, Saint-Julien-Genevois, La Salevienne, 1996.

Curvat, Serge ; Domenach-Lallich, Denise ; Duprat-Odet, Chantal et al. : *Les Lieux secrets de la Résistance. Lyon 1940-1944*, Lyon, Éditions Xavier Lejeune, 2003.

Debû-Bridel, Jacques : *Les Editions de Minuit. Historique et Bibliographie*, Paris, Minuit, 1945.

Decèze, Dominique : *La Lune est pleine d'éléphants verts*, Paris, Lanzmann & Seghers, 1979.

Dejonghe, Etienne (dir.) : *L'Occupation en France et en Belgique 1940-1944*. Actes du colloque de Lille 26-28 avril 1985, Villeneuve d'Ascq, Éd. Revue du Nord, 1987.

Delacor, Regina M. : *Attentate und Repressionen. Ausgewählte Dokumente zur zyklischen Eskalation des NS-Terrors im besetzten Frankreich 1941/1942.* Préface de Henry Rousso, Stuttgart, Thorbecke, 2000.

Delarue, Jacques : *Histoire de la Gestapo*, Paris, Marabout, 1986.

Delbo, Charlotte : *Le convoi du 24 janvier*, Paris, Minuit, 1965.

Delpard, Raphaël : *Les justes de l'ombre (1940-1944). L'histoire secrète de la Résistance juive*, Paris, Lattès, 1995.

Dermenjian, Geneviève ; Fishman, Sarah : *La guerre des captives et les associations de femmes de prisonniers en France 1941-1945*, Vingtième Siècle. Revue d'histoire, 1996, n° 49, pp. 98-109.

D'Hallendre, Edgar : *Une famille du Nord dans la Résistance*, *Revue du Nord*, vol. 76, 1994, pp. 535-544.

Diamond, Hanna : *Women and the Second World War in France 1939-1948*, Harlow, Longman, 1999.

Domenach-Lallich, Denise : *Une jeune fille libre. Journal 1939-1944*. Présenté par Christine Mital, Paris, Les arènes, 2005.

Douzou, Laurent : *Notes de prison de Bertrande d'Astier de la Vigerie (15 mars-4 avril 1941).* Édition établie et présentée par Laurent Douzou, Cahiers de l'IHTP, 1993, n° 25, pp. 1-68.

— *La désobéissance. Histoire du Mouvement Libération-Sud,* Paris, Jacob, 1995.

— *La Résistance – une affaire d'hommes ?,* Cahiers de l'IHTP, 1995, n° 31, pp. 11-24.

— *Résistance française : une histoire périlleuse,* Paris, Le Seuil, 2005.

Dreyfus, François-Georges (dir.) : Le *patriotisme des Français sous l'Occupation,* Paris, Éd. de Paris, 2000.

— *Histoire de la Résistance 1940-1945,* Paris, Le Félin, 1996.

Ducoudray, Marie : *Ceux de Manipule. Un réseau de renseignement dans la Résistance en France,* Paris, Tirésias, 2001.

Dumont, Thérèse ; Pélissier, Simone : *Femmes en Résistance. Préface de Lucie Aubrac, Marie-Claude Vaillant-Couturier, Anna Tardy,* Digne-les-Bains, Éd. de Haute Provence, 1994.

Du Pouget, Marc : *Les juridictions d'exception de la période de l'Occupation et de la Libération à Lyon,* Cahiers d'histoire : Lyon, Grenoble, Clermont, Saint-Etienne, Chambéry [Lyon, Grenoble], vol. 39, 1994, n° 3-4, pp. 221-229.

Ebbinghaus, Julia : *Les journaux clandestins rédigés par des femmes. Une Résistance spécifique (1941-1944).* In : Gilzmer, Mechthild ; Levisse-Touzé, Christine ; Martens, Stefan : *Les Femmes dans la Résistance en France.* Actes du colloque international de Berlin, 8-10 octobre 2001. Paris, Tallandier, 2003, pp. 135-163.

Éditions de Minuit (dir.) : *Chroniques Interdites,* Paris, Minuit, 1944.

Eismann, Gaël : *Hôtel Majestic. Ordre et sécurité en France occupée, 1940-1944,* Paris, Tallandier, 2010.

Estèbe, Jean : *Toulouse 1940-1944*, Paris, Perrin, 1996.

Eude-Altman, Micheline : *Franc-Tireur. Témoignage de Micheline Eude-Altman.* In : Morin-Rotureau, Evelyne : *Combats de Femmes.* 1939-1945. Paris, Autrement, 2001, pp. 124-133.

Eychenne, Émilienne : *Les Montagnards de la Liberté 1939-1945. Les évasions par l'Ariège et la Haute-Garonne*, Toulouse, Milan, 1984.

Fabius, Odette : *Un lever de soleil sur Mecklembourg*, Paris, Albin Michel, 1986.

Farcy, Jean-Claude avec Rousso, Henry : *Justice, répression et persécution en France de la fin des années 1930 au début des années 1950.* Essai bibliographique, Cahiers de l'IHTP, 1993, n° 24, pp. 1-165.

Fauré, Christine (dir.) : *Encyclopédie politique et historique des femmes : Europe, Amérique du Nord.* 2e édition revue et corrigée, Paris, Presses universitaires de France, 1997.

Fayolle, Sandra : *Danielle Casanova et les enjeux de la mémoire.* In : Gilzmer, Mechthild ; Levisse-Touzé, Christine ; Martens, Stefan (dir.) : *Les Femmes dans la Résistance en France.* Actes du colloque international de Berlin, 8-10 octobre 2001. Paris, Tallandier, 2003, pp. 347-368.

Feletin, Clarisse : Hélène Viannay. *L'instinct de résistance de l'Occupation à l'école des Glénans*, Paris, Pascal, 2004.

Fijalkow, Jacques (dir.) : *Les femmes dans les années quarante. Juives et non-Juives, souffrances et résistance.* Deuxième colloque de Lacaune 20-21 septembre 2003, Paris, Éd. de Paris, 2004.

Fillon, Catherine : *Le tribunal d'État section de Lyon (1941-1944). Contribution à l'histoire des juridictions d'exception*, Histoire de la Justice, vol. 10, 1997, pp. 193-222.

— *La section lyonnaise du tribunal d'État et la section spéciale près de la cour d'appel de Lyon : l'exemplarité à l'épreuve des faits.* In : Truche, Pierre : *La justice des années sombres 1940-1944.* Actes du colloque, Paris, La Documentation française, 2001, pp. 75-99 (Coll. Histoire de la justice).

— *Le Barreau de Lyon dans la tourmente : de l'Occupation à la Libération.* Préface de Pierre Truche, Lyon, Aléas, 2003.

Fishman, Sarah : *Waiting for the Captive Sons of France : Prisoner of War Wives 1940-1945.* In : Randolph Higonnet, Margaret : *Behind the lines. Gender and two world wars,* New Haven, Yale University Press, 1987, pp. 182-193.

— *We will wait. Wives of French Prisoners of War 1940-1944,* New Haven, Londres, Yale University Press, 1991.

— Downs, Laura L. ; Sinanoglou, Ioannis et (dir.) : *France at war. Vichy and the Historians*, Oxford, New York, Berg, 2000.

Fondation pour la Mémoire de la Déportation (dir.) : *Le livre mémorial des déportés de France arrêtés par mesure de répression et dans certains cas par mesure de persécution, 1940-1945,* 4 vol., Paris, Tirésias, 2004.

Foot, Michael Richard Daniell : *SOE in France. An Account of the Work of the British Special Operations Executive in France. 1940-1944,* Londres, Her Majesty's Stationery Office, 1966.

— avec Langley James. M. : *MI9. Escape and Evasion 1939-1945,* Boston, Toronto, Langley, 1980.

Fouillet-Roux, Renée ; Fouillet-Roux, Paul : *Catalogue des périodiques clandestins diffusés en France 1939-1945,* Paris, Bibliothèque nationale, 1954.

Fourcade, Marie-Madeleine : *L'Arche de Noé, Paris,* Fayard, 1968.

Fradin, Marie : *Le Chagrin et pas de pitié,* Paris, Flammarion, 1980.

Francos, Ania : *Il était des femmes dans la Résistance*, Paris, Stock, 1978.

Friang, Brigitte : *Regarde-toi qui meurs. 1943-1945*, Paris, Plon, 1989.

Fuller, Jean Overton : *Madeleine. L'Histoire de Noor Inayat Khan*. Traduit de l'anglais, Paris, Gollancz, 1953.

— *The German penetration of SOE. France 1941-1944*, Londres, Kimber, 1975.

Gabert, Michèle : *Entrés en Résistance. Isère. Des hommes et des femmes dans la Résistance*, Grenoble, Presses universitaires de Grenoble, 2000.

Gandy, Alain : *La jeunesse et la Résistance. Réseau Orion 1940-1944*. Contient un choix de documents, Paris, Presses de la Cité, 1992.

Gaulle-Anthonioz, Geneviève de : *La Traversée de la nuit*, Paris, Le Seuil, 1998.

Gentgen, René : *La Résistance civile dans la Loire. De sa naissance à la Libération*, Lyon, Éd. Lyonnaises d'art et d'histoire, 1996.

Gerdes, Uta : *Ökumenische Solidarität mit christlichen und jüdischen Verfolgten. Die CIMADE in Vichy-Frankreich 1940-1944*, Göttingen, Vandenhoeœck & Ruprecht, 2005.

Gildea, Robert : *Marianne in Chains. In the Search of the German Occupation 1940-1945*, Londres, Macmillan, 2002.

Gillot, Auguste ; Gillot, Simone : *Un couple dans la Résistance*, Paris, Éd. Sociales, 1975.

Gilzmer, Mechthild : *Fraueninternierungslager in Südfrankreich. Rieucros und Brens 1939-1944*, Berlin, Orlanda-Frauenverlag, 1994.

— avec Levisse-Touzé, Christine ; Martens, Stefan (dir.) : *Les Femmes dans la Résistance en France*. Actes du colloque international de Berlin, 8-10 octobre 2001, Paris, Tallandier, 2003.

Girtanner, Maïti : *Même les bourreaux ont une âme*. Avec la collaboration de Guillaume Tabard, Tours, CLD Éditions, 2006.

Gonon, Marguerite : *En ce temps-là. Résistance et Occupation en Lyonnais*, Cahiers d'histoire : Lyon, Grenoble, Clermont, Saint-Etienne, Chambéry [Lyon, Grenoble], vol. 39, 1994, pp. 177-190.

Gotovitch, José ; Frank, Robert (dir.) : *La Résistance et les Européens du Nord*. Colloque Bruxelles 23-25 novembre 1994, Bruxelles, Centre de recherches et d'études historiques de la Seconde Guerre Mondiale, 1995.

Granet, Marie : *Défense de la France. Histoire d'un mouvement de Résistance*, Paris, Presses universitaires de France, 1960.

Granet, Marie (dir.) : *Le journal « Défense de la France »*. Introduction et notes de Marie Granet, Paris, Presses universitaires de France, 1961.

— *Ceux de la Résistance*, Paris, Minuit, 1964.

— *Cohors-Asturies. Histoire d'un réseau de Résistance*, Bordeaux, Éd. des Cahiers de la Résistance, 1974.

— *Le rôle des femmes dans la Résistance*, tapuscrit non publié, 1976 ; Centre historique des Archives nationales, Paris, AP 397/12, p.64, témoignages de Mme Charles Henry-Amar (Colette Peck) du 12 mars 1955 et du 11 juin 1955, 72 AJ/46.

Gruchmann, Lothar : *« Nacht – und Nebel » – Justiz. Die Mitwirkung deutscher Strafgerichte an der Bekämpfung des Widerstandes in den besetzten westeuropäischen Ländern »*, Vierteljahreshefte für Zeitgeschichte, vol. 29, 1981, pp. 342-396.

Guidez, Guylaine : *Femmes dans la Guerre 1939-1945*, Paris, Perrin, 1989.

Guillon, Jean-Marie ; Mencherini, Robert (dir.) : *La Résistance et les Européens du Sud.* Actes du Colloque tenu à Aix-en-Provence, 20-22 mars 1997, Paris, Montréal, L'Harmattan, 1999.

Guyon-Belot, Raymonde : *Le Sel de la mine,* Paris, Éd. France-Empire, 1990.

Haines, Gerald K. : *Virginia Hall Goillot. Career Intelligence Officer, Prologue.* Quarterly of the National Archives, vol. 26, 1994, n° 4, pp. 248-260.

Hany-Lefèbvre, Noémi : *Six mois à Fresnes,* Paris, Flammarion, 1946.

Hesse, Philippe-Jean ; Le Crom, Jean-Pierre (dir.) : *La protection sociale sous le Régime de Vichy,* Rennes, Presses universitaires de Rennes, 2001.

Hinsley, Francis Harry : *British Intelligence in the Second World War,* Londres, Her Majesty's Stationery Office, 1979-1991.

Hockerts, Hans Günther : *Zugänge zur Zeitgeschichte. In : Jarausch, Konrad H. ; Sabrow, Martin : Verletztes Gedächtnis. Erinnerungskultur und Zeitgeschichte im Konflikt.* Frankfurt am Main, Campus-Verl., 2002, pp. 39-73.

Honoré d'Estienne d'Orves, Rose et Philippe : Honoré d'Estienne d'Orves. *Pionnier de la Résistance.* Papiers, carnets et lettres. Paris, France-Empire, 1990.

Horne, John ; Kramer, Alan : *German Atrocities, 1914. A History of Denial,* New Haven, Londres, Yale University Press, 2001.

Houlding, Elizabeth Anne : *Between the Lines. Women writing the occupation of France,* New York, Columbia University, Ann Arbor, 1991.

Howarth, Patrick : Undercover. The men and women of the Special Operations Executive, Londres, Boston, Routledge & Kegan Paul, 1980.

Humbert, Agnès : *Notre Guerre. Souvenirs de résistance : Paris 1940-41 – le Bagne – Occupation en Allemagne*, Paris, Émile-Paul frères, 1946.

Isambert, Fabienne : *Combat-Zone Nord. Présentation, Historique et Intégration dans la Résistance nationale d'un mouvement de zone occupée (1940-1942)*, DEA, Paris, IEP, 1997 (non publié).

Jackson, Julian : *France. The dark years 1940-1944*, Oxford, Oxford University Press, 2001.

Jacques, André : *Madeleine Barot*, Paris, Le Cerf, 1989.

Jaffré, Yves Frédéric : *Les tribunaux d'exception 1940-1962*, Paris, Nouvelles éditions latines, 1963.

Jeannin-Garreau, Eliane : *Ombre parmi les ombres. Chronique d'une résistance 1941-1945*, Issy-les-Moulineaux, Muller, 1991.

Jouan, Cécile : *Comète. Histoire d'une ligne d'évasion*, Bruxelles, Éditions du Beffroi, 1948.

Joussot, Denise : *Eclaireuses pendant la guerre. La Fédération Française des Eclaireuses en Rhône-Alpes 1938-1945*, Lyon, M. Mella, 2001.

Kaufmann, Dorothy : *Edith Thomas. A passion for Resistance*, Ithaca, New York, Cornell University Press, 2004.

Kedward, Harry R. : *In the Search of the Maquis. Rural Resistance in Southern France 1942-1944*, Oxford, Clarendon Press, 1994.

— avec Austin, Roger (dir.) : *Vichy France and Resistance. Culture and Ideology*, Londres, Sydney, Croom Helm, 1985.

— *Resistance in Vichy France. A Study of Ideas and Motivation in the Southern Zone 1940-1942*, Oxford, Oxford University Press, 1978.

Kimmel, Adolf ; Uterwedde, Henrik (dir.) : *Bundeszentrale für politische Bildung Länderbericht Frankreich. Geschichte, Politik, Wirtschaft, Gesellschaft, 2. aktualisierte und neubearbeitete Auflage, Bonn, Berlin, Bundeszentrale für Politische Bildung,* 2005. (Coll. Schriftenreihe/Bundeszentrale für Politische Bildung).

King, Stella : *Jacqueline, pioneer heroine of the resistance, Londres,* Arms and Armour Press, 1989.

Koch, Magnus : *Fahnenfluchten. Deserteure der Wehrmacht im Zweiten Weltkrieg – Lebenswege und Entscheidungen,* Paderborn, Schöningh, 2008. (Coll. Krieg in der Geschichte).

Kriegel, Annie : *Ce que j'ai cru comprendre,* Paris, Robert Laffont, 1991.

Kulok, Jan Sigurd : *Trait d'union : the history of the French relief organisation Secours national/Entr'aide française under the Third Republic, the Vichy regime and the early Fourth Republic, 1939-1949,* Thèse de doctorat sous la direction du professeur Robert N. Gildea, Oxford, Oxford University Press, 2003 (non publiée).

Laborie, Pierre : *Historiens sous haute surveillance,* Esprit, vol. 18, 1994, n° 1, pp. 36-49.

Laborie, Pierre (dir.) : *Les Français des années troubles. De la guerre d'Espagne à la Libération,* Paris, de Brouwer, 2001.

— *L'idée de Résistance, entre définition et sens : retour sur un questionnement.* In : Laborie, Pierre : *Les Français des années troubles. De la guerre d'Espagne à la Libération*. Paris, De Brouwer, 2001, pp. 73-90.

Latour-Astol, Catherine : *Les résistantes du Nord : Un engagement précoce, des parcours diversifiés.* In : Vandenbussche, Robert : *Femmes et résistance en Belgique et en zone interdite (1940-1944)* ; colloque organisé à Bondues par l'Institut de

Recherches Historiques du Septentrion (IRHIS) et la ville de Bondues, le 28 janvier 2006. Villeneuve d'Ascq, IRHIS, Université Charles de Gaulle – Lille III, 2007, pp. 25-44. (Coll. Centre de Recherche sur l'Histoire de l'Europe du Nord-Ouest).

Le Tac, Monique : *Yvonne Le Tac. Une femme dans le siècle (de Montmartre à Ravensbrück).* Préface de Geneviève de Gaulle Anthonioz, Paris, Tirésias, 2000.

Le Trividic, Dominique Martin : *Une femme du réseau Shelburn*, Les Sables d'Olonne, Le Cercle d'or, 1979.

Leclère, Françoise : *La composition d'un réseau « Zéro France »*, Revue d'Histoire de la Deuxième Guerre Mondiale, vol. 16, 1966, n° 61, pp. 75-86.

Lévy, Jean-Pierre : *Mémoires d'un franc-tireur. Itinéraire d'un résistant (1940-1944).* Avec la collaboration de Dominique Veillon, Paris, Éd. Complexe, 1998.

Lewis, Helena : *Elsa Triolet. Engagé. Writer and heroine of the Resistance*, Contemporary French Civilization, vol. 18, 1994, pp. 43-55.

Lheureux, Danièle : *La Résistance Action-Buckmaster, Bd. II : Sylvestre-Farmer*, Roubaix, le Geai bleu, 2002.

Liaigre, Franck : *Le parti communiste et la lutte armée en Bretagne à la lumière des archives. 1940-1943.* In : Courtois, Stéphane : *Communisme en France. De la révolution documentaire au renouveau historiographique.* Actes du colloque organisé par le Centre de Recherches Hannah Arendt le 11 mai 2006, Paris, Cujas, 2007, pp. 107-144.

Lieb, Peter : *Konventioneller Krieg oder NS-Weltanschauungskrieg ?*, Munich, Oldenbourg, 2007. (Coll. Quellen und Darstellungen zur Zeitgeschichte).

List, Corinna von : *Frauen in der Resistance 1940-1944.* « Der Kampf gegen die "Boches" hat begonnen ! », Paderborn, Schöningh, 2010.

London, Lise : *La mégère de la rue Daguerre. Souvenirs de Résistance*, Paris, Le Seuil, 1995.

Long, Helen : *Safe houses are dangerous*, Abson, Abson Books, 1989.

Mabon-Fall, Armelle : *Les assistantes sociales au temps de Vichy*, Paris, L'Harmattan, 1994.

Mackenzie, William : *The Secret History of SOE. Special Operations Executive 1940-1945*, Londres, St Ermin's Press, 2000.

Mahn – und Gedenkstätte des Konzentrationslagers Ravensbrück (dir.) : *Gedenkbuch für die Opfer des Konzentrationslagers Ravensbrück 1939-1945.* Wissenschaftliche Leitung : Bärbel Schindler-Saefkow unter Mitarbeit v. Monika Schell, Berlin, Metropol, 2005.

Marcot, François : *Pour une sociologie de la Résistance : intentionnalité et fonctionnalité.* In : Prost, Antoine : *La Résistance, une histoire sociale.* Paris, Éd. de l'Atelier-Éd. ouvrières, 1997, pp. 21-41. (Coll. Mouvement social).

— (dir.) : *Dictionnaire historique de la Résistance. Résistance intérieure et France libre*, Paris, Robert Laffont, 2006. (Coll. Bouquins).

Martens, Stefan : *Frankreich zwischen « Histoire contemporaine » und « Histoire du temps présent »*, Vierteljahreshefte für Zeitgeschichte, vol. 55, 2007, n° 4, pp. 583-616.

Martens, Stefan ; Vaïsse, Maurice (dir.) : *Frankreich und Deutschland im Krieg. (November 1942-Herbst 1944). Okkupation, Kollaboration, Résistance* ; Akten des deutsch-französischen Kolloquiums La France et l'Allemagne en

Guerre (novembre 1942-automne 1944), Bonn, Bouvier, 2000. (Coll. Pariser historische Studien).

Messerschmidt, Manfred : *Die Wehrmachtjustiz 1933-1945*, Paderborn, Schöningh, 2005.

Meyer, Ahlrich : *Die deutsche Besatzung in Frankreich 1940-1944. Widerstandsbekämpfung und Judenverfolgung*, Darmstadt, Wissenschaftliche Buchgesellschaft, 2000. Traduit de l'allemand : *L'occupation allemande en France 1940-1944*, Paris, Privat, 2002.

Militärbefehlshaber in Frankreich : Verordnungsblatt des Militärbefehlshabers in Frankreich. Journal officiel contenant les ordonnances du Militärbefehlshaber in Frankreich, 1940-1944.

Missika, Dominique : *Berty Albrecht*, Paris, Perrin, 2005.

Moisel, Claudia : *Frankreich und die deutschen Kriegsverbrecher. Politik und Praxis der Strafverfolgung nach dem Zweiten Weltkrieg*, Göttingen, Wallstein-Verlag, 2004.

Moll, Martin (dir.) : *Führer-Erlasse 1939-1945*, Stuttgart, Steiner, 1997.

Mollier, Jean-Yves : *Les Intellectuels et le système éditorial français pendant la Seconde Guerre mondiale.* In : Betz, Albrecht ; Martens, Stefan (dir) : *Les intellectuels et l'Occupation*. Paris, Autrement, 2004, pp. 200-217.

Mori-Perrin, Josette de : *Pour que demain soit liberté*, Autun, Impr. Pelux, 1992.

Neau-Dufour, Frédérique : *Geneviève de Gaulle Anthonioz. L'autre de Gaulle*, Paris, Le Cerf, 2004.

Nouzille, Vincent : *L'espionne : Virginia Hall, une Américaine dans la guerre*, Fayard, Paris, 2007, p. 117.

Ottis, Sherri Greene : *Silent heroes. Downed airman and the French underground*, Lexington (Kentucky), University press of Kentucky, 2001.

Ouzoulias-Romagon, Cécile : *J'étais agent de liaison des FTPF*, Paris, Messidor, 1988.

Perrot, Michelle : *Les Femmes ou les silences de l'Histoire*, Paris, Flammarion, 1998.

Péry d'Alincourt, Jacqueline : *Témoignage de Jacqueline Péry d'Alincourt*. In : Morin-Rotureau, Evelyne : *Combats de Femmes. 1939-1945*. Paris, Autrement, 2001, pp. 157-167.

Peschanski, Denis : *La répression communiste dans le département de la Seine (1940-1942)*, Annali della Fondazione Feltrinelli, vol. 24, 1985, pp. 111-137.

— *Des étrangers dans la Résistance*, Paris, Atelier, 2002.

— *L'internement des femmes dans la France des années noires, 1938-1946*. In : Fijalkow, Jacques : *Les femmes dans les années quarante. Juives et non-Juives, souffrances et résistance*. Deuxième colloque de Lacaune 20-21 septembre 2003. Paris, Éd. de Paris, 2004, pp. 97-112.

Pestourie, Roger : *Du Quercy à la Guille. Itinéraire dans la Résistance*, Lyon, BGA Permezel, 1994. (Coll. Couleurs d'un temps).

Piketty, Guillaume : *Générations résistantes à l'épreuve de la sortie de guerre*, Revue historique, vol. 309, 2007, pp. 151-163.

Postel-Vinay, Anise : Une jeune Française dans la guerre. In : Audibert-Boulloche, Christiane : *Femmes dans la guerre 1940-1945*. Préface de Lydie Salvayre. Paris, Le Félin, 2003, pp. 15-44. (Coll. Résistance. Liberté-Mémoire).

Poujol, Jacques : *Protestants dans la France en guerre 1939-1945*. Dictionnaire thématique et biographique, Paris, Éd. de Paris, 2000.

Priacel-Pittet, Geneviève : *Passages de frontières*. In : Aubigné, Jeanne M. d' ; Mouchon, Violette : *Les Clandestins de Dieu*. CIMADE 1939-1945. (op. cit.).

Prost, Antoine (dir.) : *La Résistance, une histoire sociale,* Paris, Éd. de l'Atelier-Éd. ouvrières, 1997. (Coll. Mouvement social).

Pujol, Rosemonde : *Nom de Guerre Colinette 1941-1944,* Précy-sous-Thil, L'Armançon, 2002.

Quétel, Claude : *Femmes dans la guerre, 1939-1945,* Paris, Larousse, 2004.

Quillet, Nicolas ; Quillet, Pierre : *Regards européens sur l'histoire franco-allemande,* Paris, Guliano, 2003.

R.H.I.C.O.J (dir.) : *Les Juifs dans la Résistance et la Libération.* Histoire, témoignages, débats. Textes réunis et présentés par le RHICOJ, Paris, Scribe, 1985.

Reile, Oskar : *Frauen im Geheimdienst,* Illertissen, Federmann, 1979.

— *Der Deutsche Geheimdienst im II. Weltkrieg : Der Kampf der Abwehr im westlichen Operationsgebiet, in England und Nordafrika,* Augsburg, Weltbild-Verlag, 1990.

Rémy, Dominique : *Les lois de Vichy,* Paris, Romillat, 1992.

Reynolds, Siân : *France between the Wars : Gender and Politics*. Londres, Routledge, 1996.

Richard, Thibault : *Charlotte Loupiac. Itinéraire clandestin dans la France occupée 1940-1944,* Biarritz, Atlantica, 1999.

— *L'administration française face à l'Occupant en Seine-et-Oise. Des relations conflictuelles et ambigües,* Guerres Mondiales et Conflits Contemporains, vol. 50, 2000, pp. 149-171.

Richter, Isabel : *Hochverratsprozesse als Herrschaftspraxis im Nationalsozialismus. Männer und Frauen vor dem Volksgerichtshof 1934-1939,* Münster, Westfälisches Dampfboot, 2001.

Rigden, Denis : *SOE Syllabus : Lessons in ungentlemanly warfare, World War II,* Richmond, Public Record Office, 2001.

Rossel-Kirschen, André : *Le procès de la Maison de la Chimie, du 7 au 14 avril 1942. Contribution à l'histoire des débuts de la Résistance en France*, Paris, L'Harmattan, 2002.

Rossiter, Margaret L. : *Women in the Resistance*, New York, Praeger, 1986.

Rothman-Le Dret, Catherine : *L'Amérique déportée : Virginia d'Albert-Lake – de la Résistance à Ravensbrück*, Nancy, Presses Universitaires de Nancy, 1994.

Rouquet, François : *Dans la France du Maréchal*. In : Fauré, Christine : *Encyclopédie politique et historique des femmes : Europe, Amérique du Nord*. 2e édition revue et corrigée. Paris, Presses universitaires de France, 1997, pp. 663-684.

Rousseau, Michel : « Deux réseaux britanniques dans la région du Nord : le réseau Garrow-Pat O'Leary et le réseau Farmer », *Revue d'histoire de la Deuxième Guerre mondiale et des conflits contemporains*, vol. 34, 1984, n° 135, pp. 87-108

— *Zone interdite. Le Nord et le Pas-de-Calais dans la guerre 1939-1945*, Lyon, Horvath, 1984.

— *La Section Spéciale de la cour d'appel de Douai 1940 à 1944. Un aspect de la Justice française en Zone Interdite*. In : Dejonghe, Etienne : *L'Occupation en France et en Belgique 1940-1944*. Actes du colloque de Lille 26-28 avril 1985. Villeneuve d'Ascq, Éd. Revue du Nord, 1987, pp. 859-883.

Rousso, Henry : *Le syndrome de Vichy de 1944 à nos jours*. Deuxième édition revue et mise à jour, Paris, Le Seuil, 1990.

Sainclivier, Jacqueline : *La résistance en Ille-et-Vilaine 1940-1944*, Rennes, Presses universitaires de Rennes, 1993.

Salvayre, Lydie (dir.) : *Femmes dans la guerre*, Paris, le Félin, 2004.

Sansico, Virginie : *La justice du pire. Les cours martiales sous Vichy*, Paris, Payot, 2003.

Sapiro, Gisèle : *Les conditions professionnelles d'une mobilisation réussie : le Comité national des écrivains.* In : Prost, Antoine : *La Résistance, une histoire sociale.* Paris, Éd. de l'Atelier-Éd. ouvrières, 1997, pp. 179-191 (Coll. Mouvement social).

— *La Collaboration littéraire.* In : Betz, Albrecht ; Martens, Stefan : *Les intellectuels et l'Occupation.* Paris, Autrement, 2004, pp. 39-63.

Schröter, Heinz : *Geheime Reichssache 330,* Klagenfurt, Kaiser, 1971.

Schwartz, Paula : Redefining Resistance. *Women's Activism in Wartime France.* In : Randolph Higonnet, Margaret : *Behind the lines. Gender and two world wars.* New Haven, Yale University Press, 1987, pp. 141-153.

— *La répression des femmes communistes (1940-1944),* Cahiers de l'IHTP, 1995, pp. 25-37.

— *Women, Resistance and Communism in France 1939-1945,* Ann Arbor (Michigan), University of Michigan Press, 1999.

Seidler, Franz W. : *Fahnenflucht. Der Soldat zwischen Eid und Gewissen,* Munich, Berlin, Herbig, 1993.

Semelin, Jacques : *Sans armes face à Hitler. La résistance civile en Europe 1939-1945,* Paris, Payot, 1998.

Sigot, Jacques : *La Résistance sacrifiée. 1943 un réseau Buckmaster en Anjou,* La Crèche, Éd. Geste, 2002.

Simonin, Anne : *Les Editions de Minuit. 1942-1955. Le devoir d'insoumission,* Paris, Institut Mémoire de l'Édition Contemporaine (IMEC), 1994.

Soulard, Isabelle : *Les femmes de l'Ouest sous l'Occupation. Témoignages,* La Crèche, Éd. Geste, 2002.

Soutou, Jean-Marie : *Souvenirs de l'Amitié chrétienne,* Les nouveaux cahiers, 1984, n° 76.

Steel, James : *Littératures de l'ombre. Récits et nouvelles de la Résistance 1940-1944*, Paris, Presses de la Fondation Nationale des Sciences Politiques, 1991.

Strebel, Bernhard : *Das KZ Ravensbrück. Geschichte eines Lagerkomplexes*, Paderborn, Schöningh, 2003. [Strebel, Bernhard : Ravensbrück. *Un complexe concentrationnaire* ; traduit de l'allemand par Odile Demange. Préface de Germaine Tillion, Paris, Fayard, 2005].

Taylor, Lynne : *Between Resistance and Collaboration. Popular Protest in Northern France 1940-1945*, Londres, New York, Macmillan Press, 2000.

Thalmann, Rita : *L'oubli des femmes dans l'historiographie de la Résistance*, Clio. Histoire, Femmes et Société, vol. 1, 1995, pp. 21-35.

Thomas, Edith : *Pages de Journal. 1939-1944. Suivies de Journal intime de Monsieur Célestin Costedet*, Paris, Viviane Hamy, 1995.

Thomas, Jürgen : *Wehrmachtjustiz und Widerstandsbekämpfung. Das Wirken der ordentlichen deutschen Militärjustiz in den besetzten Westgebieten 1940-45 unter rechtshistorischen Aspekten.* Diss, Baden-Baden, Nomos-Verlag, 1990. (Coll. Nomos Universitätsschriften Recht).

Tickell, Jarred : Odette. *The story of a British agent*, Londres, Chapmen & Hall, 1953.

Tillion, Germaine : *Ravensbrück*, Paris, Le Seuil, 1988.

Umbreit, Hans : *Der Militärbefehlshaber in Frankreich 1940-1944*, Boppard am Rhein, Boldt, 1968.

Union des Femmes Françaises (dir.) : *Les femmes dans la Résistance* : Actes du colloque tenu à l'initiative de l'Union des Femmes Françaises. Paris, La Sorbonne, 22 et 23 nov. 1975, Monaco, Le Rocher, 1977.

Van Vyve, Françoise : *Une Belge contre la Gestapo*, Bruxelles, Collet, 1986.

Vasselot, Odile de : *Tombés du ciel. Histoire d'une ligne d'évasion*, Paris, le Félin, 2005.

Veil, Simone : *Réflexions d'un témoin*, Annales ESC, 1993, mai-juin, pp. 691-701.

Veillon, Dominique : *Le Franc-tireur. Un journal clandestin, un mouvement de Résistance 1940-1944*, Paris, Flammarion, 1977.

— *Vivre et survivre en France. 1939-1947*, Paris, Payot, 1995.

— *Les femmes dans la guerre : anonymes et résistantes.* In : Morin-Rotureau, Evelyne : *Combats de Femmes. 1939-1945.* Paris, Autrement, 2001, pp. 64-83.

— avec Sainclivier, Jacqueline : *Quelles différences sociales entre réseaux, mouvements et maquis.* In : Prost, Antoine : *La Résistance, une histoire sociale.* Paris, Éd. de l'Atelier-Éd. ouvrières, 1997, pp. 43-54 (Coll. Mouvement social).

Vercors [Jean Bruller] : *La bataille du silence. Souvenirs de Minuit*, Paris, Minuit, 1992.

Verdès-Leroux, Jeannine : *Refus et Violences. Politique et littérature à l'extrême droite des années trente aux retombées de la Libération*, Paris, Gallimard, 1996.

Vergnon, Gilles : *La construction de la mémoire du maquis du Vercors. Commémoration et historiographie*, Vingtième Siècle. Revue d'histoire, 1996, pp. 82-97.

Verhoeyen, Etienne : *La Belgique occupée de l'an 40 à la libération*, Bruxelles, De Boeck, 1994.

Vicot, Roger : *Poing à la ligne. La Voix du Nord (1941-1944)*, Paris, L'Harmattan, 1994.

Vincenot, Alain : *La France résistante. Histoires de héros ordinaires*, Paris, Les Syrtes, 2004.

Virgili, Fabrice : *La France « virile ». Des femmes tondues à la Libération*, Paris, Payot, 2000.

Vomécourt, Philippe de : *Who lived to see the day. France in arms 1940-1945*, Londres, Hutchinson, 1961.

Wake, Nancy : *La Gestapo m'appelait la souris blanche. Une Australienne au secours de la France*, Paris, le Félin, 2001.

Watt, George : *The Comet Connection. Escape from Hitler's Europe*, Lexington (Kentucky), The University Press of Kentucky, 1990.

Weitz, Margaret Collins : *Les combattantes de l'ombre. Histoire des femmes dans la Résistance. 1940-1945*. Préface de Lucie Aubrac. Traduit de l'anglais par J.-F. Gallaud, Paris, Albin Michel, 1995.

Wieviorka, Olivier : *La mémoire des résistants face à Vichy*. In : Azéma, Jean-Pierre : *Le régime de Vichy et les Français*. Paris, Fayard, 1992, pp. 68-74.

— *Une certaine idée de la Résistance. Défense de la France 1940-1949*, Paris, Le Seuil, 1995.

— *Les avatars du statut de résistant en France (1945-1992)*, Vingtième Siècle. Revue d'histoire, 1996, n° 50, pp. 55-66.

Wittkop, Justus Franz : *Pariser Tagebuch*, Esslingen, Munich, Bechtle, 1985.

Wynne, Barry : *No Drums ... No Trumpets. The story of Mary Lindell*, Londres, Barker, 1961.

Yagil, Limore : *Chrétiens et juifs sous Vichy (1940-1944). Sauvetage et désobéissance civile*, Paris, Le Cerf, 2005.

Zeitoun, Sabine : *L'Œuvre de secours aux enfants : l'O.S.E. Du légalisme à la résistance (1940-1944)*, thèse de doctorat, Paris, 1986. Document disponible sur microfiche à la bibliothèque nationale de Berlin (Staatsbibliothek zu Berlin).

— *Ces enfants qu'il fallait sauver*, Paris, Michel, 1989.

Index

Cet ouvrage a été imprimé en France par

CPI
BUSSIÈRE

à Saint-Amand-Montrond (Cher)
en février 2012

Composé par Nord Compo Multimédia
7, rue de Fives, 59650 Villeneuve-d'Ascq

N° d'impression : 120721/1
Dépôt légal : février 2012